Endkonsolidierung

Regensburger Beiträge zur betriebswirtschaftlichen Forschung

Herausgegeben vom Institut für Betriebswirtschaftslehre an der Universität Regensburg

Otto A. Altenburger, Kurt Bohr, Michael Dowling, Jochen Drukarczyk, Hans Jürgen Drumm, Harald Hruschka, Dirk Meyer-Scharenberg, Gerhard Scherrer, Helmut Steckhan

Band 32

PETER LANG

Frankfurt am Main · Berlin · Bern · Bruxelles · New York · Oxford · Wien

Thomas M. Ullrich

Endkonsolidierung

Erfolgswirkungen des Ausscheidens von Unternehmen aus dem Konzernverbund und konsolidierungstechnische Abbildung im Konzernabschluß

PETER LANG
Europäischer Verlag der Wissenschaften

Die Deutsche Bibliothek - CIP-Einheitsaufnahme

Ullrich, Thomas M.:

Endkonsolidierung : Erfolgswirkungen des Ausscheidens von Unternehmen aus dem Konzernverbund und konsolidierungstechnische Abbildung im Konzernabschluß / Thomas M. Ullrich. - Frankfurt am Main ; Berlin ; Bern ; Bruxelles ; New York ; Oxford ; Wien : Lang, 2002
(Regensburger Beiträge zur betriebswirtschaftlichen Forschung ; Bd. 32)
Zugl.: Regensburg, Univ., Diss., 2001
ISBN 3-631-38675-3

D 355
ISSN 1430-7375
ISBN 3-631-38675-3

www.peterlang.de

Geleitwort

Während bis Mitte der neunziger Jahre bei Konzernen, vor allem bei Großkonzernen, eine Tendenz zur Diversifizierung in mehrere Geschäftsbereiche, zuweilen in eine Vielzahl von Produkt- und Leistungsbereiche festzustellen war, ist in neuerer Zeit eine Konzentration auf Kernbereiche erkennbar. Dabei werden Randbereiche, die in aller Regel von Tochterunternehmen geführt werden, veräußert. Für die Konzernrechnungslegung stellt sich in diesen Fällen der vollständigen Veräußerung von Tochterunternehmen, von joint ventures oder von assoziierten Unternehmen mit maßgeblichem Einfluß die Frage, wie die Veräußerungen der Beteiligungen im Konzernabschluß abzubilden sind. Entsprechendes gilt für die Fälle, in denen nicht die gesamte Beteiligung, sondern nur Teile der Beteiligung veräußert werden.

Die vorliegende Dissertation verfolgt das Ziel, Gesamtveräußerungen und Verminderungen von Beteiligungen und ihre erfolgsmäßigen Wirkungen im Konzernabschluß im Rahmen der Endkonsolidierung abzubilden. Dabei werden der Stellenwert und die Funktion der Endkonsolidierung als Teil der Gesamtkonzeption der Konzernrechnungslegung herausgearbeitet, die auftretenden Problembereiche identifiziert und einer Lösung zugeführt. Der Untersuchungsschwerpunkt liegt in der Analyse der Erfolgswirkungen des Ausscheidens eines Tochterunternehmens aus dem Konsolidierungskreis und in dem Verfahren der Durchführung der Endkonsolidierung.

Grundlagen der Analyse der Erfolgswirkungen im Rahmen der Endkonsolidierung sind die Endkonsolidierungsgrundsätze, die Endkonsolidierungspflicht und der Endkonsolidierungszeitpunkt. Da für die Endkonsolidierung eine Regelung im HGB fehlt, orientiert sich der Verfasser richtigerweise an allgemeinen Grundsätzen ordnungsmäßiger Konzernrechnungslegung. Maßgeblich ist die Generalnorm des § 297 Abs. 2 Satz 2 HGB der fair presentation. Der das deutsche Konzernrecht beherrschende Einheitsgrundsatz wird zutreffend interpretiert, bei den weiteren Grundsätzen wird auf das Äquivalenzprinzip verwiesen, das allerdings durch §§ 300 Abs. 2, 308 HGB weitgehend ausgehebelt ist.

Beim Aufzeigen der Erfolgswirkungen der Endkonsolidierung werden zunächst die Erfolgskonzeptionen abgeleitet und diskutiert. Mit guten Argumenten wird die Maßgeblichkeit des Totalerfolgsbeitragsprinzips für den Konzernabschluß und damit für den im Rahmen der Endkonsolidierung auszuweisenden Erfolg nachgewiesen. Es wird zu Recht festgestellt, daß damit alle Probleme und Fragestellungen unter einem einheitlichen Gesichtspunkt gelöst werden und eine nachvollziehbare Verbindung zwischen Veräußerungserfolg im Einzelabschluß des die Beteiligung haltenden Unternehmens und im Konzernabschluß aufgezeigt wird. Die vorgenommene Betrachtung und Differenzierung in die Fälle mit und ohne Minderheitsbeteiligungen an Tochterunternehmen bei der Erwerbsmethode ist in jeder Hinsicht überzeugend. Gleiches gilt für die Darstellung der Erfolgskonzepte bei der Pooling of Interests Methode und der dabei diskutierten erfolgsneutralen und erfolgswirksamen Behandlung des Veräußerungsvorgangs.

Die Darstellung der Durchführung der Endkonsolidierung beinhaltet schwerpunktmäßig die Lösung verfahrenstechnischer Probleme bei der vollständig und teilweise vorgenommenen Endkonsolidierung von Beteiligungen an Tochterunternehmen, joint ventures und assoziierten Unternehmen. Entsprechend der Bedeutung der Unternehmen richtet sich der Schwerpunkt auf die Endkonsolidierung von vollkonsolidierten Tochterunternehmen. Die verfahrenstechnischen Probleme werden sowohl in allgemeiner Form als auch speziell unter Verwendung von Beispielen gelöst. Die Ausführungen überzeugen durch die Ableitung richtiger Lösungen bei der Endkonsolidierung unter unterschiedlichsten Konzernkonstellationen, die sowohl die Endkonsolidierung bei hundertprozentigem Beteiligungsbesitz des Mutterunternehmens als auch bei Beteiligungen von Minderheiten an dem Tochterunternehmen erfassen. Gleiches gilt in bezug auf die angebotene Lösung für die in der Realität vielfach auftretende teilweise Veräußerung von Beteiligungen an Tochterunternehmen. Wird eine Beteiligung von dem Mutterunternehmen nicht vollständig veräußert, so stellt sich die Frage, ob das Tochterunternehmen weiterhin vollkonsolidiert, quotenkonsolidiert, at equity bewertet oder zu den Anschaffungskosten bewertet werden soll. Die entsprechenden Fragen werden von dem Verfasser angesprochen und die dabei auftretenden Probleme einer einsichtigen Lösung zugeführt. Dabei werden die im Schrifttum diskutierten Lösungsansätze einer kritischen Analyse unterzogen. Die vom Verfasser gewählte eigene Lösung wird konsequent aus dem zuvor festgelegten Grundsatz des Totalerfolgskonzeptes abgeleitet.

Regensburg, im Oktober 2001 Gerhard Scherrer

Vorwort

Die vorliegende Arbeit, die ich als externer Doktorand am Lehrstuhl für Betriebswirtschaftslehre, insbesondere für Financial Accounting and Auditing (Revisions- und Treuhandwesen) angefertigt habe, wurde im Juli 2001 von der Wirtschaftswissenschaftlichen Fakultät der Universität Regensburg als Dissertation angenommen. An dieser Stelle möchte ich all denen meinen Dank aussprechen, die mich in unterschiedlichster Weise unterstützt haben.

Mein besonders herzlicher Dank gilt meinem verehrten akademischen Lehrer und Doktorvater, Herrn Prof. Dr. Gerhard Scherrer, für die engagierte Förderung und Begleitung meines Promotionsvorhabens. Seine konstruktiven Verbesserungsvorschläge und gewinnbringenden Anregungen sowie die stete Diskussionsbereitschaft haben maßgeblich zum Gelingen dieser Arbeit beigetragen. Neben der fachlichen Betreuung hat er auch immer Interesse an meinem persönlichen Werdegang gezeigt und stand mit manchem freundschaftlichen Rat zur Seite.

Ferner bin ich Herrn Prof. Dr. Otto A. Altenburger für die Übernahme des Zweitgutachtens und seine ebenfalls hilfreichen Anmerkungen zu Dank verpflichtet.

Herzlich bedanken möchte ich mich auch bei meiner Familie, ganz besonders bei meinen Eltern und Herrn Walter Ingerl, für die großzügige Unterstützung und Fürsorge während meiner gesamten akademischen Ausbildung. Ohne sie wäre das Gelingen dieser Arbeit sicher nicht möglich gewesen.

Berlin, im Oktober 2001 Thomas M. Ullrich

Inhaltsverzeichnis

Abbildungsverzeichnis

Abkürzungsverzeichnis

a.A.	andere(r) Auffassung
ABl.	Amtsblatt der Europäischen Gemeinschaft
Abs.	Absatz
Abschn.	Abschnitt
Abt.	Abteilung
ADS	Adler/Düring/Schmaltz
AfAaG	Ausgleichsposten für Anteile anderer Gesellschafter
AG	Aktiengesellschaft; Die Aktiengesellschaft (Zeitschrift)
AICPA	American Institute of Certified Public Accountants
AIN	Accounting Interpretations
AK	Anschaffungskosten
akt.	aktivisch
AktG	Aktiengesetz
Anm.	Anmerkung
Ant.	Anteil(e)
APB	Accounting Principles Board; APB Opinion(s)
ARB	Accounting Research Bulletins
Art.	Artikel
Aufl.	Auflage
BB	Betriebs-Berater (Zeitschrift)
Bd.	Band
bearb.	bearbeitet
Beck Bil.-Komm.	Beck'scher Bilanz-Kommentar
Begr.	Begründung
BegrRegE	Begründung Regierungsentwurf
BFuP	Betriebswirtschaftliche Forschung und Praxis(Zeitschrift)
BGBl.	Bundesgesetzblatt
BHdR	Beck'sches Handbuch der Rechnungslegung
BHR	Bonner Handbuch Rechnungslegung
BiRiLiG	Bilanzrichtlinien-Gesetz
BR	Bundesrat
BR-DS	Bundesrats-Drucksache
bspw.	beispielsweise
BT	Bundestag
BT-DS	Bundestags-Drucksache
bzw.	beziehungsweise
DB	Der Betrieb (Zeitschrift)
DBW	Die Betriebswirtschaft (Zeitschrift)

d.h.	das heißt
DRSC	Deutsches Rechnungslegungs Standards Committee
DS	Drucksache
DSR	Deutscher Standardisierungsrat
DStR	Deutsches Steuerrecht (Zeitschrift)
E-DRS	Entwurf – Deutscher Rechnungslegungs Standard
ED	Exposure Draft
EG	Europäische Gemeinschaft(en)
EGHGB	Einführungsgesetz zum Handelsgesetzbuch
evtl.	eventuell
EWG	Europäische Wirtschaftsgemeinschaft
e.V.	Eingetragener Verein
f.	folgende
ff.	fortfolgende
FAS	Statement(s) of Financial Accounting Standards
FASB	Financial Accounting Standards Boards
FN	Fußnote
FS	Festschrift
GAAP	Generally Accepted Accounting Principles
gem.	gemäß
gez	gezeichnet
ggf.	gegebenenfalls
gl.A.	gleicher Auffassung
GmbH	Gesellschaft(en) mit beschränkter Haftung
GmbHG	Gesetz betreffend die Gesellschaften mit beschränkter Haftung (GmbH-Gesetz)
GoB	Grundsätze ordnungsmäßiger Buchführung
GoF	Geschäfts- oder Firmenwert
GoK	Grundsätze ordnungsmäßiger Konsolidierung
GuV	Gewinn- und Verlustrechnung
h.A.	herrschende(r) Auffassung
HB	Handelsbilanz
HdK	Handbuch der Konzernrechnungslegung
HdR	Handbuch der Rechnungslegung
HFA	Hauptfachausschuß des Instituts der Wirtschaftsprüfer in Deutschland e.V.
HGB	Handelsgesetzbuch

h.M.	herrschende(r) Meinung
hrsg.	herausgegeben
Hrsg.	Herausgeber
HWRev	Handwörterbuch der Revision
i.e.S.	im engeren Sinne
i.R.d.	im Rahmen des (der)
i.S.d.	im Sinne des/der
i.V.m.	in Verbindung mit
i.w.S.	im weiteren Sinne
IAS	International Accounting Standard(s)
IASC	International Accounting Standards Committee
IDW	Institut der Wirtschaftsprüfer in Deutschland e.V.
Jg	Jahrgang
Kap.	Kapitel
KapAEG	Kapitalaufnahmeerleichterungsgesetz
KapCoRiLiG	Kapitalgesellschaften- und Co-Richtlinie-Gesetz
Komm.	Kommentar
Konz.	Konzern
KPMG	Klynveld Peat Marwick Goerdeler
lt.	laut
m.w.N.	mit weiteren Nachweisen
m.w.V.	mit weiteren Verweisen
MU	Mutterunternehmen
NA	Sonderausschuß Neues Aktienrecht des Instituts der Wirtschaftsprüfer in Deutschland e.V.
No.	Number
Nr.	Nummer
PublG	Gesetz über die Rechnungslegung von bestimmten Unternehmen und Konzernen (Publizitätsgesetz)
RegE	Regierungsentwurf
Rn.	Randnummer
Rz.	Randziffer
S.	Seite(n)

SABI .... Sonderausschuß Bilanzrichtlinien-Gesetz des Instituts der Wirtschaftsprüfer in Deutschland e.V.
SIC .... Standing Interpretations Committee (IASC)
Sp. .... Spalte(n)

TU .... Tochterunternehmen
tw. .... teilweise
Tz. .... Textziffer

u.a. .... unter anderem
UB .... Unterschiedsbetrag
UmwBerG .... Gesetz zur Bereinigung des Umwandlungsrechts
UmwG .... Umwandlungsgesetz
UmwStG .... Umwandlungssteuergesetz
US .... United States
US-GAAP .... United States - Generally Accepted Accounting Principles

VFE-Lage .... Vermögens-, Finanz- und Ertragslage
VG .... Vermögensgegenstand/Vermögensgegenstände
vgl. .... vergleiche
Vorbem. .... Vorbemerkung(en)
vs. .... versus

WP .... Wirtschaftsprüfer
WPg .... Die Wirtschaftsprüfung (Zeitschrift)

z.B. .... zum Beispiel
ZfB .... Zeitschrift für Betriebswirtschaft
ZfbF .... Zeitschrift für betriebswirtschaftliche Forschung
ZfhF .... Zeitschrift für handelswissenschaftliche Forschung
ZGR .... Zeitschrift für Unternehmens- und Gesellschaftsrecht
Ziff. .... Ziffer
ZIP .... Zeitschrift für Wirtschaftsrecht

1 Einleitung

1.1 Problemstellung und Gang der Untersuchung

Die Gewährleistung der internationalen Wettbewerbsfähigkeit unter Berücksichtigung einer Globalisierung der Märkte erfordert einen permanenten strukturellen Anpassungsprozeß der Unternehmen. Diese Entwicklung hat insbesondere bei den weltweit agierenden Großkonzernen, den „Global Players“, einhergehend mit Unternehmensakquisitionen, Umstrukturierungen und Veräußerungen von Beteiligungen, immer komplizierter werdende Konzernstrukturen und Kapitalverflechtungen zur Folge. Bestehende Beteiligungsverhältnisse und alle Änderungen dieser Anteilsbeziehungen sind sowohl im Einzel- als auch im Konzernabschluß bilanziell und erfolgsrechnerisch abzubilden.

Vor dem Hintergrund eines immer höheren Stellenwertes des Konzernabschlusses und den damit gestiegenen Anforderungen an die Aussagefähigkeit und Objektivität der Konzernberichterstattung einerseits und der Tatsache, daß die Konzernrechnungslegungsvorschriften im wesentlichen nur das Hinzukommen von Unternehmen zum Konzernverbund regeln andererseits, erscheint eine umfassende Analyse und Einordnung der Erfolgswirkungen des Ausscheidens eines Unternehmens aus dem Kreis der zu konsolidierenden Gesellschaften erforderlich.

Die vorliegende Arbeit verfolgt dementsprechend das Ziel, den Stellenwert und die Funktion der Endkonsolidierung als Teil der Gesamtkonzeption der Konzernrechnungslegung herauszuarbeiten, hierbei auftretende Problembereiche zu identifizieren und die derzeitigen theoretischen Lösungsansätze zu systematisieren. Der Untersuchungsschwerpunkt liegt hierbei in der Analyse der Erfolgswirkungen des Ausscheidens eines Tochterunternehmens aus dem Konsolidierungskreis. Basierend auf einem konsistenten und den Grundsätzen ordnungsmäßiger Konsolidierung entsprechenden Grundsatzsystem werden Regeln für eine sachgerechte Abbildung der Endkonsolidierung im Konzernabschluß abgeleitet.

Ausgangspunkt der Untersuchung bilden die Grundlagen des Konzernabschlusses im Sinne einer Feststellung konzernspezifischer Rechnungslegungsvorschriften und einer Darstellung der Konzeption des Konzernabschlusses nach dem Handelsrecht. Hierbei werden die wesentlichen Unterschiede der im Schrifttum diskutierten Konzernabschlußtheorien „Einheitstheorie“ und „Interessentheorie“ berücksichtigt. Des weiteren wird dargelegt, wie sich diese theoretischen Konzeptionen in den Vorschriften zur Konzernrechnungslegung in Deutschland niedergeschlagen haben.

Im **zweiten Kapitel** der Arbeit wird untersucht, inwieweit die Endkonsolidierung als notwendiger Bestandteil im Gesamtkonzept des Konzernabschlusses anzusehen ist. Hierbei wird aufgezeigt, welche gesetzlichen Vorschriften und Grundsätze der Konzernrechnungslegung hinsichtlich der Durchführung der Endkonsolidierung zur Anwendung kommen. Es wird nachgewiesen, daß die Endkonsolidierung unabdingbar ist, um den Kreis der Konsolidierungsmaßnahmen zu schließen, die mit der erstmaligen Einbeziehung eines Unternehmens im Rahmen der Erstkonsolidierung begonnen wurden. Des weiteren wird untersucht, welche Zeitpunkte für die Endkonsolidierung maßgeblich sind.

Ausgehend von den Erfolgskonzeptionen im Einzel- und Konzernabschluß werden im **dritten Kapitel** die Einflußfaktoren analysiert, die sich auf die Bestimmung des Endkonsolidierungserfolges aus Konzernsicht entscheidend auswirken können. Von zentraler Bedeutung ist hierbei die Berücksichtigung des Totalerfolgskonzeptes im Konzernabschluß. Vor diesem Hintergrund muß der Anteil eines Tochterunternehmens am Totalerfolg des Konzerns über den Gesamtzeitraum der Konzernzugehörigkeit betragsgleich sein mit dem Totalerfolgsbeitrag der das Tochterunternehmen repräsentierenden Beteiligung im Einzelabschluß des haltenden Unternehmens. Diesen Erkenntnissen folgend werden systematische Verfahren zur Ermittlung der Erfolgswirkungen des Ausscheidens eines Unternehmens aus dem Konsolidierungskreis dargestellt.

Das **vierte Kapitel** widmet sich der buchungstechnischen Durchführung der Endkonsolidierung. Dabei wird gezeigt, wie die Endkonsolidierung in Abhängigkeit von der Anwendung einer Konsolidierungsmethode, der Existenz von Minderheitsgesellschaftern sowie einer vollständigen oder teilweisen Anteilsveräußerung durchzuführen ist. Daneben werden Sonderfälle diskutiert, die auch ohne vorherige Anteilsveräußerung zum Ausscheiden eines Tochterunternehmens aus dem Konsolidierungskreis führen können und daher ebenfalls Maßnahmen einer Endkonsolidierung erfordern. Im wesentlichen werden hierbei eigenkapitalverändernde Maßnahmen im konsolidierungspflichtigen Kapital und konzerninterne Umstrukturierungsmaßnahmen, wie Verschmelzungen, Spaltungen und konzerninterne Anteilsverkäufe, betrachtet.

Im **fünften Kapitel** wird zentral dargestellt, welche Erfordernisse sich hinsichtlich des Ausweises der Endkonsolidierung in der Konzernbilanz, der Konzern-Gewinn- und Verlustrechnung sowie dem Konzernanhang ergeben, um den gesetzlichen Vorschriften, den Grundsätzen ordnungsmäßiger Bilanzierung und der Informationsfunktion als primärer Zwecksetzung des Konzernabschlusses gerecht zu werden.

Mit dem **sechsten Kapitel** wird der Internationalisierung der Konzernrechnungslegung Rechnung getragen. Es wird untersucht, ob Vorschriften hinsichtlich des Ausscheidens von Unternehmen aus dem Konzernverbund im internationalen Regelwerk, insbesondere den International Accounting Standards (IAS) und den US-amerikanischen Rechnungslegungsvorschriften (US-GAAP) kodifiziert sind, und inwieweit sich Bilanzierungsunterschiede zu den im Rahmen dieser Arbeit ermittelten Grundsätzen der Durchführung einer Endkonsolidierung nach deutschem Handelsrecht ergeben.

1.2 Grundlagen des Konzernabschlusses

1.2.1 Konzernspezifische Rechnungslegungsvorschriften

Mit der Verabschiedung des Bilanzrichtlinien-Gesetzes am 19. Dezember 1985[1] wurde auch die Siebente Richtlinie des Rates (7. EG-Richtlinie) über den konsolidierten Abschluß vom 13. Juni 1983 (83/349/EWG)[2] in nationales Recht umgesetzt und damit die Konzernrechnungslegung in Deutschland grundlegend erneuert und in wesentlichen Teilen gegenüber dem alten Recht erweitert.[3] Der internationalen Harmonisierung der Rechnungslegung und damit verbunden auch der Internationalisierung der deutschen Konzernrechnungslegung wurde mit Verabschiedung des Kapitalaufnahmeerleichterungsgesetzes (KapAEG)[4] am 13. Februar 1998[5] Rechnung getragen.[6] Mit Einführung dieses Gesetzes und der Änderung durch das Kapitalgesellschaften- und Co-Richtlinie-Gesetz (KapCoRiLiG)[7] ist gem. § 292a Abs. 1 HGB ein Unternehmen, welches Mutterunternehmen eines Konzerns ist und einen organisierten Markt i.S.d. § 2 Abs. 5 des Wertpapierhandelsgesetzes durch von ihm oder einem seiner Tochterunternehmen ausgegebene Wertpapiere i.S.d. § 2 Abs. 1 Satz 1 des Wertpapierhandelsgesetzes in Anspruch nimmt, von der Verpflichtung zur Aufstellung eines Konzernabschlusses und eines Konzernlageberichtes nach den Vorschriften der §§ 290 bis 315 HGB befreit. Die Befreiungsvorschrift findet Anwendung, sofern das Unternehmen unter Beachtung der Voraussetzungen des § 292a Abs. 2 HGB einen Konzernabschluß und Konzernlagebericht nach international anerkannten Rechnungslegungsgrundsätzen aufstellt, der im Einklang mit der 7. EG-Richtlinie steht und in deutscher Sprache und Euro nach den §§ 325, 328 HGB offengelegt wird.[8]

---

1 BGBl. 1985 I, S. 2355.

2 ABl. Nr. L 193 vom 18.7.1983; zur Umsetzung der 7. EG-Richtlinie in nationales Recht: *Weber-Braun, E.*, in: HdK (1998), Kap. I, Art. 1 Rn. 1-16.

3 Vgl. *Adler/Düring/Schmaltz* (1996), Vorbemerkungen zu §§ 290-315 HGB Tz. 1-11; *Claussen, C.P./Scherrer, G.*, in: Kölner Kommentar zum AktG (2000), Vorbem. zu § 290 HGB Rn. 17-23; *Scherrer, G.* (1994), S. 1-7.

4 „Gesetz zur Verbesserung der Wettbewerbsfähigkeit deutscher Konzerne an Kapitalmärkten und zur Erleichterung der Aufnahme von Gesellschafterdarlehen".

5 BR-DS 137/98 vom 13. Februar 1998; verkündet unter dem Datum vom 20. April 1998 im BGBl. 1998 I, S. 707 ff.; in Kraft getreten am 24. April 1998.

6 Vgl. Begründung zum Gesetzentwurf: BT-DS 13/7141 vom 6. März 1997.

7 Gesetz zur Durchführung der Richtlinie des Rates der Europäischen Union zur Änderung der Bilanz- und der Konzernbilanzrichtlinie hinsichtlich ihres Anwendungsbereiches (90/605/EWG), zur Verbesserung der Offenlegung von Jahresabschlüssen und zur Änderung anderer handelsrechtlicher Bestimmungen; BGBl. 2000 I, S. 154.

8 Vgl. *Claussen, C.P./Scherrer, G.*, in: Kölner Kommentar zum AktG (2000), § 292a HGB Rn. 1-14, mit einer umfassenden Darstellung der mit Einführung des § 292a HGB entstandenen neuen Rechtslage.

Explizite Vorschriften zur Konzernrechnungslegung der Kapitalgesellschaft sind im Zweiten Unterabschnitt des Dritten Buches des Handelsgesetzbuches, in den §§ 290 bis 315 HGB verankert.[9] Der Konzernrechnungslegung in Deutschland, bestehend aus dem Konzernabschluß, der sich aus der Konzernbilanz, der Konzern-Gewinn- und Verlustrechnung und dem Konzernanhang zusammensetzt[10], sowie dem Konzernlagebericht, liegen bestimmte konzeptionelle Vorstellungen zugrunde. Inwieweit sich daraus ein in sich geschlossenes Regelwerk ableiten läßt, wird im folgenden geprüft.

1.2.2 Konzeption des Konzernabschlusses

1.2.2.1 Konzernabschlußtheorien

Die Konzernrechnungslegung hat primär den Zweck, als Informationsinstrument gegenüber externen Rechnungslegungsadressaten zu dienen.[11] Damit tritt der Konzernabschluß unter Informationsgesichtspunkten neben die Jahresabschlüsse der Konzernunternehmen und hat im Gegensatz zu den Einzelabschlüssen Einblick in die Vermögens-, Finanz- und Ertragslage des Konzerns als wirtschaftliche Einheit zu gewähren.[12]

Dies ist notwendig, da sich aus den Jahresabschlüssen der einzelnen einbezogenen Unternehmen ein Überblick über den Unternehmensstatus als Ganzes sowie ein sicherer Einblick in die Vermögens-, Finanz- und Ertragslage des Konzerns nicht gewinnen läßt, da die internen Verrechnungen nicht deutlich werden.[13] Im Hinblick auf diese Zielsetzung werden Anforderungen an die spezifische Ausgestaltung der Konzernrechnungslegung abgeleitet, die je nach theoretischer

---

9 Rechtsform- bzw. geschäftszweigbedingte Vorschriften werden im Rahmen dieser Arbeit nicht explizit betrachtet.

10 Gem. § 297 Abs. 1 Satz 2 HGB haben börsennotierte Mutterunternehmen den Konzernanhang um eine Kapitalflußrechnung und eine Segmentberichterstattung zu erweitern, vgl. hierzu umfassend: *Claussen, C.P./Scherrer, G.*, in: Kölner Kommentar zum AktG (2000), § 297 HGB Rn. 8-72.

11 Vgl. ausführlich zu Konzernabschlußzwecken: *Adler/Düring/Schmaltz* (1996), Vorbem. zu §§ 290-315 HGB Tz. 12-17; *Busse von Colbe, W./Chmielewicz, K.* (1986), S. 326; *Claussen, C.P./Scherrer, G.*, in: Kölner Kommentar zum AktG (2000), Vorbem. zu § 290 HGB Rn. 1-16; *Göth, P.* (1997), S. 40-51; *Müller, E.* (1980), S. 1-8; *Peffenkoven, F.P.* (1997), S. 41-73; *Scherrer, G.* (1994), S. 8-14; *Trützschler, K.*, in: HdK (1998), Kap. II, Art. 2 Rn. 999-1002.

12 Vgl. *Adler/Düring/Schmaltz* (1996), Vorbem. zu §§ 290-315 HGB Tz. 13; *Bores, W.* (1935), S. 22; *Kropff, B.* (1965), S. 436; *Münstermann, H.* (1957), S. 437; *Sahner, F.* (1981), S. 712; *Scherrer, G.* (1994), S. 9; *Wentland, N.* (1979), S. 8.

13 Vgl. *Claussen, C.P./Scherrer, G.*, in: Kölner Kommentar zum AktG (2000), Vorbem. zu § 290 HGB Rn. 6.

Betrachtungsweise voneinander abweichen können. Im deutschen Schrifttum werden mit der Einheitstheorie und der Interessentheorie zwei betriebswirtschaftliche Konzepte[14] diskutiert[15], die sich in erster Linie hinsichtlich der Informationsadressaten des konsolidierten Abschlusses unterscheiden.[16]

Die Einheitstheorie sieht im Konzernabschluß einen aus den Einzelabschlüssen der rechtlich selbständigen Konzernunternehmen entwickelten eigenständigen Abschluß der wirtschaftlichen Einheit Konzern.[17] Dieser Betrachtungsweise liegt die Vorstellung zugrunde, daß unter der Leitungsmacht des Mutterunternehmens das gesamte Vermögen der Tochterunternehmen der wirtschaftlichen Disposition durch die Konzernleitung unterliegt. Der Zweck des Konzernabschlusses wird darin gesehen, sowohl den Anteilseignern des Mutterunternehmens als auch den Anteilseignern der einbezogenen Tochterunternehmen als Informationsinstrument zur Verfügung zu stehen.[18] Die Struktur der an den Konzernunternehmen beteiligten Gesellschafter hat demnach keinen Einfluß auf die Konzernbilanz. Beide Gruppen von Anteilseignern werden als Eigenkapitalgeber des Konzerns mit gleichgerichteten Interessen betrachtet.[19]

Demgegenüber ist nach der Interessentheorie bei der Erstellung des Konzernabschlusses zwischen den Interessen des Konzerns (Mehrheitsgesellschafter) und den Interessen der anderen Gesellschafter (Minderheitsgesellschafter) an einem in den Konzernabschluß einzubeziehenden Tochterunternehmen zu unterscheiden.[20] Während die Mehrheitsgesellschafter als Eigenkapitalgeber des Konzerns betrachtet werden, werden die anderen Gesellschafter wie Fremdkapitalgeber (Gläubiger) behandelt. Adressaten des interessentheoretisch ausgerichteten Konzernabschlusses sind lediglich die Eigentümer des Mutterunternehmens.[21] Demzufolge hat der Konzernabschluß die Aufgabe, den Aktionären der Muttergesellschaft ihren Anteil am Vermögen und Erfolg der einbezogenen Unter-

---

14 Hierbei handelt es sich nicht um Theorien im wissenschaftlichen Sinne, vgl. dazu: *Popper, K.R.* (1989), S. 31-46.

15 Vgl. schon sehr früh: *Bores, W.* (1935), S. 129-141; *Dreger, K.-M.* (1969), S. 41-44; *Kalkstein, K.* (1933), S. 79; *Kosiol, E.* (1938), S. 156; *Nicklisch, H.* (1932), S. 365; *Oberst, O.* (1930), S. 209, 210.

16 Vgl. *Bores, W.* (1935), S. 130; *Dreger, K.-M.* (1969), S. 41-44; *Ruppert, B.* (1993), S. 14; *Sahner, F.* (1981), S. 712, 713.

17 Vgl. *Adler/Düring/Schmaltz* (1996), Vorbem. zu §§ 290-315 HGB Tz. 19; *Münstermann, H.* (1957), S. 437; *Wentland, N.* (1979), S. 54ff.

18 Vgl. *Adler/Düring/Schmaltz* (1996), Vorbem. zu §§ 290-315 HGB Tz. 19.

19 Vgl. *Kosiol, E.* (1938), S. 154; *Lührmann, V.* (1997), S. 43; *Ruppert, B.* (1993), S. 14; *Sahner, F.* (1981), S. 713; *Wentland, N.* (1979), S. 54, 55.

20 Vgl. zur Diskussion um neuere Interpretationen der Interessentheorie: *Ruppert, B.* (1993), S. 19-22; auch: *Baetge, J.* (2000), S. 12-14; *Warmbold, S.* (1995), S. 50, 51.

21 Vgl. *Bores, W.* (1935), S. 130; *Dreger, K.-M.* (1969), S. 41; *Ruppert, B.* (1993), S. 16; *Sahner, F.* (1981), S. 713; *Schindler, J.* (1986), S. 34, 35.

nehmen aufzuzeigen.[22] Den Gesellschaftern der Tochterunternehmen wird dagegen unterstellt, daß ihr Interesse ausschließlich dem Einzelabschluß ihres Beteiligungsunternehmens gilt. Der Konzernabschluß wird insoweit nicht als Abschluß der wirtschaftlichen Einheit Konzern angesehen, sondern als erweiterter Abschluß des Mutterunternehmens.[23]

Der zentrale Unterschied zwischen den beiden Konzernabschlußtheorien ist somit in der Behandlung der Minderheitsaktionäre zu sehen.[24] Beide Konzepte führen dann zu denselben Ergebnissen, wenn die Tochterunternehmen 100%ige Beteiligungen (direkt und indirekt) des Mutterunternehmens sind. Sofern konzernfremde Gesellschafter an den konsolidierten Unternehmen beteiligt sind, ergeben sich, abgeleitet aus konzeptionell differierenden Annahmen zur Interessenlage (Interessenhomogenität vs. Interessendivergenz) der einzelnen Gesellschaftergruppen, für die Konsolidierung unterschiedliche Konsequenzen.[25]

1.2.2.2 Umsetzung in den Konzernrechnungslegungsvorschriften

Der 7. EG-Richtlinie folgend (Art. 26 Abs. 1) wurde in § 297 Abs. 3 Satz 1 HGB ausdrücklich vorgeschrieben, daß im Konzernabschluß die Vermögens-, Finanz- und Ertragslage der einbezogenen Unternehmen so darzustellen ist, als ob diese Unternehmen insgesamt ein einziges Unternehmen wären.[26] Die Frage, welche Bedeutung dieser Vorschrift im Hinblick auf eine generelle Kodifizierung der Einheitstheorie für die Erstellung des Konzernabschlusses gleichkommt, wird im Schrifttum unterschiedlich beantwortet.[27]

---

22 Vgl. *Wentland, N.* (1979), S. 46.

23 Vgl. *Wentland, N.* (1979), S. 44; *Dreger, K.-M.* (1969), S. 41, *Lührmann, V.* (1997), S. 43.

24 Vgl. *Dreger, K.-M.* (1969), S. 41; *Sahner, F.* (1981), S. 712.

25 Vgl. hierzu ausführlich *Hayn, B.* (1999), S. 21-34; *Schindler, J.* (1986), S. 37-40; *Lührmann, V.* (1997), S. 43, 44; *Ruppert, B.* (1993), S. 14-19.

26 Vgl. *Claussen, C.P./Scherrer, G.*, in: Kölner Kommentar zum AktG (2000), Vorbem. zu § 290 HGB Rn. 24-40 (ausführlich zur Entstehung, Konzeption, Inhalt und Umsetzung der 7. EG-Richtlinie); *Ruppert, B.* (1993), S. 32-35 (zu einheits- und interessentheoretischen Elementen in der 7. EG-Richtlinie).

27 Vgl. zur überwiegenden Auffassung einer Kodifizierung der Einheitstheorie: *Adler/Düring/Schmaltz* (1996), § 297 HGB Tz. 5 und Tz. 39-44; *Albrecht, W.*, in: BHR (1986), § 297 HGB Rz. 10-13; *Baetge, J./Kirsch, H.-J.*, in: HdK (1998), § 297 Rn. 70-73; *Claussen, C.P./Scherrer, G.*, in: Kölner Kommentar zum AktG (2000), Vorbem. zu § 290 HGB Rn. 37; *Förschle, G./Lust, P./Kroner, M.*, in: Beck Bil.-Komm. (1999), § 297 HGB Anm. 140; *Havermann, H.* (1987), S. 177; *Lück, W.* (1994), S. 73; *v. Wysocki, K.* (1986), S. 177; *WP-Handbuch* (1996), Bd. I, M Anm. 6-8; eine ausführliche Darstellung der Literaturauffassungen und Versuch einer Begründung, daß es sich nicht um eine generelle Kodifizierung der Einheitstheorie handeln kann, liefert *Ruppert, B.* (1993), S. 57-82; so auch *Lührmann, V.* (1997), S. 45-49.

Die Vorschriften der 7. EG-Richtlinie selbst können nicht als Konkretisierung einer bestimmten Theorie interpretiert werden, da es sich oftmals um Kompromisse handelt, die eingegangen werden mußten, um den Bedürfnissen der unterschiedlichsten Rechtssysteme und Traditionen der Mitgliedstaaten gerecht zu werden.[28] Der deutsche Gesetzgeber hat diese Mitgliedstaatenwahlrechte fast ausnahmslos in das Handelsgesetzbuch übernommen und somit an die Unternehmen weitergegeben, „um ihnen eine flexible Gestaltung der Konzernrechnungslegung in diesem Rahmen zu ermöglichen"[29]. Somit sind sowohl einheits- als auch interessentheoretische Elemente in die Einzelvorschriften des nationalen Rechts eingeflossen.[30]

Es läßt sich feststellen, daß in der Konzernrechnungslegung keine der genannten reinen Theorien eindeutig verwirklicht worden ist, sie somit keinem in sich geschlossenen Konzept folgt.[31] Vor diesem Hintergrund erscheint eine die gesamte Konzernrechnungslegung umfassende Interpretation gesetzlicher Regelungen bzw. die Ausfüllung von Gesetzeslücken im Rahmen einer kompromißlosen Orientierung an nur einem bestimmten Konzept nicht sinnvoll.[32]

Unabhängig davon, daß die Konzernrechnungslegung nicht konsequent der Einheitstheorie folgt, besteht im Schrifttum weitgehend Einigkeit dahingehend, daß der in § 297 Abs. 3 Satz 1 HGB kodifizierte Einheitsgedanke[33] eine Konkretisierung der Generalnorm des § 297 Abs. 2 Satz 2 HGB darstellt. Der Anwendungsbereich des so definierten Einheitsgrundsatzes erstreckt sich dabei aber nicht auf die gesamte Konzernrechnungslegung, sondern ist auf Maßnahmen der Konsolidierung beschränkt. Insbesondere im Rahmen der Vollkonsolidierung ist sie als wichtigstes Konsolidierungsprinzip zur Klärung der Zweifelsfragen, die keiner gesetzlichen Einzelfallregelung unterliegen, heranzuziehen.[34]

---

[28] Vgl. *Biener, H.* (1983), S. 2.

[29] Vgl. *Biener, H./Berneke, W.* (1986), S. 31.

[30] Vgl. *Scherrer, G.* (1994), S. 147, 148.

[31] Vgl. *Havermann, H.* (1987), S. 196, 197; *Lutter, B./Rimmelspacher, D.* (1992), S. 491.

[32] Vgl. *Hayn, B.* (1999), S. 32.

[33] Aus diesem Grund wird im Schrifttum überwiegend nicht mehr von der Einheitstheorie im ursprünglichen Sinne gesprochen, sondern von dem Einheitsgedanken bzw. dem Einheitsgrundsatz.

[34] Vgl. *Adler/Düring/Schmaltz* (1996), § 297 HGB Tz. 42; *Baetge, J./Kirsch, H.-J.*, in: HdK (1998), § 297 Rn. 70, 72; *Förschle, G./Lust, P./Kroner, M.*, in: Beck Bil.-Komm. (1999), § 297 Anm. 142; *Scherrer, G.* (1994), S. 145.

2 Endkonsolidierung im Gesamtkonzept des Konzernabschlusses

2.1 Endkonsolidierungsgrundsätze

2.1.1 Gesetzliche Regelungen

Hinsichtlich der Frage, unter welchen Voraussetzungen und wie Beteiligungen im Rahmen der Kapitalkonsolidierung bei Anteilserwerb, d.h. im Rahmen der Erstkonsolidierung zu behandeln und zu bewerten sind, gibt es relativ detaillierte Regelungen im Handelsgesetzbuch.[35] Eine spezielle Vorgehensweise für die Folgekonsolidierung beinhaltet § 309 HGB im Hinblick auf die Bewertung eines bei der Erstkonsolidierung aktivierten Geschäfts- oder Firmenwertes bzw. eines passivischen Unterschiedsbetrages in den Folgeperioden.

Im Gegensatz zu Erst- und Folgekonsolidierungen enthalten die im Handelsgesetzbuch kodifizierten Vorschriften zur Konzernrechnungslegung keine ausdrücklichen Regelungen in bezug auf die Frage, wie eine Anteilsveräußerung und damit die Beendigung eines Beteiligungsverhältnisses bzw. ein Wechsel der Konsolidierungsmethode im Konzernabschluß abzubilden ist.[36] Die mit dem Ausscheiden eines Unternehmens aus dem Konzernverbund erforderlich werdenden Maßnahmen hinsichtlich der Bewertung, Erfolgsbestimmung, konsolidierungstechnischen Vorgehensweise und des Ausweises sind somit aus den allgemeinen Vorschriften und Grundsätzen ordnungsmäßiger Konzernrechnungslegung sowie den Konzernabschlußzwecken abzuleiten.

2.1.2 Allgemeine Grundsätze ordnungsmäßiger Konzernrechnungslegung

2.1.2.1 Bedeutung konzernspezifischer Grundsätze

Die Notwendigkeit konzernspezifischer Grundsätze ist vor dem Hintergrund zu sehen, daß der Gesetzgeber nicht alle Bereiche der Konzernrechnungslegung eindeutig und abschließend geregelt hat[37], der Konzernabschluß aber dennoch

[35] Infolge der zahlreichen gesetzlich fixierten Wahlrechte bei erstmaliger Einbeziehung verbleibt ein erheblicher bilanzpolitischer Spielraum. Wie sich die Anwendung solcher Wahlrechte auf die erforderlichen Endkonsolidierungsmaßnahmen auswirkt, wird im Zusammenhang mit der Untersuchung der Einflußfaktoren in Kapitel 3 analysiert.

[36] Vgl. *Baetge, J.* (2000), S. 475, 485; *Baetge, J./Herrmann, D.* (1995), S. 225; *Elkart, W./ Hundt, K.-H./Müller, K.* (1991), S. 54; *Küting, K./Weber, C.-P.* (1997), S. 244; *Maas, U./Schruff, W.* (1995), S. 419.

[37] Eine vollständige gesetzliche Kodifizierung aller Grundsätze für die Konzernrechnungslegung wäre unvereinbar gewesen mit der gewünschte Flexibilität und Anpassungsfähigkeit des Gesetzes an die technische und wirtschaftliche Entwicklung der Praxis.

die ihm zugeschriebene Informationsfunktion hinsichtlich der Darstellung der Vermögens-, Finanz- und Ertragslage des Konzerns als wirtschaftliche und gleichzeitig fiktive rechtliche Einheit zu erfüllen hat, um damit dem externen Rechnungslegungsadressaten aussagefähige und vergleichbare Abschlüsse zur Verfügung zu stellen.[38] Insofern dienen Grundsätze ordnungsmäßiger Konsolidierung einer sachgerechten und zweckentsprechenden Gestaltung des Konzernabschlusses.[39] Immer dann, wenn gesetzliche Vorschriften nicht vorhanden oder auslegungsbedürftig sind, werden allgemeine Grundsätze als Entscheidungskriterium für die Ausgestaltung der Konzernrechnungslegung herangezogen. Als wesentlichste Funktion der Grundsätze ordnungsmäßiger Konsolidierung ist somit die Ergänzungs- und Auslegungsfunktion zu nennen.[40] Darüber hinaus kommt den Konsolidierungsgrundsätzen eine Beurteilungs- und Weiterentwicklungsfunktion im Sinne einer kritischen Beurteilung sowohl der gesetzlichen Vorschriften und deren Kommentierungen als auch der Praxis der Konzernabschlußerstellung sowie der Weiterentwicklung gesetzlicher Konsolidierungsvorschriften zu.[41]

Auf eine Auseinandersetzung mit der Entstehung und Ableitung von Grundsätzen ordnungsmäßiger Konsolidierung sowie die umfassende Darstellung der im Schrifttum zahlreichen Systematisierungsansätze soll im Rahmen dieser Arbeit verzichtet werden.[42] Vielmehr werden in den folgenden Abschnitten die für eine weitere Analyse der Erfolgswirkungen der Endkonsolidierung maßgebenden Grundsätze dargestellt. Es handelt sich hierbei um die übergeordneten und so-

---

38 Auf die Notwendigkeit, wesentliche Grundsätze für die Erstellung konsolidierter Abschlüsse einschließlich der Bewertung festzulegen, um eine Vergleichbarkeit zu erreichen, wurde bereits in der Präambel zur 7. EG-Richtlinie hingewiesen, abgedruckt in: *Biener, H./Schatzmann, J.* (1983), S. 2.

39 Vgl. *Baetge, J.* (2000), S. 21-42; *Peffenkoven, F.P.* (1997), S. 41-73 (mit einer umfassenden Auseinandersetzung zum Thema ‚Zweck des Konzernabschlusses'); *Trützschler, K.*, in: HdK (1998), Kap. II, Art. 2 Rn. 1003-1013.

40 Vgl. *Busse von Colbe, W./Ordelheide, D.* (1993), S. 43; *Ruhnke, K.* (1993), S. 756; *Trützschler, K.*, in: HdK (1998), Kap. II, Art. 2 Rn. 1006, 1007; *Warmbold, S.* (1995), S. 58.

41 Vgl. *Busse von Colbe, W./Ordelheide, D.* (1993), S. 43; *Ruhnke, K.* (1993), S. 756; *Trützschler, K.*, in: HdK (1998), Kap. II, Art. 2 Rn. 1008-1010.

42 Vgl. diesbezüglich folgende Quellen mit weiteren Literaturverweisen: *Adler/Düring/Schmaltz* (1996), § 297 HGB Tz. 1-63; *Albrecht, W.*, in: BHR (1986), § 297 Rz. 8-17; *Baetge, J.* (2000), S. 57-75; *Ballwieser, W.* (1995), S. 51-58; *Förschle, G.*, in: Beck Bil.-Komm. (1999), § 300 Anm. 5-7; *Busse von Colbe, W./Ordelheide, D.* (1993), S. 25-43; *Dietl, R.* (1992), S. 14-36; *Dümpel, U.* (1991), S. 29-47; *Förschle/Kropp/Wöste* (1990), S. 68-78; *Hartle, J.*, in: BHdR (1987), C 10; *Ruhnke, K.* (1993), S. 753-775; *Schindler, J.* (1986), S. 65-111; *Schruff, W.* (1984), S. 48-77; *Trützschler, K.*, in: HdK (1998), Kap. II, Art. 2 Rn. 1014-1027; *Warmbold, S.* (1995), S. 56-71.

mit wesentlichen Grundsätze Generalnorm gem. § 297 Abs. 2 Satz 2 HGB und Einheitsgrundsatz gem. § 297 Abs. 3 Satz 1 HGB.

2.1.2.2 Generalnorm

Entsprechend der in § 297 Abs. 2 Satz 2 HGB enthaltenen Generalnorm hat der Konzernabschluß unter Beachtung der Grundsätze ordnungsmäßiger Buchführung ein den tatsächlichen Verhältnissen entsprechendes Bild der Vermögens-, Finanz- und Ertragslage des Konzerns zu vermitteln.[43] Dieser allgemeine Rechnungslegungsgrundsatz wird als maßgebliche Zielvorschrift für die gesamte Konzernrechnungslegung angesehen und entspricht hinsichtlich seiner Funktionen für den Konzernabschluß der Regelung des § 264 Abs. 2 Satz 1 HGB für den Jahresabschluß der Kapitalgesellschaft. Die Generalnorm dient zum einen der Interpretation von Einzelvorschriften zur Lösung von Zweifelsfragen und zum anderen dem Ausfüllen gesetzlich nicht geregelter Bereiche; mithin kommt ihr eine Auslegungs- und Lückenschließungsfunktion zu.[44] Darüber hinaus dient sie als Deduktionsgrundlage der Ermittlung von Grundsätzen ordnungsmäßiger Konsolidierung.[45] Das bedeutet, aus einer Menge von bekannten Bilanzierungsmethoden sind jene Alternativen auszuwählen, die zur Zielerreichung geeignet sind und denen der Rang von Grundsätzen zukommt.[46] Ihre Bedeutung für den Konzernabschluß kommt auch darin zum Ausdruck, daß sich zahlreiche Einzelvorschriften zur Konzernrechnungslegung auf sie beziehen.[47]

Grundsätzlich geht der Gesetzgeber davon aus, daß bei Anwendung der Einzelvorschriften unter Beachtung der Grundsätze ordnungsmäßiger Buchführung und Konsolidierung der Konzernabschluß normalerweise ein den tatsächlichen Verhältnissen entsprechendes Bild der Vermögens-, Finanz- und Ertragslage des Konzerns vermittelt.[48] Stehen dennoch zwingende Einzelvorschriften zur Konzernrechnungslegung oder Alternativen von gesetzlich eingeräumten Wahl-

---

[43] Mit dieser Vorschrift wurde Art. 16 Abs. 3 der 7. EG-Richtlinie in nationales Recht umgesetzt, nach dem „der konsolidierte Abschluß...ein den tatsächlichen Verhältnissen entsprechendes Bild der Vermögens-, Finanz- und Ertragslage der Gesamtheit der in die Konsolidierung einbezogenen Unternehmen zu vermitteln [hat]".

[44] Vgl. *Adler/Düring/Schmaltz* (1996), § 297 HGB Tz. 15; *Baetge, J./Kirsch, H.-J.*, in: HdK (1998), § 297 Rn. 25-29; BT-DS 10/317, S. 76; *Busse von Colbe, W./Ordel-heide, D.* (1993), S. 26; *Förschle, G./Lust, P./Kroner, M.*, in: Beck Bil.-Komm. (1999), § 297 Anm. 137; *Scherrer, G.* (1994), S. 141; *Schildbach, Th.* (1994), S. 55, 56 (der allerdings die Bedeutung der Generalnorm für die Schließung von Gesetzeslücken außer acht läßt); *Warmbold, S.* (1995), S. 136.

[45] Vgl. *v. Wysocki, K.* (1986), S. 177; *Warmbold, S.* (1995), S. 136.

[46] Vgl. *Leffson, U.* (1987), S. 29.

[47] Vgl. nur *Adler/Düring/Schmaltz* (1996), § 297 HGB Tz. 17; *Scherrer, G.* (1994), S. 141.

[48] Vgl. BT-DS 10/3440, S. 36.

rechten im Widerspruch zu der Generalnorm[49], so ist das den tatsächlichen Verhältnissen entsprechende Bild der Vermögens-, Finanz- und Ertragslage nicht durch ein Abweichen von den Einzelvorschriften[50], sondern durch zusätzliche Angaben im Konzernanhang gem. § 297 Abs. 2 Satz 3 HGB herzustellen. Daraus läßt sich ableiten, daß die Generalnorm lediglich subsidiären Charakter hat.[51] Dennoch darf nicht verkannt werden, daß Ansatz- und Bewertungswahlrechte immer so auszuüben sind, daß der Konzernabschluß die tatsächlichen Verhältnisse der Vermögens-, Finanz- und Ertragslage des Konzerns nicht irreführend widerspiegelt.[52] Im Gegenteil, die im deutschen Bewertungsrecht enthaltenen Spielräume sind objektiv und willkürfrei auszulegen.[53] Da die Endkonsolidierung keiner gesetzlichen Einzelregelung unterliegt und somit eine Gesetzeslücke besteht, sind die bilanziellen und erfolgsrechnerischen Maßnahmen bei Ausscheiden eines Unternehmens aus dem Konsolidierungskreis stets unter Berücksichtigung der Generalnorm festzulegen und zu beurteilen.

2.1.2.3 Einheitsgrundsatz

Nach § 297 Abs. 3 Satz 1 HGB ist im Konzernabschluß die Vermögens-, Finanz- und Ertragslage der einbezogenen Unternehmen so darzustellen, als ob diese Unternehmen insgesamt ein einziges Unternehmen wären.[54] Der in § 297 Abs. 3 Satz 1 HGB kodifizierte Einheitsgedanke stellt eine Konkretisierung der Generalnorm des § 297 Abs. 2 Satz 2 HGB dar und kann als wichtigstes Konsolidierungsprinzip betrachtet werden.[55] Der Einheitsgedanke findet sich in vielen Einzelvorschriften zur Konzernrechnungslegung wieder, allerdings wurde er

---

49 Vgl. Beispiele bei *Förschle, G./Lust, P./Kroner, M.*, in: Beck Bil.-Komm. (1999), § 297 Anm. 138; *v. Wysocki, K.* (1986), S. 178-180.

50 Hierin weicht § 297 HGB von Art. 16 der 7. EG-Richtlinie ab. Gem. Art. 16 Abs. 5 der 7. EG-Richtlinie (overriding principle) wird verlangt, von den Einzelvorschriften der Richtlinie abzuweichen, wenn die Anwendung dieser Einzelregelung mit der Verpflichtung zur Darstellung eines den tatsächlichen Verhältnissen entsprechenden Bildes unvereinbar ist; vgl. hierzu *Niehus, R.J.* (1991), S. 2-3.

51 Vgl. *Adler/Düring/Schmaltz* (1996), § 297 HGB Tz. 35; *Baetge, J./Kirsch, H.-J.*, in: HdK (1998), § 297 Rn. 28, 29; *Förschle, G./Lust, P./Kroner, M.*, in: Beck Bil.-Komm. (1999), § 297 Anm. 138; *Scherrer, G.* (1994), S. 142; *v. Wysocki, K.* (1986), S. 181.

52 Vgl. *Claussen, C.P./Scherrer, G.*, in: Kölner Kommentar zum AktG (2000), § 297 HGB Rn. 85.

53 Vgl. *Baetge, J./Kirsch, H.-J.*, in: HdK (1998), § 297 Rn. 53.

54 Mit dieser Regelung wurde Art. 26 Abs. 1 Satz 1 der 7. EG-Richtlinie in nationales Recht umgesetzt.

55 Vgl. *Adler/Düring/Schmaltz* (1996), § 297 HGB Tz. 42; *Baetge, J./Kirsch, H.-J.*, in: HdK (1998), § 297 Rn. 70, 72; *Förschle, G./Lust, P./Kroner, M.*, in: Beck Bil.-Komm. (1999), § 297 Anm. 142; *Scherrer, G.* (1994), S. 145.

nicht in allen gesetzlichen Vorschriften konsequent umgesetzt.[56] In den Zweifelsfällen, in denen das Gesetz Konsolidierungsfragen offen läßt, ist der Einheitsgrundsatz als Leitlinie für die Durchführung von Konsolidierungsmaßnahmen heranzuziehen.[57]

Strittig ist im Schrifttum die Frage, ob aus der Einheitstheorie die Fiktion der rechtlichen Einheit[58] oder die Fiktion der wirtschaftlichen Einheit[59] der in den Konzernabschluß einbezogenen Unternehmen abzuleiten ist.[60] Im Hinblick auf die Eliminierung konzerninterner Beziehungen führen beide Auffassungen zu gleichen Ergebnissen. Unter der weitergehenden Fiktion der rechtlichen Einheit werden die rechtlich selbständigen Konzernunternehmen als unselbständige Betriebe oder Betriebsteile behandelt[61], dem Konzern selbst wird eine fiktive Rechtspersönlichkeit zugesprochen. Sofern für die Auslegung von Vorschriften bzw. deren Beurteilung eine Differenzierung zwischen der Fiktion einer wirtschaftlichen und der einer rechtlichen Einheit nicht erforderlich ist, soll im folgenden lediglich von der Einheitstheorie bzw. dem Einheitsgrundsatz gesprochen werden.

In Übereinstimmung mit der Richtlinienvorschrift (Art. 26 Abs. 1 Satz 1 der 7. EG-Richtlinie) erstreckt sich der Anwendungsbereich und Inhalt des Einheitsgrundsatzes nicht wie die Generalnorm auf die gesamte Konzernrechnungslegung, sondern lediglich auf Maßnahmen der Konsolidierung[62] und ist damit insbesondere für die Vollkonsolidierung von zentraler Bedeutung. Auch die bei Ausscheiden eines Unternehmens anzuwendenden Konsolidierungsregeln müssen insofern dem die Generalnorm konkretisierenden Einheitsgedanken genügen.

---

56 Vgl. *Scherrer, G.* (1994), S. 147, 148.

57 Vgl. *Adler/Düring/Schmaltz* (1996), § 297 HGB Tz. 42; *Busse von Colbe, W.* (1985), S. 767; *Förschle/Kropp/Wöste* (1990), S. 71-74; *Havermann, H.* (1987), S. 177, 178; *Küting, K./Weber, C.-P.* (1997), S. 44; *Sahner, F.* (1981), S. 714.

58 Vgl. *Albrecht, W.*, in: BHR (1986), § 297 HGB Rz. 10, 11; *Bentler, M.* (1991), S. 17; *Biener, H./Berneke, W.* (1986), S. 320; *Busse von Colbe, W.* (1985), S. 767; *Busse von Colbe, W./Chiemlewicz, K.* (1986), S. 332; *Hartle, J.*, in: BHdR (1987), C 10 Anm. 110; *Küting, K./Weber, C.-P.* (1997), S. 44; *Niehus, R.J./Scholz, W.*, in: *Meyer-Landrut/Miller/Niehus* (1987), §§ 238 bis 335 HGB Anm. 1069; *Scherrer, G.* (1994), S. 146; *Weber, C.-P./Zündorf, H.* (1989), S. 1859; *Zehnhäusern, M.* (1989), S. 92.

59 Vgl. *Adler/Düring/Schmaltz* (1996), § 297 HGB Tz. 40; *Baetge, J./Kirsch, H.-J.*, in: HdK (1998), § 297 Rn. 70, 73; *Förschle, G./Lust, P./Kroner, M.*, in: Beck Bil.-Komm. (1999), § 297 Anm. 140; *Göth, P.* (1997), S. 58; *Müller, B.* (1988), S. 25; *Müller, K.* (1985), S. 97; *Sahner, F.* (1981), S. 713; *WP-Handbuch* (1996), Bd. I, M Anm. 6.

60 Vgl. *Ruppert, B.* (1993), S. 57-63 (mit einer umfassenden Literaturdarstellung).

61 Vgl. *Küting, K./Zündorf, H.* (1994), S. 1386.

62 Vgl. *Adler/Düring/Schmaltz* (1996), § 297 HGB Tz. 42; *Baetge, J.* (2000), S. 54, 55; *Ruppert, B.* (1993), S. 72, 73; *Warmbold, S.* (1995), S. 119, 120.

2.1.2.4 Weitere Grundsätze

Neben der diskutierten Generalnorm und dem Einheitsgrundsatz sind im Rahmen der Konzernrechnungslegung und insbesondere der Konsolidierung weitere Grundsätze von wesentlicher Bedeutung: der in § 297 Abs. 3 Satz 2 HGB normierte Grundsatz der Stetigkeit der Konsolidierungsmethoden, das Prinzip der Vollständigkeit gem. § 300 Abs. 2 Satz 1 HGB, das Prinzip der einheitlichen Bewertung gem. § 308 Abs. 1 Satz 1 HGB, das Prinzip der Klarheit und Übersichtlichkeit gem. § 297 Abs. 2 Satz 1 HGB sowie der in vielen Einzelvorschriften eingegangene Grundsatz der Wesentlichkeit und Wirtschaftlichkeit.[63] Im älteren Schrifttum findet sich des weiteren der Grundsatz der Äquivalenz von Bilanzierungsmethoden im Einzel- und Konzernabschluß.[64] Danach sind Zweifelsfragen bei der Aufstellung des Konzernabschlusses, die mit den gesetzlich normierten Grundsätzen nicht gelöst werden können so zu entscheiden, daß eine möglichst weitgehende Äquivalenz zwischen Einzel- und Konzernabschluß erreicht wird. Inwieweit neben Generalnorm und Einheitsgrundsatz auch diese Grundsätze der Konzernrechnungslegung im Hinblick auf die Endkonsolidierung Bedeutung erlangen, wird im Einzelfall zu prüfen sein.

2.1.3 Deduktionsbasis zur Ermittlung von Endkonsolidierungsgrundsätzen

Da die Endkonsolidierung gesetzlich nicht geregelt ist und eine Ableitung allgemeiner Konsolidierungsnormen nicht zwingend zu Grundsätzen einer zweckentsprechenden Abbildung des Ausscheidens eines Unternehmens aus dem Konsolidierungskreis führt, muß im weiteren die Frage geklärt werden, auf welcher Basis die Entwicklung und Beurteilung spezieller Regelungen hinsichtlich der Endkonsolidierung zu erfolgen hat. Prinzipiell kann die Ermittlung allgemeingültiger Grundsätze durch die induktive Methode[65] oder die deduktive Me-

---

63 Vgl. zur Erläuterung und systematischen Einordnung nur *Adler/Düring/Schmaltz* (1996), § 297 HGB Tz. 1-63; *Albrecht, W.*, in: BHR (1986), § 297 Rz. 8-17; *Ballwieser, W.* (1995), S. 51-58; *Busse von Colbe, W./Ordelheide, D.* (1993), S. 25-43; *Dietl, R.* (1992), S. 14-36; *Dümpel, U.* (1992), S. 45-47; *Förschle, G.*, in: Beck Bil.-Komm. (1999), § 300 Anm. 5-7; *Förschle/Kropp/Wöste* (1990), S. 77-78; *Hartle, J.*, in: BHdR (1987), C 10; *Ruhnke, K.* (1993), S. 753-775; *Schindler, J.* (1986), S. 65-111; *Schruff, W.* (1984), S. 48-77; *Trützschler, K.*, in: HdK (1998), Kap. II, Art. 2 Rn. 1024-1026.

64 Vgl. *Busse von Colbe, W.* (1992), S. 128; *Busse von Colbe, W./Ordelheide, D.* (1993), S. 41.

65 Bei der induktiven Ermittlung wird von singulären Sätzen auf allgemeine Sätze geschlossen. Dieses Verfahren wird in der Literatur überwiegend abgelehnt, da es an der logischen Rechtfertigung fehlt. Da jederzeit neue Beobachtungen gemacht werden können, kann nie von einer auch noch so großen Anzahl singulärer Sätze auf allgemeine Sätze geschlossen werden. Zur Begründung vgl. *Leffson, U.* (1987), S. 29; *Popper, K.R.* (1989), S. 3-21; *Schindler, J.* (1986), S. 72-83; *Schildbach, Th.* (1994), S. 54.

thode[66] erfolgen. Bei der überwiegend akzeptierten und angewandten deduktiven Vorgehensweise sind konzernabschlußspezifische Grundsätze aus den Zwecken des Konzernabschlusses abzuleiten. Die primäre Aufgabe des Konzernabschlusses besteht darin, den externen Rechnungslegungsadressaten als Informationsinstrument über die Vermögens-, Finanz- und Ertragslage des Konzerns als wirtschaftliche Einheit zu dienen[67], wobei der Konzernabschluß nicht anstelle, sondern neben die Jahresabschlüsse der einzelnen Konzernunternehmen tritt.[68] Ein dem Informationszweck entsprechender und somit sachgerechter Konzernabschluß hat nach § 297 Abs. 2 Satz 2 HGB „unter Beachtung der Grundsätze ordnungsmäßiger Buchführung ein den tatsächlichen Verhältnissen entsprechendes Bild der Vermögens-, Finanz- und Ertragslage des Konzerns zu vermitteln". § 297 Abs. 3 Satz 1 HGB legt fest, daß die Art des vermittelten Bildes so zu sein hat, als ob es sich bei den einbezogenen Unternehmen um ein einziges Unternehmen handeln würde.

Auch die Art und Weise, wie das Ausscheiden eines Unternehmens aus dem Konsolidierungskreis im Konzernabschluß abgebildet wird, kann für die Darstellung der wirtschaftlichen Lage des Konzerns von erheblicher Bedeutung sein[69] und somit die Informationsvermittlung wesentlich beeinflussen. Deduktionsbasis für die Ermittlung von Grundsätzen ordnungsmäßiger Konsolidierung und damit auch der Endkonsolidierung bildet dementsprechend - unter Berücksichtigung des Informationszweckes - die Generalnorm des § 297 Abs. 2 Satz 2 HGB und der sie konkretisierende Einheitsgrundsatz des § 297 Abs. 3 Satz 1 HGB.[70] Nachfolgende Abbildung veranschaulicht die Vorgehensweise zur Ermittlung von Grundsätzen, die bei Ausscheiden eines Unternehmens aus dem Konsolidierungskreis zu beachten sind.

---

66 Bei deduktiver Ermittlung wird von allgemeinen Sätzen mit höherem Informationsgehalt auf logisch implizierte Sätze mit einem niedrigeren Informationsgehalt geschlossen. Dieses Verfahren wird überwiegend anerkannt und als geeignet zur Gewinnung von Grundsätzen angesehen, weil es sich mit dem juristischen Argument 'aus der Natur der Sache' deckt; vgl. hierzu *Kruse, H.W.* (1978), S. 102; *Popper, K.R.* (1989), S. 7, 8.

67 Vgl. *Busse von Colbe, W.*, in: HWRev (1993), Sp. 1146; S. 19, 20; *Jonas, H.H.* (1986), S. 65-75; *Lück, W.* (1994), S. 14; *Müller, E.* (1980), S. 1-8; *Scherrer, G.* (1994), S. 8; *Schildbach, Th.* (1994), S. 15-19; *v. Wysocki, K./Wohlgemuth, M.* (1996), S. 4.

68 Vgl. *Busse von Colbe, W.*, in: HWRev (1992), Sp. 1146; *Busse von Colbe, W./Ordelheide, D.* (1993), S. 21; *Scherrer, G.* (1994), S. 11.

69 Vgl. *Elkart, W./Hundt, K.-H./Müller, K.* (1991), S. 54; *Ordelheide, D./Pfaff, D.*, in: HWRev (1992), Sp. 435.

70 So *Dusemond, M./Weber, C.-P/Zündorf, H.*, in: HdK (1998), § 301 Rn. 363, 364; *Ordelheide, D.* (1986), S. 766; *Scherrer, G.* (1994), S. 350; a.A.: *Schildbach, Th.* (1994), S. 54, der die Generalnorm als Deduktionsbasis ablehnt und davon ausgeht, daß sich Grundsätze als Folge eines politischen Prozesses herausbilden, „in denen die verschiedenen an der Konzernrechnungslegung interessierten Gruppen ihre Vorstellungen über eine zweckmäßige Rechnungslegung einbringen, sie diskutieren und ggf. durchsetzen können".

Hierbei gilt es Regelungen zu finden für:

- die Feststellung einer Verpflichtung zur Endkonsolidierung[71],
- die Festlegung des maßgeblichen Zeitpunktes für die Durchführung von Maßnahmen der Endkonsolidierung[72] und
- die Durchführung der Endkonsolidierung, d.h. für die bilanzielle und erfolgsmäßige Abbildung im Rahmen des Konzernabschlusses.[73]

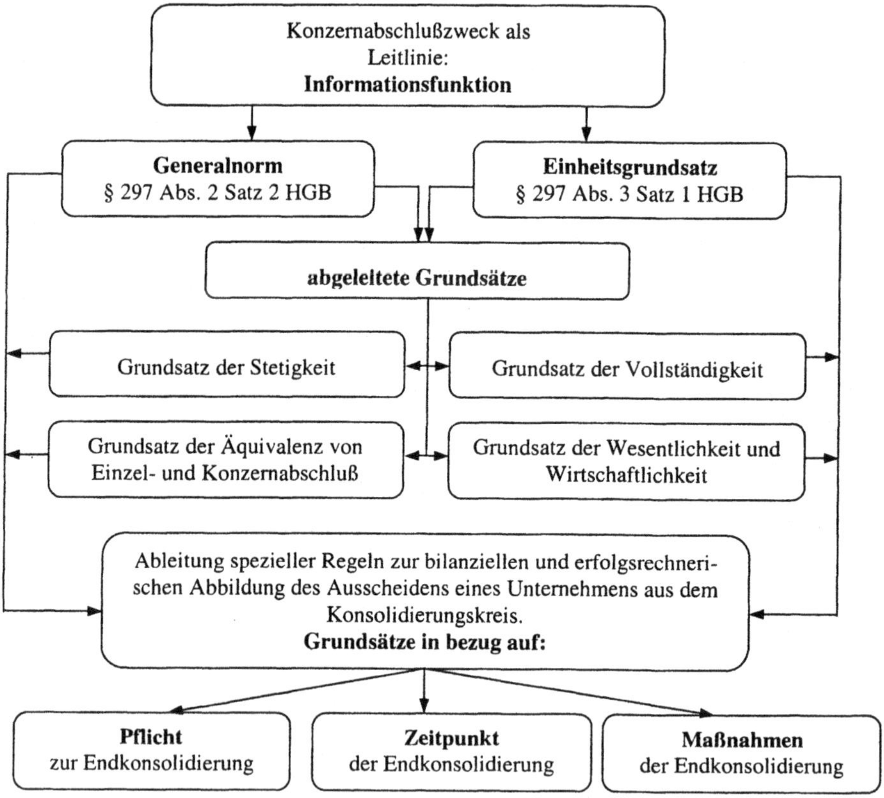

Abb. 2-1: Ableitung von Grundsätzen für die Abbildung der Endkonsolidierung im Konzernabschluß

[71] Vgl. Kapitel 2.2.

[72] Vgl. Kapitel 2.3.

[73] Vgl. Kapitel 3 und 4.

2.2 Endkonsolidierungspflicht

2.2.1 Endkonsolidierungspflicht bei Ausscheiden eines Unternehmens

Eine gesetzliche Verpflichtung zur Durchführung der Endkonsolidierung bei Ausscheiden eines Unternehmens aus dem Konsolidierungskreis besteht nicht, vielmehr weisen sowohl die handelsrechtlichen Vorschriften als auch die ihnen zugrundeliegenden Regelungen der 7. EG-Richtlinie hinsichtlich dieser Fragestellung eine Regelungslücke auf. Demnach könnte aus rein technischer Sicht mit dem Ausscheiden eines Unternehmens aus dem Konsolidierungskreis auf die während der Konzernzugehörigkeit im Rahmen von Erst- und Folgekonsolidierungen durchgeführten Konsolidierungsbuchungen verzichtet werden. Das einfache Weglassen des Tochterunternehmens ohne entsprechende Anpassungsbuchungen wird allerdings als unzulässig angesehen.[74] Es ist demnach zu prüfen, aus welchen Vorschriften und Grundsätzen eine Verpflichtung zur Durchführung von Maßnahmen der Endkonsolidierung abgeleitet werden kann.

Der einfache Verzicht auf Konsolidierungsbuchungen im Jahr des Ausscheidens eines Unternehmens aus dem Konsolidierungskreis würde dem Rechnungslegungsadressaten ein zutreffendes Bild der wirtschaftlichen Lage des Konzerns im Sinne der Generalnorm gem. § 297 Abs. 2 Satz 2 HGB nicht mehr vermitteln, da Veränderungen im Konsolidierungskreis mitunter erhebliche Auswirkungen auf die Vermögens-, Finanz- und Ertragslage des Konzerns haben können.[75] Eine solche Vorgehensweise würde auch im Widerspruch zum Einheitsgrundsatz des § 297 Abs. 3 Satz 1 HGB stehen, nach dem die Vermögens-, Finanz- und Ertragslage der einbezogenen Unternehmen so darzustellen ist, als ob diese Unternehmen insgesamt ein einziges Unternehmen wären.[76] Unter diesem Gesichtspunkt ist das Ausscheiden eines Unternehmens vergleichbar mit der Veräußerung eines Teilbetriebs durch ein rechtlich selbständiges Unternehmen.[77] Die Abgänge der Vermögens- und Schuldposten des Tochterunternehmens sind demnach wie im Jahresabschluß eines einheitlichen Unternehmens darzustellen.[78] Eine Verpflichtung zur Endkonsolidierung kann somit bereits

---

74 Vgl. *Adler/Düring/Schmaltz* (1996), § 301 HGB Tz. 257; zum Aktienrecht 1965 auch schon *Dreger, K.-M.* (1969), S. 98: „Die Änderung des Beteiligungsverhältnisses kann nicht ohne Einfluß auf die Kapitalkonsolidierung bleiben."

75 Vgl. *Herrmann, D.* (1994a), S. 821; *Ordelheide, D./Pfaff, D.*, in: HWRev (1992), Sp. 435.

76 Vgl. *Dusemond, M./Weber, C.-P./Zündorf, H.*, in: HdK (1998), § 301 Rn. 363; *Ebeling, R.M.* (1996), S. 360; *Ordelheide, D.* (1986), S. 766; *Scherrer, G.* (1994), S. 350; *v Wysocki, K./Wohlgemuth, M.* (1996), S. 148.

77 Vgl. *Küting, K./Weber, C.-P.* (1997), S. 44; *Scherrer, G.* (1994), S. 350; *Weber, C.-P.* (1991a), S. 217.

78 Vgl. *Ordelheide, D.* (1986), S. 766.

aufgrund des § 297 Abs. 3 Satz 1 i.V.m. § 297 Abs. 2 Satz 2 HGB angenommen werden. Dies dürfte auch der Intention des Gesetzgebers entsprechen, da er die Vorschriften der 7. EG-Richtlinie hinsichtlich der Konsolidierungsmaßnahmen weitgehend richtlinienkonform in nationales Recht umgesetzt hat und sich entsprechend der 7. EG-Richtlinie die Maßnahmen der Folgekonsolidierung und deren Erfolgswirksamkeit ebenfalls aus dem Einheitsgrundsatz i.V.m. der Generalnorm ergeben.

Eine Pflicht zur Endkonsolidierung wird auch aus dem Grundsatz der Bilanzidentität nach § 298 Abs. 1 i.V.m. § 252 Abs. 1 Nr. 1 HGB und der Verpflichtung zur Entwicklung der einzelnen Posten des Anlagevermögens nach § 298 Abs. 1 i.V.m. § 268 Abs. 2 HGB abgeleitet.[79] So sind insbesondere im Anlagespiegel die nicht mehr konsolidierten Anlagegegenstände des Tochterunternehmens als Abgänge zu behandeln, dagegen der im Summenabschluß enthaltene Beteiligungsabgang zu stornieren.[80]

Ein weiteres Argument für die Durchführung einer Endkonsolidierung ist in dem Grundsatz der Vollständigkeit gem. § 300 Abs. 2 HGB zu sehen, nach dem u.a. die Erträge und Aufwendungen der in den Konzernabschluß einbezogenen Unternehmen vollständig aufzunehmen sind. Zum einen sind die während der Konzernzugehörigkeit erwirtschafteten Erfolgsbeiträge zu zeigen, zum anderen die Erträge und Aufwendungen aus Erwerb und Veräußerung des Tochterunternehmens im Konzernabschluß.[81] Daraus folgt implizit, daß Erfolgskomponenten nur einmal ergebniswirksam werden dürfen. Bei einfacher Übernahme des Veräußerungsergebnisses aus dem Einzelabschluß des Mutterunternehmens in den Konzernabschluß könnte es aber zu Doppelrechnungen kommen, die gegen die Grundsätze einer ordnungsmäßigen Buchführung verstoßen würden.[82]

Eine Begründung für die Verpflichtung zur Durchführung der Endkonsolidierung kann auch im Erfolgskonzept der Erwerbsmethode selbst gesehen werden.[83] Die Vorschrift des § 300 Abs. 2 HGB normiert unter dem Gesichtspunkt der Erwerbsmethode nicht nur das Vollständigkeitsgebot, sondern auch ein Auf-

---

79 Vgl. *Dusemond, M./Weber, C.-P./Zündorf, H.*, in: HdK (1998), § 301 Rn. 363; *Ordelheide, D.* (1986), S. 766; *Weber, C.-P.* (1991), S. 98; a.A.: *Warmbold, S.* (1995), S. 151; *Küting, K./Weber, C.-P.* (1997), S. 44.

80 Vgl. *Ordelheide, D.* (1986), S. 766, 767; *Scherrer, G.* (1994), S. 351.

81 Vgl. *Warmbold, S.* (1995), S. 151.

82 Vgl. *Ordelheide, D.* (1986), S. 766, der z.B. die doppelte Aufwandserfassung eines im Jahr der Erstkonsolidierung aufgedeckten und über die Folgeperioden abgeschriebenen Geschäfts- oder Firmenwertes anführt, der im Einzelabschluß als Teil der den Veräußerungserlös mindernden Anschaffungskosten eingeht, im Konzernabschluß aber bereits durch Abschreibungen berücksichtigt wurde; *Baetge, J.* (2000), S. 486; *Schindler, J.* (1986), S. 230.

83 Vgl. *Weber, C.-P.* (1991), S. 97, 98.

nahmeverbot für die Aufwendungen und Erträge, die vor oder nach der Konzernzugehörigkeit entstanden sind.[84] Insoweit ist bei Ausscheiden des Unternehmens eine zeitanteilige Zurechnung erforderlich. Ebenso kann eine nach der Erwerbsmethode gebotene Differenzierung in erwirtschaftetes und erworbenes Ergebnis nur im Rahmen der Ermittlung eines Endkonsolidierungserfolges vorgenommen werden.

Nach der dem Bilanzrecht zugrundeliegenden pagatorischen Betrachtungsweise[85] dürfen gem. § 252 Abs. 1 Nr. 5 HGB für den Einzelabschluß und gem. § 298 Abs. 1 i.V.m. § 252 Abs. 1 Nr. 5 HGB für den Konzernabschluß ausschließlich Zahlungen berücksichtigt werden. Einen daraus resultierenden Fundamentalgrundsatz der kaufmännischen Buchführung und Bilanzierung bildet das Kongruenzprinzip[86], welches für Einzel- und Konzernabschluß Gültigkeit besitzt.[87] Nach diesem Grundsatz ist die Summe der Periodenerfolge gleich dem Erfolg in der Totalperiode, in der ein Unternehmen besteht.[88] D.h. aber auch, daß der Totalerfolgsbeitrag der Beteiligung im Zeitpunkt des Ausscheidens aus dem Konzernverbund in Einzel- und Konzernabschluß identisch sein muß.[89] In beiden Abschlüssen müssen diesem Grundsatz folgend bis zum Abgang der Beteiligung neben den Gewinnausschüttungen des Beteiligungsunternehmens bzw. eventuell durchgeführten Verlustausgleichen durch das Mutterunternehmen die Anschaffungskosten der Beteiligung sowie der Veräußerungserlös erfolgswirksam geworden sein.[90] Da es aber aufgrund der erfolgswirksamen Konsolidierungsmaßnahmen zu Periodisierungsunterschieden in Einzel- und Konzernabschluß kommen kann, ist der Veräußerungsgewinn oder -verlust, der sich aus dem Einzelabschluß des Mutterunternehmens ergibt, an die Perspektive des Konzerns anzupassen.[91]

---

84 Vgl. *IDW/HFA* (3/1995), S. 698.

85 Vgl. *Baetge, J.* (1996), S. 85.

86 Vgl. *Busse von Colbe, W.* (1992), S. 127 u. 137.

87 Vgl. *Busse von Colbe, W.* (1992), S. 128, der die strenge Anwendung des Kongruenzprinzips aus dem Grundsatz der Äquivalenz des Konzernabschlusses zum Einzelabschluß ableitet; *Baetge, J./Herrmann, D.* (1995), S. 225; *Elkart, W./Hundt, K.-H./Müller, K.* (1991), S. 58; a.A.: *Warmbold, S.* (1995), S. 153, der eine Anwendung des Kongruenzprinzips auf den Konzernabschluß ablehnt, da es zum einen im Konzernabschluß keine dem Einzelabschluß vergleichbare Bilanzidentität gibt und zum anderen konzernspezifische Einzelvorschriften nicht mit dem Kongruenzprinzip vereinbar sind.

88 Vgl. *Busse von Colbe, W.* (1992), S. 127.

89 Vgl. *Baetge, J./Herrmann, D.* (1995), S. 225; *Herrmann, D.* (1994), S. 40 und 229.

90 Vgl. *Baetge, J./Herrmann, D.* (1995), S. 225.

91 Vgl. *Adler/Düring/Schmaltz* (1996), § 301 HGB Tz. 257; *Arbeitskreis "Externe Unternehmensrechnung"* (1989), S. 82; *Scherrer, G.* (1994), S. 350; *Weber, C.-P./Zündorf, H.* (1989), S. 1859.

Vor diesem Hintergrund muß die Endkonsolidierung als letztes Glied in der Kette von Konsolidierungsbuchungen nach der Erst- und Folgekonsolidierung betrachtet werden[92], mit der Verpflichtung[93], bilanzielle und erfolgsrechnerische Maßnahmen im Einklang mit den Grundsätzen ordnungsmäßiger Konsolidierung so durchzuführen, daß der Konzernabschluß auch bei Ausscheiden eines Unternehmens aus dem Konsolidierungskreis ein den tatsächlichen Verhältnissen entsprechendes Bild der Vermögens-, Finanz- und Ertragslage des Konzerns vermittelt. Lediglich unter Berücksichtigung des Grundsatzes der Wesentlichkeit und Wirtschaftlichkeit sind Ausnahmen von der Verpflichtung zur Endkonsolidierung denkbar, beispielsweise bei einer teilweisen Veräußerung von Anteilen, die nur unwesentlich im Vergleich zur weiterhin konsolidierten Beteiligung ist.

Die folgende Abbildung dient der Darstellung des Zusammenhangs zwischen Grundsätzen ordnungsmäßiger Konsolidierung und der Verpflichtung, bei Ausscheiden eines Unternehmens aus dem Konsolidierungskreis eine Endkonsolidierung durchzuführen.

---

92 Vgl. *Ordelheide, D.* (1986), S. 766.

93 Die Verpflichtung zur Durchführung der Endkonsolidierung ist im jüngeren Schrifttum ganz überwiegende Meinung; a.A.: *Klein, H.-D.* (1989), S. 344 und *Scheren, M.* (1993), S. 246, die aufgrund der fehlenden gesetzlichen Regelung von einem Wahlrecht ausgehen.

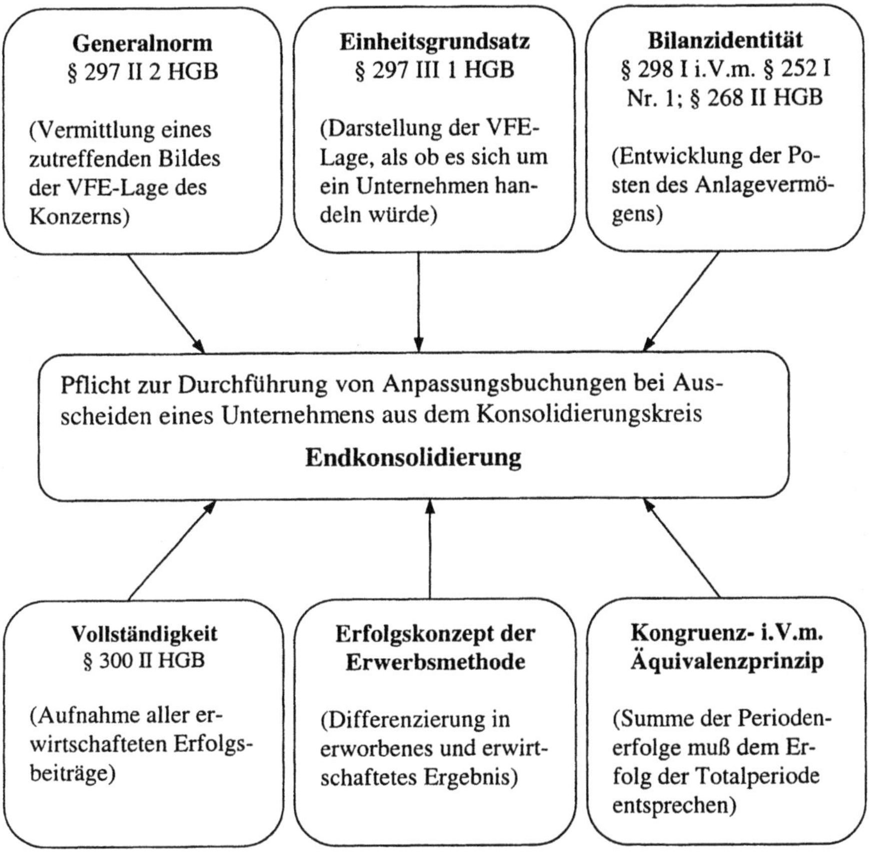

Abb. 2-2: Zusammenhang zwischen Grundsätzen ordnungsmäßiger Konsolidierung und Endkonsolidierungspflicht

2.2.2 Reichweite der Endkonsolidierungspflicht

2.2.2.1 Stufenkonzeption der Beteiligungsbilanzierung

Nachdem im vorangegangenen Kapitel festgestellt wurde, daß die Endkonsolidierung bei Ausscheiden eines Unternehmens als notwendige Konsequenz aus der erstmaligen Einbeziehung dieses Unternehmens in den Konsolidierungskreis folgt, ist nun zu klären, nach welchen Kriterien bestimmt werden kann, wann eine Folgekonsolidierung von der Endkonsolidierung abgelöst wird. Dieses Problem ist gleichbedeutend mit der Frage nach einer Regelung der Einbeziehung von Unternehmen in einen Gesamt- oder Teilkonzernabschluß, denn aus dem Wegfall der Anwendungsvoraussetzungen für die Erst- bzw. Folgekonsolidierungen folgt implizit die Pflicht, eine Endkonsolidierung durchzuführen.[94]

Hinsichtlich der Anwendungsvoraussetzungen, die den im Handelsgesetzbuch kodifizierten Kapitalkonsolidierungsmethoden zugrunde liegen, ist zu unterscheiden zwischen der Einbeziehung von:

- Tochterunternehmen,
- Gemeinschaftsunternehmen,
- assoziierten Unternehmen und
- Beteiligungsunternehmen, die nicht Tochter-, Gemeinschafts- oder assoziierte Unternehmen sind.[95]

Entsprechend dieser Klassifizierung, welche nach dem Grad der Einflußmöglichkeit des Mutterunternehmens auf das Beteiligungsunternehmen erfolgt, unterscheidet das Handelsgesetzbuch vier Stufen der Beteiligungsbilanzierung, wobei jede Stufe mit bestimmten Kapitalkonsolidierungs- bzw. Bewertungsmethoden verbunden ist.[96]

Auf der ersten Stufe sind die unter der einheitlichen Leitung stehenden bzw. den Einflußrechten des Mutterunternehmens unterliegenden Tochterunternehmen im Sinne des § 290 Abs. 1 und 2 HGB erfaßt, welche entsprechend § 294 Abs. 1 HGB im Rahmen der Vollkonsolidierung in den Konzernabschluß einzubeziehen sind.

---

94 Vgl. auch *Herrmann, D.* (1994), S. 13-17, 36-37 mit der Begründung einer Pflicht zum Methodenwechsel bei Veränderung des Grades der Einflußmöglichkeit und daraus ableitend der Pflicht zur Durchführung von Maßnahmen der Übergangskonsolidierung.

95 Vgl. *Scherrer, G.* (1994), S. 91.

96 Vgl. *Baetge, J.* (2000) S. 115, 116; *Busse von Colbe, W./Chmielewicz, K.* (1986), S. 326; *Harms, J.E./Knischewski, G.* (1985), S. 1353, 1354; *Hayn, B.* (1999), S. 14, 15; *Krawitz, N.* (1996), S. 342-346 (ausführlich zur Stufenkonzeption der handelsrechtlichen Konzernabgrenzung); *Ordelheide, D.* (1986b), S. 298.

Unter Vollkonsolidierung versteht man dabei, daß - unabhängig von der Höhe der Anteile, die das Mutterunternehmen an dem Tochterunternehmen hält - alle Posten der Bilanz und Gewinn- und Verlustrechnung vollständig in den Konzernabschluß übernommen werden.

Die zweite Stufe umfaßt die unter der gemeinsamen Führung durch ein in den Konzernabschluß einbezogenes Mutter- oder Tochterunternehmen und ein nicht in den Konzernabschluß einbezogenes Unternehmen stehenden Gemeinschaftsunternehmen im Sinne des § 310 Abs. 1 HGB, welche wahlweise anteilmäßig konsolidiert werden können oder unter Anwendung der Equity-Methode in den Konzernabschluß einzubeziehen sind. Bei der anteilmäßigen Konsolidierung (Quotenkonsolidierung) werden die Posten der Bilanz und Gewinn- und Verlustrechnung nur mit dem Anteil übernommen, der dem Mutterunternehmen zuzurechnen ist.

Auf der dritten Stufe sind die unter maßgeblichen Einfluß des Mutterunternehmens stehenden assoziierten Unternehmen gem. § 311 Abs. 1 HGB erfaßt, welche nach der Equity-Methode einzubeziehen sind. Bei diesem Verfahren erfolgt eine besondere Bewertung der Beteiligung, jedoch keine Einbeziehung der diese Beteiligung repräsentierenden Vermögensgegenstände und Schulden.

Die vierte Stufe umfaßt alle übrigen Kapitalbeteiligungen, die nicht Tochter-, Gemeinschafts- oder assoziiertes Unternehmen sind. Diese sind unter entsprechender Anwendung der Vorschriften für den Einzelabschluß gem. § 298 Abs. 1 i.V.m. § 255 Abs. 1 HGB nach der Anschaffungskostenmethode zu bilanzieren.

Schematisiert läßt sich der Zusammenhang zwischen Grad der Einflußnahme durch das Mutterunternehmen, Unternehmensklassifizierung und Form der bilanziellen Abbildung der Unternehmensbeteiligung im Konzernabschluß wie folgt darstellen:

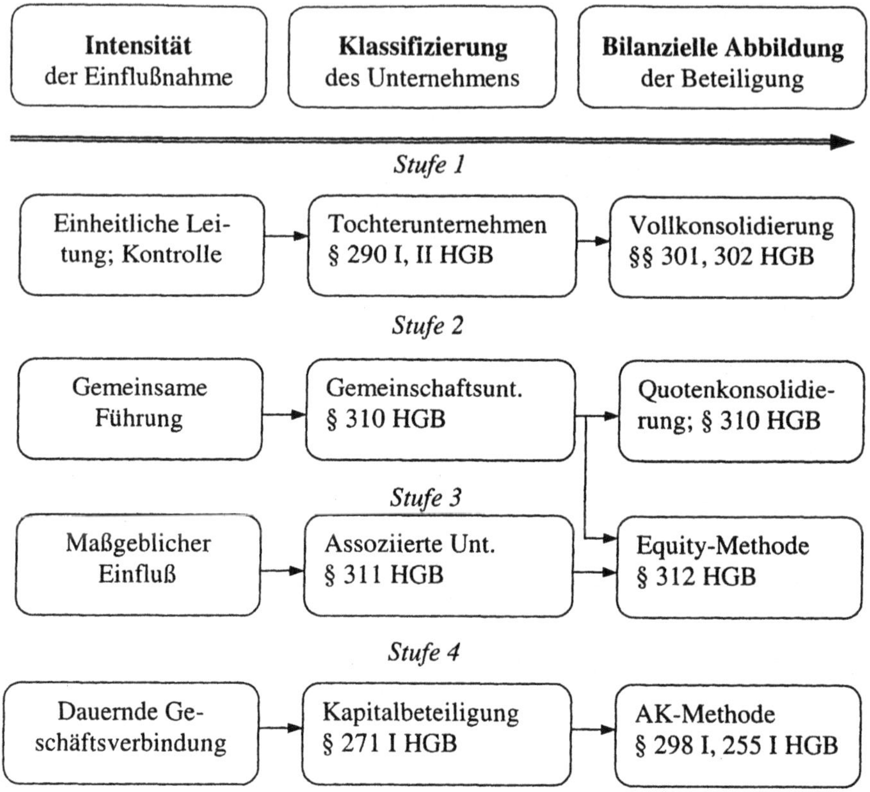

Abb. 2-3: Zusammenhang zwischen Einflußnahme auf ein Unternehmen und der bilanziellen Abbildung im Konzernabschluß

Durch dieses Stufenkonzept des Handelsgesetzbuches wird letztlich auch festgelegt, welche Unternehmen bzw. Unternehmensteile der wirtschaftlichen und fiktiven rechtlichen Einheit Konzern zuzuordnen sind: Die Tochterunternehmen vollständig, die Gemeinschaftsunternehmen zum Teil, die assoziierten Unternehmen und die nach der Anschaffungskostenmethode bewerteten Beteiligungsunternehmen hingegen gelten nicht mehr als zur wirtschaftlichen Einheit Konzern gehörend.[97]

[97] Vgl. *Herrmann, D.* (1994), S. 6, 7.

Werden aufgrund von Änderungen im Beteiligungsverhältnis die Voraussetzungen einer der bisher angewandten Kapitalkonsolidierungsmethoden nicht mehr erfüllt, das Unternehmen aber auf einer anderen Stufe weiterhin in den Konzernabschluß einbezogen, so stellt sich die Frage, ob auch in diesen Fällen eine Endkonsolidierung durchzuführen ist. Scheidet ein Unternehmen nicht vollständig aus dem Konzernverbund aus, so könnte der in § 297 Abs. 3 Satz 2 HGB kodifizierte Grundsatz der Stetigkeit der Konsolidierungsmethoden einer Endkonsolidierung entgegenstehen. Das Stetigkeitsgebot mit dem Ziel der Gewährleistung einer Vergleichbarkeit der Konzernabschlüsse gilt sowohl in zeitlicher, als auch in sachlicher Hinsicht. So sind auf unveränderte Sachverhalte die Konsolidierungsmethoden des Vorjahres und auf gleiche Sachverhalte auch identische Konsolidierungsverfahren anzuwenden.[98] Der Stetigkeitsgrundsatz endet allerdings da, wo Spezialvorschriften zwingend oder wahlweise anzuwenden sind, oder wo ein durch den Zweck des Konzernabschlusses gerechtfertigter, sachlicher Grund vorliegt.

Die in den Vorschriften zur Kapitalkonsolidierung festgelegten Anwendungsvoraussetzungen gelten sowohl für die Erst- als auch für die Folgekonsolidierungen. Werden diese durch Änderung der Beteiligungsverhältnisse nicht mehr erfüllt, so darf die Beteiligung auch nicht mehr nach der bisherigen Methode im Konzernabschluß abgebildet werden. Der Stetigkeitsgrundsatz kann somit in diesen Fällen nicht zur Anwendung kommen, da zum einen Spezialvorschriften entgegenstehen und zum anderen auch gegen den übergeordneten Grundsatz, die Generalnorm gem. § 297 Abs. 2 Satz 2 HGB, verstoßen werden würde, denn der Konzernabschluß wäre nicht mehr in der Lage, ein den tatsächlichen Verhältnissen entsprechendes Bild der Vermögens-, Finanz- und Ertragslage des Konzerns zu vermitteln.

2.2.2.2 Abgrenzung End- von Übergangskonsolidierung

In den bisherigen Ausführungen wurde ausschließlich der Begriff der Endkonsolidierung verwendet, definiert als letztes Glied in einer Kette von Konsolidierungsmaßnahmen nach der erstmaligen Konsolidierung und sich anschließenden Folgekonsolidierungen.[99] Unter einer Endkonsolidierung werden alle Anpassungsmaßnahmen verstanden, die erforderlich sind, um eine vorherige Konsolidierung zu beenden.[100]

---

98 Vgl. *Adler/Düring/Schmaltz* (1996), § 297 HGB Tz. 47.
99 Vgl. *Ordelheide, D.* (1986), S. 766.
100 Vgl. *Ordelheide, D.* (1991), S. 189.

Der Begriff der Endkonsolidierung beschränkt sich somit nicht nur auf den Fall des Ausscheidens eines Unternehmens aus dem Konsolidierungskreis i.e.S.[101], d.h. den Wegfall der Vollkonsolidierung, sondern erstreckt sich auch auf den Konsolidierungskreis i.w.S.[102], also auf Unternehmen, die ehemals im Wege der Quotenkonsolidierung bzw. nach der Equity-Methode in den Konzern einbezogen wurden.[103] Verläßt die Gesamtbeteiligung oder Anteile davon die Konzerneinflußsphäre vollständig, so sind keine über die Endkonsolidierung hinausgehenden Maßnahmen durchzuführen.

Dagegen wird bei einem Wechsel der Beteiligungsbilanzierung innerhalb des Konzernverbundes neben der Endkonsolidierung auch eine erstmalige Einbeziehung nach der neuen Konsolidierungsmethode erforderlich. Die Gesamtheit der hierbei durchzuführenden Maßnahmen wird in Abgrenzung zu der reinen Endkonsolidierung als Übergangskonsolidierung bezeichnet.[104] Jede Übergangskonsolidierung erfordert somit auch in einem ersten Schritt, nämlich dem Verlassen des bisherigen Konsolidierungskreises, die Anpassungsmaßnahmen im Sinne einer Endkonsolidierung, wie sie hier definiert wurde.

2.2.2.3 Systematik der Anwendungsfälle

Grundsätzlich erfordert jeder Abgang eines Unternehmens aus dem Kreis der in den Konzernabschluß einbezogenen Unternehmen (voll, quotal oder at equity) die Durchführung von Anpassungsmaßnahmen im Sinne einer Endkonsolidierung. Werden Anteile nur teilweise veräußert, ohne daß dies einen Wechsel der Beteiligungsbilanzierung zur Folge hat, sind nur für die veräußerten Anteile Endkonsolidierungsmaßnahmen erforderlich. Ändert sich dagegen der Grad der Einflußmöglichkeit, so sind weitere Korrekturmaßnahmen durchzuführen, d.h. das Auflösen der bisherigen Einbeziehungsmethode muß bilanziell als Endkonsolidierung abgebildet werden, der Zugang im neuen Konsolidierungskreis erfordert eine Erstkonsolidierung.[105]

---

[101] Vgl. *Gelhausen, W.D.*, in: HWRev (1992), Sp. 1002, wonach als Konsolidierungskreis in der Konzernrechnungslegung „die Gruppe der nach den Vorschriften der Vollkonsolidierung (§§ 300 ff. HGB) in einen Konzernabschluß einzubeziehenden oder tatsächlich einbezogenen Unternehmen bezeichnet" wird; *Baetge, J.* (2000), S. 115, 116; *Haeger, B./Zündorf, H.* (1991), S. 1841; *Heydemann, B./Koenen, St.* (1992), S. 2253.

[102] Vgl. *Baetge, J.* (2000), S. 115, 116; *Haeger, B./Zündorf, H.* (1991), S. 1841; *Schildbach, Th.* (1994), S. 101.

[103] Vgl. *Ordelheide, D./Pfaff, D.*, in: HWRev (1992), Sp. 435, *Warmbold, S.* (1995), S. 139.

[104] Vgl. *Ordelheide, D./Pfaff, D.*, in: HWRev (1992), Sp. 435; *Ordelheide, D.* (1991), S. 190.

[105] Hierunter sind alle Methodenwechsel innerhalb des Konzernverbundes zu verstehen, beispielsweise der Übergang von der Vollkonsolidierung auf die Quotenkonsolidierung oder die Equity-Bewertung.

Die Ursachen für End- und Übergangskonsolidierungen beschränken sich allerdings nicht nur auf die Fälle der vollständigen oder teilweisen Veräußerung von Anteilen an Beteiligungsunternehmen, sondern können sehr vielfältiger Art sein. So kann eine Endkonsolidierung beispielsweise auch bei konstanten Beteiligungsquoten erforderlich werden, wenn ein Konsolidierungsverbot eintritt oder von einem Konsolidierungswahlrecht Gebrauch gemacht wird. Ebenso können konzerninterne Veränderungen, wie Kapitalveränderungen bei dem Tochterunternehmen oder konzerninterne Verschmelzungen, Maßnahmen der Endkonsolidierung hervorrufen. Eine Systematisierung der Anwendungsfälle erscheint daher sinnvoll.

Im Schrifttum finden sich unterschiedliche Systematisierungsansätze hinsichtlich der Abgrenzung von End- und Übergangskonsolidierungen sowie deren Anwendungsbereiche. So unterscheidet *Ordelheide* im wesentlichen drei Tatbestände:[106]

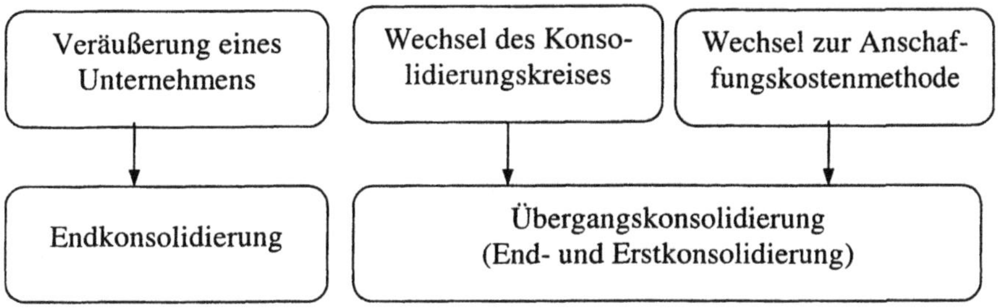

Abb. 2-4: Systematisierungsansatz der End- und Übergangskonsolidierung nach *Ordelheide*

Die Klassifizierung nach *v. Wysocki/Wohlgemuth* stimmt mit dem oben gezeigten Systematisierungsansatz überein, erfaßt aber auch explizit die Konsolidierung bei verminderter Beteiligungsquote (teilweise Anteilsveräußerung) als Übergangskonsolidierung.[107]

Nach *Adler/Düring/Schmaltz* sind vier Fälle des Ausscheidens eines Tochterunternehmens aus dem Konsolidierungskreis zu unterscheiden:[108]

---

[106] Vgl. *Ordelheide, D.* (1986), S. 766-772; *Ordelheide, D.* (1991), S. 189.
[107] Vgl. *v. Wysocki, K./Wohlgemuth, M.* (1996), S. 148, 152.
[108] Vgl. *Adler/Düring/Schmaltz* (1996), § 301 HGB Tz. 258.

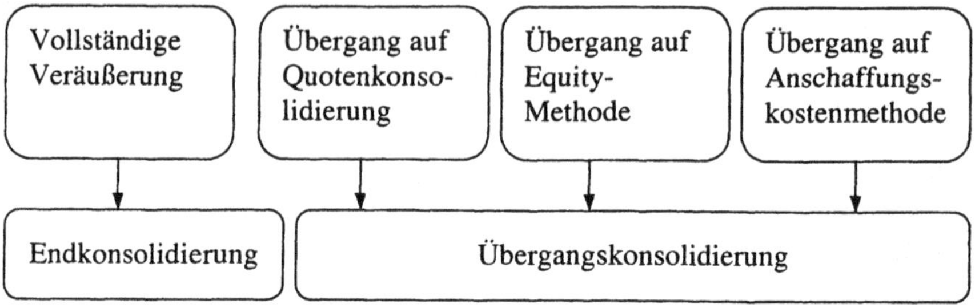

Abb. 2-5: Systematisierungsansatz der End- und Übergangskonsolidierung nach *Adler/Düring/Schmaltz*

Daneben werden bei *Adler/Düring/Schmaltz* die Anpassungsmaßnahmen dargestellt, die erforderlich sind, wenn Anteile an einbezogenen Unternehmen veräußert werden, ohne daß das betreffende Unternehmen den Konsolidierungskreis verläßt, mithin der Sachverhalt einer teilweisen Anteilsveräußerung unter Beibehaltung der Konsolidierungsmethode.[109] Hinsichtlich des Ausscheidens eines bisher im Wege der Quotenkonsolidierung einbezogenen Gemeinschaftsunternehmens wird auf die Klassifizierung der Vollkonsolidierung verwiesen.[110] Im Hinblick auf die bisher nach der Equity-Methode einbezogenen assoziierten Unternehmen wird wiederum zwischen teilweiser Veräußerung, vollständiger Veräußerung sowie Übergang zur Quoten- oder Vollkonsolidierung bzw. der Anschaffungskostenmethode unterschieden.[111]

In ähnlicher Weise zeigt *Weber* die zu einer Endkonsolidierung führenden Anteilsabgänge in Form einer Matrix auf, stellt allerdings explizit fest, daß zumindest ein Wechsel in der Art der Einbeziehung vorliegen muß. D.h., teilweise Anteilsveräußerungen, die nur zu einer Veränderung der Beteiligungsquote führen, stellen nach diesem Ansatz keine Endkonsolidierung dar.[112]

Nach *Baetge* ist eine Endkonsolidierung bei vollständiger Veräußerung einer Beteiligung vorzunehmen, alle anderen Veränderungen des Beteiligungsverhältnisses führen zwingend zu einer Übergangskonsolidierung, auch wenn kein Wechsel der Konsolidierungsmethode erfolgt.[113]

---

109 Vgl. *Adler/Düring/Schmaltz* (1996), § 301 HGB Tz. 187.
110 Vgl. *Adler/Düring/Schmaltz* (1996), § 301 HGB Tz. 259.
111 Vgl. *Adler/Düring/Schmaltz* (1996), § 312 HGB Tz. 206-213.
112 Vgl. *Weber, C.-P.* (1991), S. 216 (FN 1), S. 184.
113 Vgl. *Baetge, J.* (2000), S. 475.

Warmbold hat unter Berücksichtigung des Schrifttums den Versuch einer umfassenden Systematisierung für Fälle der End- und Übergangskonsolidierung unternommen[114], bei *Herrmann* findet sich ein systematischer Überblick zu Anlässen für eine Übergangskonsolidierung.[115]

In Anwendung der im vorherigen Kapitel durchgeführten Begriffsabgrenzung ist die Notwendigkeit einer End- bzw. Übergangskonsolidierung primär im Tatbestand des Abgangs des Unternehmens aus einem Konsolidierungskreis i.w.S. zu sehen. Die Ursachen hierfür können drei verschiedenen Kategorien zugeordnet werden, erstens der Veränderung der Kapitalanteile, zweitens der Einflußveränderung bei gleichbleibenden Kapitalanteilen und drittens der Veränderungen innerhalb des Konzernverbundes. Abbildung 2-6 faßt die möglichen Ursachen zusammen, wobei eine Trennung zwischen End- und Übergangskonsolidierung nicht vorgenommen wird, da nach hier vertretener Auffassung mit jedem Übergang auch eine Endkonsolidierung verbunden ist.

[114] Vgl. *Warmbold, S.* (1995), S. 144-148, insbesondere Matrix auf S. 148.
[115] Vgl. *Herrmann, D.* (1994), S. 258-273, insbesondere Schaubild auf S. 273.

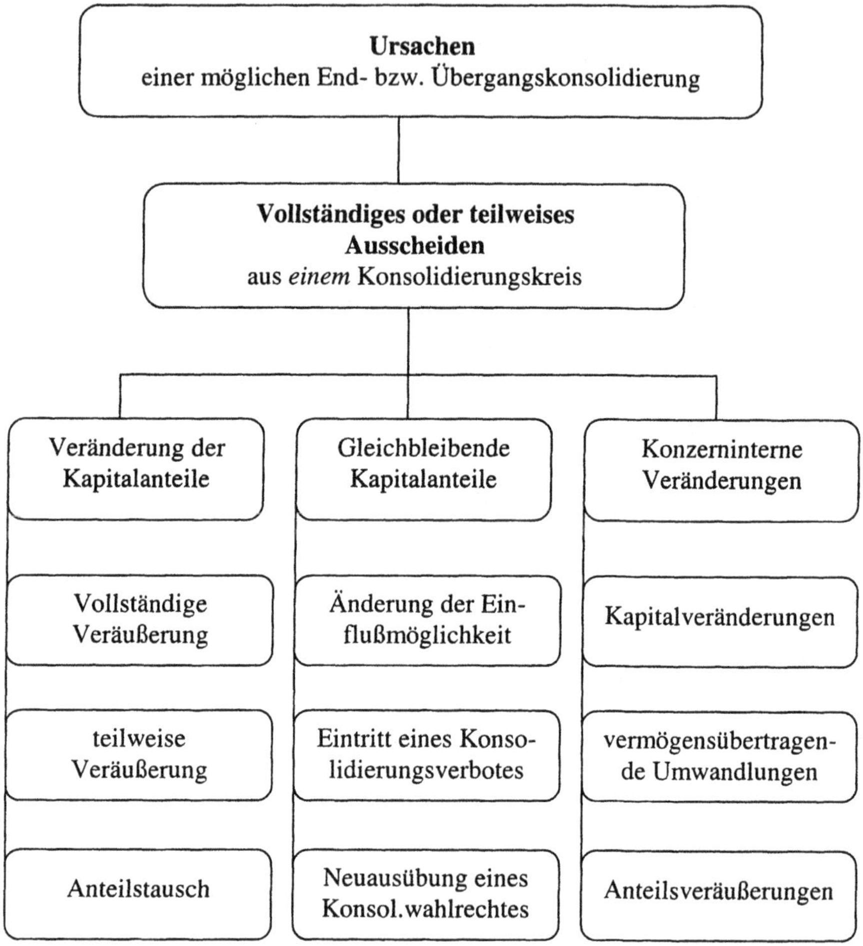

Abb. 2-6: Systematik der Ursachen einer End- bzw. Übergangskonsolidierung

2.3 Endkonsolidierungszeitpunkt

2.3.1 Zeitpunkt der Veräußerung

Vor Durchführung der Endkonsolidierungsmaßnahmen ist es erforderlich, einen Zeitpunkt für die Bestimmung der maßgeblichen Wertansätze im Konzernabschluß festzulegen, die der Ermittlung des Endkonsolidierungserfolges zugrundegelegt werden.[116]

So wie es keine gesetzlichen Bestimmungen für die Verfahrensweise der Endkonsolidierung gibt[117], ist auch der Zeitpunkt nicht geregelt, zu dem die erforderlichen Endkonsolidierungsmaßnahmen durchzuführen sind. Dem Informationszweck des Konzernabschlusses folgend und in Übereinstimmung mit dem Einheitsgrundsatz sind die Abgänge so darzustellen, wie sie sich ergäben, wenn sie bei einem rechtlich einheitlichen Unternehmen verbucht worden wären.[118]

Im Einzelabschluß erfolgt die buchungstechnische Erfassung der Veräußerung von Vermögensgegenständen zum Zeitpunkt des Übergangs der Verfügungsmacht und des rechtlichen Eigentums auf den Käufer.[119] Dementsprechend wäre es theoretisch richtig, die Endkonsolidierungsmaßnahmen zum Zeitpunkt der Veräußerung der Anteile, d.h. des Abgangs der Beteiligung, vorzunehmen.[120] Werden die Stimmrechte nicht zeitgleich mit den Kapitalanteilen übertragen, so sollte der Zeitpunkt des Stimmrechtsübergangs zugrundegelegt werden[121], da die veräußernde Konzerngesellschaft zu diesem Zeitpunkt ihre Einflußmöglichkeit verliert.[122] Die Durchführung der Endkonsolidierung zum Veräußerungszeitpunkt entspricht am ehesten dem Grundkonzept der Erwerbsmethode und ermöglicht zudem eine klare Trennung des bis zum Veräußerungszeitpunkt erwirtschafteten Konzernergebnisses vom Endkonsolidierungsergebnis.[123] Dieses Vorgehen ist jedoch nur dann unproblematisch, wenn der Abgang der Beteiligung zum Konzernbilanzstichtag erfolgt.

---

[116] Vgl. *Baetge, J.* (2000), S. 485.

[117] Vgl. Kapitel 2.1.1.

[118] Vgl. *Ordelheide, D.* (1986), S. 766.

[119] Vgl. *Gschrei, M.J.* (1990), S. 81; *Weber, E.* (1980), S. 63, 156.

[120] Vgl. auch *Baetge, J.* (2000), S. 485; *Elkart, W./Hundt, K.-H./Müller, K.* (1991), S. 59; *Förschle, G./ Deubert, M.*, in: Beck Bil.-Komm. (1999), § 301 Anm. 250; *Ordelheide, D.*, in: BHdR (1987), C 403 Anm. 27.

[121] Vgl. *Dusemond, M./Weber C.-P./Zündorf, H.*, in: HdK (1998), § 301 Rn. 365; *Ordelheide, D.*, in: BHdR (1987), C 403 Anm. 27.

[122] Vgl. *Baetge, J./Herrmann, D.* (1995), S. 226.

[123] Vgl. *Warmbold, S.* (1995), S. 155.

Vielfach werden die Beteiligungen aber während des Geschäftsjahres veräußert. In diesen Fällen erfordert die konsequente Anwendung der Erwerbsmethode die Aufstellung von Zwischenabschlüssen auf den Veräußerungsstichtag. Auf diese Weise ist einerseits die zutreffende Bestimmung der Buchwerte der einzelnen Vermögensgegenstände und Schulden des Tochterunternehmens sowie der fortgeschriebenen stillen Reserven/stillen Lasten bzw. des Geschäfts- oder Firmenwertes[124] und andererseits die Übernahme der Aufwendungen und Erträge in die Konzernerfolgsrechnung bis zum Veräußerungsstichtag gewährleistet.[125]

2.3.2 Abweichende Zeitpunkte

Da die Erstellung eines Zwischenabschlusses gesetzlich nicht vorgeschrieben[126] und aus Praktikabilitätsgründen nicht immer möglich ist[127], werden im Schrifttum auch Vereinfachungsregelungen hinsichtlich der Festlegung des Zeitpunktes der Endkonsolidierung für zulässig erachtet, mit der Begründung, daß an die Endkonsolidierung keine strengeren Maßstäbe angelegt werden dürfen als an die Erstkonsolidierung[128], für die der Gesetzgeber gem. § 301 Abs. 2 Satz 1 HGB mehrere alternative Verrechnungszeitpunkte zur Verfügung gestellt hat.

Diskutiert werden im wesentlichen folgende Zeitpunkte der Endkonsolidierung als Alternativen zum Veräußerungsstichtag:

- Zeitpunkt der letztmaligen Einbeziehung des Tochterunternehmens in den Konzernabschluß[129],
- Zeitpunkt des letzten Einzelabschlusses des Tochterunternehmens vor dem Veräußerungszeitpunkt[130],
- Zeitpunkt des Konzernabschlusses, der dem Veräußerungszeitpunkt folgt.[131]

---

124 Vgl. *Förschle, G./ Deubert, M.*, in: Beck Bil.-Komm. (1999), § 301 Anm. 251.

125 Vgl. *Adler/Düring/Schmaltz* (1996), § 305 HGB Tz. 98; *IDW/HFA* (3/1995), S. 698.

126 Vgl. *Adler/Düring/Schmaltz* (1996), § 301 HGB Tz. 274; *Förschle, G./ Deubert, M.*, in: Beck Bil.-Komm. (1999), § 301 Anm. 251; *IDW/HFA* (3/1995), S. 698.

127 Hier sei beispielsweise auf teilweise oder sukzessive Anteilsveräußerungen hingewiesen, die eventuell mehrere Abschlüsse innerhalb eines Geschäftsjahres erforderlich machen würden.

128 Vgl. *Baetge, J.* (2000), S. 485; *Baetge, J./Herrmann, D.* (1995); S. 226.

129 Vgl. *Elkart, W./Hundt, K.-H./Müller, K.* (1991), S. 59.

130 Vgl. *Förschle, G./Deubert, M.*, in: Beck Bil.-Komm. (1999), § 301 Anm. 251; *IDW/HFA* (3/1995), S. 698; *Ordelheide, D.*, in: BHdR (1987), C 403 Anm. 28.

131 Vgl. *Baetge, J.* (2000), S. 485; *Dusemond, M./Weber, C.-P./Zündorf, H.*, in: HdK (1998), § 301 Rn. 365; *Herrmann, D.* (1994), S. 127; *Hoffmann, I.* (1992), S. 227.

In analoger Anwendung des § 301 Abs. 2 Satz 1 HGB, der für die Erstkonsolidierung regelt, daß die Verrechnung der Anteile an dem Tochterunternehmen mit dem Eigenkapital des Tochterunternehmens auf der Grundlage der Wertansätze zum Zeitpunkt der erstmaligen Einbeziehung in den Konzernabschluß erfolgen kann, wird der Zeitpunkt der letztmaligen Einbeziehung des Tochterunternehmens in den Konzernabschluß als Zeitpunkt der Endkonsolidierung für zulässig angesehen.[132] D.h., der Endkonsolidierung sind die Wertansätze zugrunde zu legen, mit denen das Tochterunternehmen im letzten Konzernabschluß einbezogen wurde. Die Endkonsolidierung selbst wird dabei als erster Geschäftsvorfall des Abgangsjahres betrachtet.[133] In der Regel wird diese Vorgehensweise zu Verzerrungen führen, die darin begründet sind, daß eine Einbeziehung der Aufwendungen und Erträge des Tochterunternehmens in die Konzern- Gewinn- und Verlustrechnung für den Zeitraum der Konzernzugehörigkeit im laufenden Geschäftsjahr nicht mehr erfolgt und die damit zusammenhängenden Konsolidierungsmaßnahmen nicht mehr durchgeführt werden.[134]

Diese Vereinfachungsregel muß allerdings selbst dann Gültigkeit besitzen, wenn es infolge der Nichteinbeziehung der anteiligen Erfolgskomponenten zu einer wesentlichen Beeinträchtigung des Bildes der Vermögens-, Finanz- und Ertragslage des Konzerns kommt, da der Gesetzgeber solche Verzerrungen auch im Rahmen der erstmaligen Einbeziehung von Unternehmen in den Konzernabschluß aus Vereinfachungs- und Praktikabilitätsgründen in Kauf nimmt.[135]

Die Wahl des Zeitpunktes des letzten Einzelabschlusses des Beteiligungsunternehmens zur Bestimmung der maßgeblichen Abgangswerte erlangt nur dann praktische Bedeutung, wenn die Abschlußstichtage von Mutter- und Tochterunternehmen auseinanderfallen und nach der letztmaligen Einbeziehung des Unternehmens in den Konzernabschluß ein Einzelabschluß aufgestellt wurde. In diesem Fall sollte die Gewinn- und Verlustrechnung des veräußerten Unternehmens bis zum Stichtag des Einzelabschlusses vollständig in den Konzernabschluß einbezogen werden. Die Buchwerte der Vermögensgegenstände und Schulden sind zu dem Einzelabschlußstichtag schon fortgeschrieben und bilden somit eine bessere Basis für die Durchführung der Endkonsolidierungsmaßnahmen als die Werte des letzten Konzernabschlusses.[136]

---

132 Vgl. *Elkart, W./Hundt, K.-H./Müller, K.* (1991), S. 59.

133 Vgl. *Elkart, W./Hundt, K.-H./Müller, K.* (1991), S. 59, *Hoffmann, I.* (1992), S. 227.

134 Vgl. *IDW/HFA* (3/1995), S. 698.

135 Vgl. *Biener, H./Berneke, W.* (1986), S. 334 (für die Wahl des Verrechnungszeitpunktes im Rahmen der Erstkonsolidierung); *IDW/HFA* (3/1995), S. 698 (für den Fall fehlender Informationen); a.A.: *Janschek, O.* (1996), S. 190, der die Vereinfachung für den Fall einer wesentlichen Beeinträchtigung der Vermögens-, Finanz- und Ertragslage ablehnt.

136 Vgl. *Warmbold, S.* (1995), S. 158.

Als dritte Alternative zum Veräußerungsstichtag wird der Zeitpunkt des der Veräußerung folgenden Konzernabschlußstichtages vorgeschlagen.[137] Die Zulässigkeit ergibt sich auch hier aus der analogen Anwendung des § 301 Abs. 2 Satz 1 HGB. Der Zugang des Mutterunternehmens zu den erforderlichen Daten des Tochterunternehmens könnte sich allerdings nach erfolgter Anteilsveräußerung als Problem erweisen.[138] Dieser Endkonsolidierungszeitpunkt als alternative Variante wird daher bei fehlenden Informationen aus praktischen Gründen nicht zur Anwendung kommen.

Unter dem Aspekt des Einsatzes integrierter DV-gestützter Buchführungstechniken und der Forderung nach Einführung originärer Konzernbuchführungssysteme in der Praxis - im Hinblick auf immer kürzere Berichterstattungsperioden[139] - stellt sich allerdings die Frage, ob ein Wahlrecht zur Bestimmung des Endkonsolidierungszeitpunktes in Zukunft tatsächlich noch aus der Analogie zu § 301 Abs. 2 Satz 1 HGB gerechtfertigt werden kann. Im Gegensatz zur erstmaligen Einbeziehung muß es dem Konzern bei Nutzung der entsprechenden Buchhaltungssysteme jederzeit möglich sein, Zwischenabschlüsse zu erstellen. Veröffentlicht das Unternehmen unterjährige Abschlüsse, beispielsweise um die Börsenzulassungsvoraussetzungen zu erfüllen oder Zugang zu den internationalen Kapitalmärkten zu erhalten, so sollte in jedem Fall der letzte vor erfolgter Veräußerung publizierte Quartals- oder Halbjahresabschluß als Ausgangsbasis für die Durchführung von Maßnahmen der Endkonsolidierung gewählt werden.

Grundsätzlich hat das Mutterunternehmen im Hinblick auf eine möglichst exakte Darstellung der Vermögens-, Finanz- und Ertragslage des Konzerns den Veräußerungsstichtag als maßgebenden Endkonsolidierungszeitpunkt zu wählen, sofern eine ausreichende Datenbeschaffung und -auswertung möglich ist. Die Anwendung alternativer Zeitpunkte sollte sich immer auf Ausnahmefälle beschränken.

Für die Endkonsolidierung anteilmäßig einbezogener Gemeinschaftsunternehmen gelten die für die vollkonsolidierten Tochterunternehmen genannten alternativen Verrechnungszeitpunkte entsprechend[140], da gem. § 310 Abs. 2 HGB die Vorschriften zur Vollkonsolidierung auch auf die Quotenkonsolidierung anzuwenden sind.[141]

---

137 Vgl. *Baetge, J.* (2000), S. 485; *Dusemond, M./Weber, C.-P./Zündorf, H.*, in: HdK (1998), § 301 Rn. 365; *Hoffmann, I.* (1992), S. 227.

138 Vgl. *Dusemond, M./Weber, C.-P./Zündorf, H.*, in: HdK (1998), § 301 Rn. 365.

139 Vgl. *Morlock, E.* (1997), S. 225, 240; *Pelka, J.* (1994), S. 198-211 (zur Endkonsolidierung im Rahmen der originären Konzernbuchführung); *Richter, H./Säglitz, H.-J.* (1996), S. 311, 312; *Ruhnke, K.* (1995), S. 107-117 mit weiteren Verweisen.

140 Vgl. *Baetge, J.* (2000), S. 485; *Baetge, J./Herrmann, D.* (1995), S. 226.

141 Vgl. *Budde, W.D./Suhrbier, H.*, in: Beck Bil.-Komm. (1999), § 310 Anm. 50, 51.

Im Falle des Ausscheidens eines assoziierten Unternehmens aus dem Konzern ist in Analogie zu § 312 Abs. 3 HGB der Veräußerungszeitpunkt zu wählen. Bei Veräußerung der Anteile während des Geschäftsjahres ist analog zu § 312 Abs. 6 HGB die Endkonsolidierung auf Basis des letzten Jahresabschlusses des assoziierten Unternehmens durchzuführen.[142]

Im Zusammenhang mit der Festlegung des maßgeblichen Endkonsolidierungszeitpunktes wird auch die Frage diskutiert, wie die aus der Erstkonsolidierung resultierenden Zuordnungsbeträge, insbesondere die stillen Reserven/stillen Lasten und ein Geschäfts- oder Firmenwert, im Jahr der Veräußerung zu behandeln sind[143], d.h., bis zu welchem Stichtag Verrechnungen dieser erst auf Konzernebene erfaßten Positionen erfolgen können bzw. müssen. Bei Wahl des Zeitpunktes der letztmaligen Einbeziehung kommt eine Fortschreibung nicht mehr in Betracht.[144] Wird dagegen der letzte Einzelabschluß des Tochterunternehmens zugrundegelegt, sind die Zuordnungsbeträge bis zu diesem Stichtag fortzuführen.[145] Bei Durchführung der Endkonsolidierung auf Basis des der Veräußerung folgenden Abschlußstichtages sind dem Einheitsgrundsatz entsprechend Abschreibungen auf die im Erstkonsolidierungszeitpunkt aufgedeckten und noch nicht verrechneten stillen Reserven sowie einen noch nicht vollständig abgeschriebenen Geschäfts- oder Firmenwert vorzunehmen.[146]

Nachfolgende Abbildung stellt zusammenfassend die alternativen Zeitpunkte dar, die für die Ermittlung der zur Durchführung einer Endkonsolidierung erforderlichen Wertansätze maßgeblich sind.

---

142 Vgl. *Baetge, J.* (1994), S. 534.

143 Vgl. *Adler/Düring/Schmaltz* (1996), § 301 HGB Tz. 275; *Dusemond, M./Weber, C.-P./Zündorf, H.*, in: HdK (1998), § 301 Rn 365; *Elkart, W./Hundt, K.-H./Müller, K.* (1991), S. 59; *Warmbold, S.* (1995), S. 157, 158.

144 Vgl. *Elkart, W./Hundt, K.-H./Müller, K.* (1991), S. 59.

145 Vgl. *Dusemond, M./Weber, C.-P./Zündorf, H.*, in: HdK (1998), § 301 Rn. 365.

146 Vgl. *Dusemond, M./Weber, C.-P./Zündorf, H.*, in: HdK (1998), § 301 Rn. 365, die sich für ein Wahlrecht aussprechen; *Elkart, W./Hundt, K.-H./Müller, K.* (1991), S. 59, die dagegen eine Verpflichtung aus der Einheitstheorie ableiten.

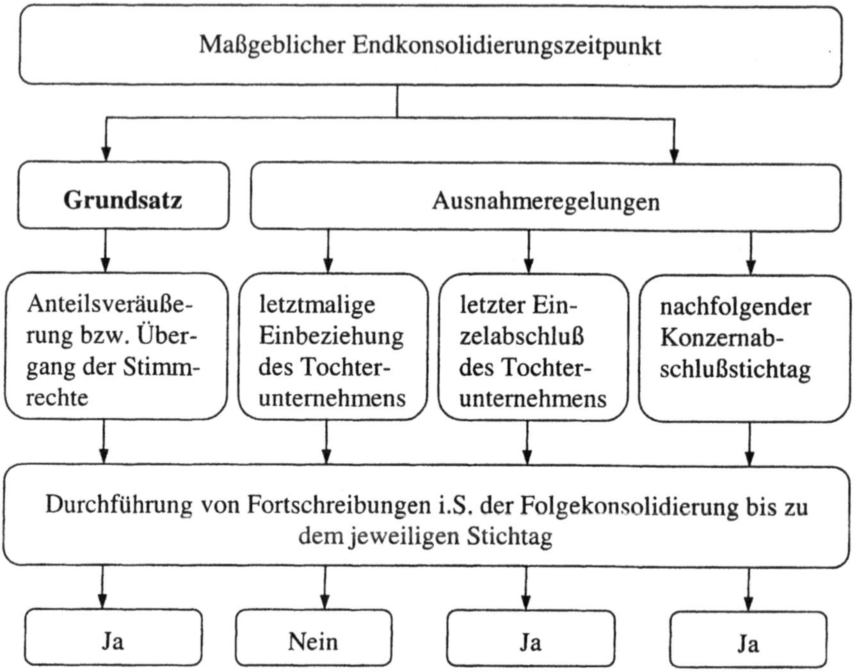

Abb. 2-7: Darstellung der maßgeblichen Endkonsolidierungszeitpunkte

Nachdem in diesem Kapitel aufgezeigt wurde, daß die Endkonsolidierung als letzte Konsolidierungsmaßnahme nach Erst- und Folgekonsolidierungen einen festen Bestandteil im Gesamtkonzept der Konzernrechnungslegung bildet, widmet sich das folgende Kapitel einer Analyse der Erfolgswirkungen der Endkonsolidierung im Konzernabschluß. Hierbei wird ausgehend von den Erfolgskonzeptionen in Einzel- und Konzernabschluß zunächst untersucht, worin der Erfolgsbeitrag eines in den Konzernabschluß einbezogenen Unternehmens besteht. Im Anschluß werden die erfolgsbestimmenden Einflußfaktoren abgegrenzt und hinsichtlich ihrer Wirkungsweise auf den Erfolgsbeitrag des Konzernunternehmens untersucht. Im Ergebnis werden allgemeingültige Verfahren zur Ermittlung des Endkonsolidierungserfolges unter Berücksichtigung der zuvor bestimmten Einflußfaktoren dargestellt.

3 Erfolgswirkungen der Endkonsolidierung

3.1 Erfolgskonzeptionen

3.1.1 Erfolgskonzeption im Einzelabschluß

3.1.1.1 Erfolgswirkung einer Beteiligung in der Veräußerungsperiode

Die Abbildung der vollständigen oder teilweisen Veräußerung einer Beteiligung im Einzelabschluß des haltenden Unternehmens erfolgt im Zeitpunkt des Abgangs durch die Ausbuchung mit ihrem Buchwert, d.h. den ihr zurechenbaren Anschaffungskosten, gegebenenfalls gemindert um außerplanmäßige Abschreibungen. Im Anlagespiegel des haltenden Unternehmens ist die Veräußerung der Beteiligung als Abgang zu zeigen.[147] Problematisch kann die Ermittlung des Abgangserfolges im Einzelabschluß dann sein, wenn die Beteiligung sukzessive mit unterschiedlichen (Teil-) Anschaffungskosten erworben wurde und auch nur teilweise wieder veräußert wird, folglich die historischen Anschaffungskosten nicht mehr ermittelt werden können. Sofern in diesem Fall eine Zuordnung der veräußerten Anteile nicht exakt möglich ist, besteht die Möglichkeit der Durchführung einer gewogenen Durchschnittsbewertung zur Ermittlung des Abgangsbuchwertes.[148] Ein Veräußerungsergebnis (Gewinn oder Verlust) ergibt sich, sofern der für die Beteiligung erhaltene Gegenwert (Erlös) höher oder niedriger ist als der abgehende Buchwert der Beteiligung. In der Gewinn- und Verlustrechnung ist ein Ausweis als Teil des sonstigen betrieblichen Ergebnisses vorzunehmen.[149]

Die Ermittlung des Veräußerungsergebnisses im Einzelabschluß der die Beteiligung haltenden Gesellschaft stellt sich somit wie folgt dar:

	Veräußerungserlös für die Beteiligung
-	Restbuchwert der Beteiligung im Zeitpunkt des Abgangs
=	Veräußerungsergebnis der Beteiligung im Einzelabschluß

Abb. 3-1: Veräußerungsergebnis einer Beteiligung im Einzelabschluß

147 Vgl. *Ordelheide, D.* (1986), S. 766.

148 Vgl. *Gschrei, M.J.* (1990), S. 132; *Warmbold, S.* (1994), S. 161.

149 Vgl. *Ordelheide, D.* (1986), S. 766; zur Ausweisproblematik auch *Gschrei, M.J.* (1990), S. 60, 61.

Das so im Einzelabschluß ermittelte Veräußerungsergebnis kann allerdings nicht unkorrigiert in den Konzernabschluß übernommen werden, da die Erfolgsbeiträge aus der Investition in eine Beteiligung im Regelfall im Konzernabschluß einer anderen Periodisierung unterliegen.[150] Bei einer direkten Übernahme des Veräußerungsergebnisses aus dem Einzelabschluß würden Teile sowohl der Aufwendungen als auch der Erträge im Konzernabschluß doppelt erfolgswirksam berücksichtigt, was im Widerspruch zur Generalnorm des § 297 Abs. 2 Satz 2 HGB stehen würde.[151] Beispielsweise werden im Konzernabschluß die ursprünglichen Anschaffungskosten teilweise bereits aufwandswirksam in Form von Abschreibungen auf zugeordnete stille Reserven bzw. einen Geschäfts- oder Firmenwert, während im Einzelabschluß gegebenenfalls lediglich außerplanmäßige Abschreibungen auf den Beteiligungsbuchwert vorgenommen wurden.[152]

3.1.1.2 Totalerfolgsbeitrag einer Beteiligung im Einzelabschluß

Aufgrund der in Einzel- und Konzernabschluß unterschiedlichen Periodisierung einzelner Erfolgskomponenten ist eine Betrachtung des Totalerfolges als wesentliches Beurteilungskriterium für die Endkonsolidierung unerläßlich. Letztlich ist die Frage nach dem Erfolg eines bestimmten Geschäftsjahres - hier des Abgangsjahres einer Beteiligung - identisch mit der Frage nach dem einer Periode zuzurechnenden Teil des Totalerfolges, da unter Berücksichtigung des Kongruenzprinzips die Summe der Periodenerfolge gleich dem Totalerfolg sein muß.[153]

Nach der dem Bilanzrecht gem. § 252 Abs. 1 Nr. 5 HGB zugrundeliegenden pagatorischen Betrachtungsweise dürfen im Jahresabschluß ausschließlich Zahlungen Berücksichtigung finden, die entsprechend dem Periodisierungsprinzip unabhängig von den Zahlungszeitpunkten als Aufwendungen und Erträge in der Gewinn- und Verlustrechnung erfaßt werden.[154] Die Summe der Aufwendungen und Erträge einer Periode wird als Periodenerfolg, die Summe der Periodenerfolge aus einer Investition als Totalerfolg bezeichnet. Der Totalerfolg aus Er-

---

150 Vgl. *Dusemond, M./Weber, C.-P./Zündorf, H.*, in: HdK (1998), § 301 Rn. 364; *Ordelheide, D.*, in: BHdR (1987), C 403 Anm. 15.

151 Vgl. *Ordelheide, D.* (1986), S. 766.

152 Vgl. *Baetge, J.* (2000), S. 486.

153 Vgl. *Busse von Colbe, W.* (1992), S. 127 und 137; *Münstermann, H.* (1981), Sp. 274; *Schindler, J.* (1986), S. 31.

154 Vgl. *Budde, W.D./Geißler, H.*, in: Beck Bil.-Komm. (1999), § 252 Anm. 51, 53; *Selchert, F.W.*, in: HdR (1990), § 252 Anm. 91, 92.

werb, Halten und Veräußerung einer Beteiligung im Einzelabschluß stellt sich wie folgt dar:[155]

- Auszahlungen für den Erwerb der Beteiligung
+ Einzahlungen aus dem Verkauf der Beteiligung
+ Gewinnausschüttungen (erhaltene Dividenden)
+ Kapitalrückzahlungen der Beteiligungsgesellschaft
- Verlustausgleiche durch die haltende Gesellschaft
- Kapitalzuführungen durch die haltende Gesellschaft
= Totalerfolgsbeitrag der Beteiligung im Einzelabschluß

Abb. 3-2: Totalerfolgsbeitrag einer Beteiligung im Einzelabschluß

3.1.2 Erfolgskonzeption im Konzernabschluß

3.1.2.1 Konzerntotalerfolgskonzept

Zur Bestimmung des Endkonsolidierungserfolges im Konzernabschluß, losgelöst vom Veräußerungsergebnis im Einzelabschluß des eine Beteiligung haltenden Konzernunternehmens, ist es notwendig, daß zum einen der Konzerntotalerfolg und zum anderen der innerhalb des Konzerns zu leistende Erfolgsbeitrag eines Unternehmens eindeutig definiert und abgrenzbar ist.

Nach dem Prinzip der Pagatorik dürfen gem. § 298 Abs. 1 i.V.m. § 252 Abs. 1 Nr. 5 HGB auch im Konzernabschluß ausschließlich Zahlungen berücksichtigt werden, die unabhängig von den Zahlungszeitpunkten als Aufwendungen und Erträge in die Konzern- Gewinn- und Verlustrechnung eingehen. Der Periodenerfolg eines Konzerns ist gleich der Differenz zwischen den Aufwendungen und Erträgen einer Periode, die aus den Transaktionen mit nicht zum Konzernverbund gehörenden Unternehmen stammen. Dem Kongruenzprinzip folgend ist die Summe der Periodenerfolge (Überschuß der Einzahlungen über die Auszahlungen) gleich dem Erfolg in der Totalperiode.[156] Der Konzerntotalerfolg kann somit wie folgt ermittelt werden:[157]

---

[155] Vgl. *Herrmann, D.* (1994), S. 43.

[156] Vgl. zur Problematik der Ermittlung des Konzerntotalerfolges insbesondere *Ordelheide, D.* (1984), S. 238, 239; *Schindler, J.* (1986), S. 32-34.

[157] Vgl. *Ordelheide, D.* (1984), S. 238; *Schindler, J.* (1986), S. 32.

+	Gewinnausschüttungen und Kapitalrückzahlungen an die Eigentümer des Konzerns
-	Verlustausgleiche und Kapitaleinzahlungen von den Eigentümern des Konzerns
=	Konzerntotalerfolg

Abb. 3-3: Ermittlung des Konzerntotalerfolges

Die Eigentümer des Konzerns sind hierbei je nach konzeptioneller Betrachtungsweise[158] unterschiedlich definiert. Aus einheitstheoretischer Sicht sind sowohl die Gesellschafter des Konzernmutterunternehmens als auch die Fremdgesellschafter Eigentümer des Konzerns. Zahlungsbewegungen mit Minderheitsgesellschaftern werden mithin so behandelt wie Transfers mit den Mehrheitsgesellschaftern. Aus interessentheoretischer Sicht werden die anderen Gesellschafter dagegen wie Fremdkapitalgeber behandelt.[159]

Fraglich ist, wie die Totalperiode der Existenz eines Konzerns zu bestimmen ist, da die Zusammensetzung des Konsolidierungskreises einer permanenten Veränderung unterliegt. Bei einer rechtlich selbständigen Einzelgesellschaft beziehen sich die periodisierten Zahlungsströme auf einen Zeitraum, dessen Beginn durch den rechtlichen Gründungsakt und dessen Ende durch die rechtliche Abwicklung der Gesellschaft definiert wird.[160] Der Konzern selbst ist dagegen keine juristische Person, demzufolge sind auch Anfang und Ende seiner Existenz und damit seine Lebensdauer rechtlich unbestimmt. Hieraus erwächst die Entscheidung, ob mit dem Erwerb einer Gesellschaft durch ein Konzernunternehmen ein neuer Konzern i.S. einer rechnungslegenden Einheit anzusehen ist und die Totalperiode für diese Konzernstruktur auch mit Veränderungen des Konsolidierungskreises wieder endet. Dies hätte im Regelfall permanenter Zu- und Abgänge zur Folge, daß die Konzerntotalperiode jeweils nur maximal einer Geschäftsjahresperiode des Mutterunternehmens entsprechen würde. Unter dem Gesichtspunkt der Erwerbsmethode sind sowohl Erwerb als auch Veräußerung von Beteiligungen durch Konzernunternehmen wie Geschäfte des erwerbenden Konzerns im Rahmen der weitergehenden Totalperiode anzusehen.[161]

158 Vgl. Kapitel 1.2.2.
159 Vgl. *Ordelheide, D.* (1984), S. 238.
160 Vgl. ausführlich *Gschrei, M.J.* (1990), S. 48-55 und S. 81-85.
161 Vgl. *Ordelheide, D.* (1984), S. 238.

3.1.2.2 Erfolgskonzept der Erwerbsmethode

3.1.2.2.1 Erfolgsbeitrag eines Unternehmens ohne Minderheitsgesellschafter

Der Anteil eines Tochterunternehmens am Totalerfolg des Konzerns muß in Anwendung des Kongruenzprinzips i.V.m. dem Äquivalenzprinzip betragsgleich sein mit dem Totalerfolgsbeitrag der das Tochterunternehmen repräsentierenden Beteiligung im Einzelabschluß des haltenden Unternehmens.[162] Eine Vielzahl von konzernspezifischen Besonderheiten führt dazu, daß die Zahlungsströme in Einzel- und Konzernabschluß unterschiedlich periodisiert werden. Die Aufgabe der Endkonsolidierung ist darin zu sehen, diese Einflußfaktoren im Rahmen der Bestimmung des Endkonsolidierungserfolges in einer Weise zu berücksichtigen, die dazu führt, daß die Periodisierungsunterschiede ausgeglichen werden und die Totalerfolgsbeiträge in Einzel- und Konzernabschluß wieder übereinstimmen.[163]

Abhängig von den Konzeptionen zur Kapitalkonsolidierung liegen unterschiedliche Vorstellungen darüber zugrunde, was den Konzernerfolgsbeitrag eines Unternehmens ausmacht. Grundsätzlich ist hierbei zwischen der erfolgswirksamen Erwerbsmethode[164] und der erfolgsneutralen Kapitalkonsolidierungsmethode bei Interessenzusammenführung[165] zu unterscheiden.

Wesentliches Kriterium der Erwerbsmethode ist, daß nicht die Beteiligung an dem Tochterunternehmen in den Konzernabschluß eingeht, sondern an ihre Stelle die einzelnen Vermögensgegenstände und Schulden des Tochterunternehmens treten. Diese Werte werden im Rahmen der Erstkonsolidierung soweit korrigiert und ergänzt, daß deren Gesamtwert gleich den Anschaffungskosten der Beteiligung ist. In den Folgeperioden gehen sowohl die neubewerteten Basisgüter des Tochterunternehmens als auch ein Unterschiedsbetrag, der sich als Differenz aus den Anschaffungskosten für die Beteiligung und dem Nettowert aus Vermögen und Schulden ergibt, in die Erfolgsrechnung des Konzerns ein. Auf diese Weise werden die Anschaffungskosten im Konzernerfolg berücksich-

---

162 Vgl. *Baetge, J./Herrmann, D.* (1995), S. 225; *Herrmann, D.* (1994), S. 41 und 229.

163 Vgl. *Baetge, J.* (2000), S. 486.

164 Vgl. nur *Adler/Düring/Schmaltz* (1996), § 301 HGB; *Dusemond, M./Weber, C.-P./Zündorf, H.*, in: HdK (1998), § 301 HGB; *Förschle, G./ Deubert, M.*, in: Beck Bil.-Komm. (1999), § 301 HGB; *Ordelheide, D.*, in: BHdR (1989), C 401; *Scherrer, G.*, in: BHR (1986), § 301 HGB.

165 Vgl. nur *Adler/Düring/Schmaltz* (1996), § 302 HGB; *Eckes, B./Weber, C.-P.*, in: HdK (1998), § 302 HGB; *Förschle, G./ Deubert, M.*, in: Beck Bil.-Komm. (1999), § 302 HGB; *Pfaff, D.*, in: BHdR (1989), C 410; Scherrer, G., in: BHR (1986), § 302 HGB.

tigt.[166] Der Erfolgsbeitrag eines Tochterunternehmens stimmt insoweit bei Zugrundelegung der Erwerbsmethode mit der Erfolgsrechnung für andere Investitionen überein, indem er als Überschuß der Einzahlungen über die Auszahlungen für die Anschaffung definiert wird.[167]

Die Besonderheit besteht darin, daß im Konzernabschluß aufgrund der unterschiedlichen Realisationszeitpunkte[168] der Erfolgskomponenten aus der Investition eine andere Periodisierung der Amortisation der Anschaffungskosten der Beteiligung vorgenommen wird.[169] Während in der Erfolgsrechnung des Einzelabschlusses eine Periodisierung nach den Vorschriften für die Abschreibung einer Beteiligung bzw. den Regeln für die Bemessung des Veräußerungsaufwandes (Abgangswertes) der Beteiligung erfolgt, wird diese im Konzernabschluß nach Maßgabe der Aufwandsverrechnung der im Zeitpunkt der Erstkonsolidierung vorhandenen und neubewerteten einzelnen Vermögensgegenstände und Schulden des Tochterunternehmens durchgeführt. Grundsätzlich darf bei einem feststehenden Veräußerungserlös unter den Prämissen, daß Gewinn- und Verlusttransfers ebenso wie Kapitaleinzahlungen und Kapitalauszahlungen vernachlässigt werden, in allen Perioden der Konzernzugehörigkeit des Tochterunternehmens insgesamt nur ein Betrag erfolgswirksam werden, der den Anschaffungskosten der Beteiligung im Einzelabschluß genau entspricht.[170]

Für die Kapitalkonsolidierung nach der Erwerbsmethode hat der Gesetzgeber mit der Buchwertmethode und der Neubewertungsmethode zwei Ausprägungen zugelassen, die sich jedoch nur im Hinblick auf die Bewertung der Minderheitenanteile unterscheiden.[171] Für die Bestimmung des Totalerfolgsbeitrages eines Tochterunternehmens ohne Beteiligung fremder Gesellschafter gilt somit unabhängig von der konsolidierungstechnisch angewandten Ausprägung der Erwerbsmethode folgendes Ermittlungsschema:[172]

---

166 Vgl. *Ordelheide, D.* (1986a), S. 500.

167 Vgl. *Ordelheide, D.* (1987a), S. 310.

168 Vgl. *Herrmann, D.* (1994), S. 49-66 (ausführlich zur Problematik des Realisationsprinzips im Konzernabschluß).

169 Vgl. *Baetge, J.* (1994), S. 535.

170 Vgl. *Mühlschlegel, G.* (1972), S. 2122, 2123.

171 Vgl. zur Konzeption und Vorgehensweise beider Methoden beispielsweise *Adler/Düring/Schmaltz* (1996), § 301 HGB; *Dusemond, M./Weber, C.-P./Zündorf, H.*, in: HdK (1998), § 301 HGB; *Förschle, G./Deubert, M.*, in: Beck Bil.-Komm. (1999), § 301 HGB; *Ordelheide, D.*, in: BHdR (1989), C 401; *Scherrer, G.*, in: BHR (1986), § 301 HGB.

172 Vgl. *Ordelheide, D.* (1986a), S. 501.

- Auszahlungen für den Erwerb des Tochterunternehmens
+ Einzahlungen aus dem Verkauf des Tochterunternehmens
+ Gewinnausschüttungen des Tochterunternehmens
+ Kapitalrückzahlungen des Tochterunternehmens
- Verlustausgleiche durch die haltende Konzerngesellschaft
- Kapitalzuführungen durch die haltende Konzerngesellschaft
= Totalerfolgsbeitrag des Tochterunternehmens

Abb. 3-4: Totalerfolgsbeitrag eines Tochterunternehmens bei 100%igem Anteilsbesitz und Erwerbsmethode

3.1.2.2.2 Erfolgsbeitrag eines Unternehmens mit Minderheitsgesellschaftern

Wird ein Unternehmen nicht zu 100 % erworben, stellt sich die Frage, wie Minderheitenanteile in bezug auf den Konzernerfolg zu behandeln sind. Allgemein läßt sich der Totalerfolgsbeitrag eines Tochterunternehmens auf Basis der Zahlungsströme wieder wie folgt definieren:[173]

- Auszahlungen für den Erwerb des Tochterunternehmens
+ Einzahlungen aus dem Verkauf des Tochterunternehmens
+ Gewinnausschüttungen des Tochterunternehmens an die
* Mehrheitsgesellschafter
* Minderheitsgesellschafter
+ Kapitalrückzahlungen des Tochterunternehmens an die
* Mehrheitsgesellschafter
* Minderheitsgesellschafter
- Verlustausgleiche durch die
* Mehrheitsgesellschafter
* Minderheitsgesellschafter
- Kapitalzuführungen durch die
* Mehrheitsgesellschafter
* Minderheitsgesellschafter
= Totalerfolgsbeitrag des Tochterunternehmens

Abb. 3-5: Totalerfolgsbeitrag eines Tochterunternehmens bei Anteilsbesitz kleiner 100% und Erwerbsmethode

173 Vgl. *Ordelheide, D.* (1984), S. 238, 239.

Aus einheitstheoretischer Sicht ergeben sich bezüglich der Gewinnausschüttungen und Kapitalrückzahlungen sowie der Verlustausgleiche und Kapitalzuführungen keine Besonderheiten im Hinblick auf den Konzernerfolg, da die Minderheitsgesellschafter wie Gesellschafter des Mutterunternehmens behandelt werden.

Problematischer ist hingegen die Frage nach den zu amortisierenden Anschaffungskosten des Tochterunternehmens, da nur der Anteil, der auf die Mehrheitsbeteiligung entfällt, tatsächlich angeschafft wurde. Dieser auf die Mehrheitsbeteiligung entfallende Betrag muß, wie bereits im vorherigen Abschnitt dargestellt, in vollem Umfang erfolgswirksam werden.

Hinsichtlich der Bewertung der Minderheitenanteile muß danach unterschieden werden, nach welcher der vom Gesetz zulässigen Ausprägungen der Erwerbsmethode, der Buchwertmethode oder der Neubewertungsmethode, die Kapitalkonsolidierung durchgeführt wird. Unter Anwendung der Buchwertmethode gehen die auf die Minderheiten entfallenden Anteile an den Vermögensgegenständen und Schulden des Tochterunternehmens zu ihren historischen Buchwerten aus der Einzelbilanz (Handelsbilanz II) in die Konzernbilanz ein. Wird das Tochterunternehmen dagegen nach der Neubewertungsmethode konsolidiert, sind die Minderheitenanteile in gleicher Weise wie die Anteile des Mutterunternehmens unter Auflösung der stillen Reserven/stillen Lasten mit den Tageswerten neu zu bewerten und so in die Konzernbilanz zu übernehmen.

Bedingt durch die Bewertungsunterschiede führen die Konsolidierungsmethoden in den Folgeperioden zu unterschiedlichen Erfolgsbeiträgen, wenn unter konsequent einheitstheoretischer Betrachtungsweise der Konzernerfolg definiert wird als Summe der Erfolgsanteile der Mehrheits- und Minderheitsgesellschafter.[174] Während der zu amortisierende Anschaffungswert des Tochterunternehmens bei der Buchwertmethode den Anschaffungskosten für die Mehrheitsbeteiligung zuzüglich des Anteils der Minderheiten am Eigenkapital des Tochterunternehmens entspricht, tritt bei der Neubewertungsmethode an die Stelle des Eigenkapitalwertes der rechnerische Tageswert des Minderheitenanteils. Die hieraus im Erstkonsolidierungszeitpunkt entstehende Differenz im Vermögens- und Eigenkapitalausweis zwischen beiden Methoden wird in den Folgekonsolidierungen durch Verrechnung der Bewertungskorrekturen ausgeglichen. Hinsichtlich der Ergebniswirkung dieser auf die Minderheiten entfallenden Vermögenskorrekturen finden sich im Schrifttum verschiedene Lösungsansätze.[175]

---

174 Vgl. *Ordelheide, D.* (1987a), S. 312.

175 Vgl. *Busse von Colbe, W./Ordelheide, D.* (1993), S. 246, 247; *Schindler, J.* (1986), S. 215.

Die vor allem im älteren Schrifttum diskutierte Variante einer ergebnisneutralen Verrechnung mit dem Ausgleichsposten für Anteile anderer Gesellschafter[176] ist weder mit den Grundsätzen ordnungsmäßiger Bilanzierung und Konzernrechnungslegung (GoB und GoK) noch mit dem Einheitsgrundsatz gem. § 297 Abs. 3 Satz 1 HGB vereinbar.[177]

Bei erfolgswirksamer Verrechnung der Wertkorrekturen kann wiederum zwischen zwei Varianten differenziert werden. Teilweise wird gefordert, die gesamten Korrekturen einseitig zu Lasten des Ergebnisanteils der Anteilseigner des Mutterunternehmens zu verrechnen[178], was allerdings konzeptionell nicht richtig wäre, da die Fremdanteile nicht einerseits durch Aufdeckung stiller Reserven aufgestockt werden können, andererseits aber die Abschreibung der stillen Reserven keine Berücksichtigung im Ausgleichsposten finden soll.[179] Hier wird der ganz herrschenden Meinung gefolgt, daß die in Folgeperioden im Rahmen der Neubewertungsmethode vorgenommenen Abschreibungen auf stille Reserven zunächst erfolgswirksam den Gesamt- Konzernjahresüberschuß mindern müssen und dann anteilig dem Ausgleichsposten für Anteile anderer Gesellschafter zuzurechnen sind.[180]

Im Hinblick auf das aus den diskutierten Grundsätzen ordnungsmäßiger Bilanzierung und Konsolidierung abgeleitete Erfordernis der Übereinstimmung der Totalerfolgsbeiträge einer Beteiligung in Einzel- und Konzernabschluß ergibt sich offensichtlich ein Widerspruch dann, wenn Minderheitsgesellschafter an dem betreffenden Unternehmen beteiligt sind.

Hierbei sind zwei Aspekte wesentlich. Zum einen werden im Einzelabschluß des Mutterunternehmens nur die in Höhe der Beteiligungsquote anteiligen Erfolgsbestandteile wirksam, zum anderen ergeben sich auch in Abhängigkeit von der Wahl einer der beiden zulässigen Konsolidierungsmethoden unterschiedliche Einflüsse auf den Konzernjahresüberschuß.

Ein wirtschaftlicher Zusammenhang zwischen Totalerfolg des Mutterunternehmens und Konzerntotalerfolg besteht allerdings nur dann, wenn korrespondierende Größen betrachtet werden. Hierbei handelt es sich namentlich um die im

---

176 Vgl. *Küting, K.* (1984), S. 560; *U.E.C.* (1977), S. 54.

177 Vgl. *Adler/Düring/Schmaltz* (1996), § 307 HGB Tz. 36; *Busse von Colbe, W./Ordelheide, D.* (1993), S. 247; *Ordelheide, D.*, in: BHdR (1987), C 402 Anm. 78; *Schindler, J.* (1986), S. 215.

178 Vgl. *Küting, K.* (1984), S. 560.

179 Vgl. *Busse von Colbe, W./Ordelheide, D.* (1993), S. 247.

180 Vgl. *Adler/Düring/Schmaltz* (1996), § 307 HGB Tz. 36; *Förschle, G./Hoffmann, K.*, in: Beck Bil.-Komm. (1999), § 307 Anm. 28, 29; *Schindler, J.* (1986a), S. 592; *Weber, K./Zündorf, H.*, in: HdK (1998), § 307 Rn. 9; *WP-Handbuch* (1996), Bd. I, M Anm. 374.

Einzelabschluß bilanzierte Beteiligung einerseits und die Anteile der Mehrheitsgesellschafter im Konzernabschluß anderseits, sowie die jeweils darauf entfallenden Erfolgsbestandteile. Genau dann ist, unabhängig von der Höhe des Anteilsbesitzes und der Wahl der Buchwert- oder Neubewertungsmethode, die Identität der Totalerfolgsbeiträge gewährleistet, da der Konzerngewinn im Sinne des Gewinns, der auf die Aktionäre des Mutterunternehmens entfällt bei beiden Varianten identisch ist, sofern der h. M. gefolgt wird und die Ergebnisanteile, die auf die Minderheiten entfallen, auch mit dem Ausgleichsposten für Anteile anderer Gesellschafter verrechnet werden.

Selbst dann, wenn die gesamte Aufwandsverrechnung zu Lasten der Mehrheitsgesellschafter vorgenommen wird und nicht den Ausgleichsposten belastet, sind zwar die Periodenergebnisse im Konzern bei Anwendung der Neubewertungsmethode niedriger, aber spätestens bei einer Beteiligungsveräußerung gleichen sich diese wieder aus, da in diesem Zeitpunkt dem aus der Erstkonsolidierung höherem Ausgleichsposten für Anteile anderer Gesellschafter nur die geringeren (bereits abgeschriebenen) Vermögenswerte gegenüberstehen, so daß aus der Endkonsolidierung der Minderheitenanteile ein Konzernerfolg generiert wird, der genau betragsgleich ist mit der vorangegangenen, eigentlich auf die Minderheiten entfallenden, Aufwandsbelastung.

Vergleicht man zudem die auf den Zahlungsströmen basierenden Abbildungen 3-2 (Totalerfolgsbeitrag einer Beteiligung im Einzelabschluß)[181] und 3-5 (Totalerfolgsbeitrag eines Tochterunternehmens bei Anteilsbesitz kleiner 100% und Erwerbsmethode)[182], so wird deutlich, daß der Anteil der Konzerngesellschafter (Mehrheitsbeteiligte) am Totalerfolgsbeitrag des Tochterunternehmens im Konzernabschluß und der Totalerfolg der korrespondierenden Beteiligung im Einzelabschluß der Konzerngesellschaft übereinstimmen.

3.1.2.3 Erfolgskonzept der Interessenzusammenführungsmethode

Der Grundsatz der Interessenzusammenführungsmethode besteht darin, daß Mutter- und Tochterunternehmen vermögens- und erfolgsrechnerisch gleich behandelt werden, d.h., auch das Tochterunternehmen geht mit den Bilanzwerten der Vermögensgegenstände und Schulden in die Konzernerfolgsrechnung ein. Im Gegensatz zum Charakteristikum der Erwerbsmethode wird bei der Interessenzusammenführungsmethode nur das Reinvermögen des Tochterunternehmens, nicht aber dessen Anschaffungskosten erfolgswirksam. Ein Überschuß der Anschaffungskosten der Beteiligung über das gezeichnete Kapital des Toch-

[181] Vgl. Abbildung 3-2, S. 41.
[182] Vgl. Abbildung 3-5, S. 45.

terunternehmens wird erfolgsmäßig neutralisiert, indem er direkt mit dem Eigenkapital verrechnet wird. Ein eventuell auftretender passivischer Unterschiedsbetrag wird dem Konzerneigenkapital hinzugerechnet.[183] Insoweit kommen auch in den Folgekonsolidierungen keine Abschreibungen auf stille Reserven bzw. einen Geschäfts- oder Firmenwert in Betracht. Die Kapitalkonsolidierung unter Anwendung der Interessenzusammenführungsmethode ist damit sowohl bei der Erstkonsolidierung als auch bei der Folgekonsolidierung erfolgsneutral.[184] Offen ist hingegen die Frage, wie im Zeitpunkt der Veräußerung der Beteiligung zu verfahren ist. Im Schrifttum werden hierzu zwei Methoden vorgeschlagen:[185]

- die erfolgsneutrale Behandlung des Veräußerungsvorganges;
- die erfolgswirksame Behandlung des Veräußerungsvorganges.

Bei der erfolgsneutralen Vorgehensweise wird der Erstkonsolidierung folgend die Differenz zwischen dem Veräußerungserlös und dem Reinvermögen des Tochterunternehmens im Zeitpunkt des Abgangs erfolgsrechnerisch neutralisiert.[186] Diese Vorgehensweise folgt dem Grundgedanken, daß mit dem Ausscheiden eines Tochterunternehmens eine Interessenauflösung, spiegelbildlich zum Vorgehen beim Zusammenschluß der Unternehmen, verbunden ist.[187] Diese Interpretation würde bedeuten, daß das Mutterunternehmen die Anteile an dem ehemals übernommenen Tochterunternehmen den damaligen Gesellschaftern dieses Unternehmens im Tausch gegen die im Zeitpunkt der Interessenzusammenführung hingegebenen Anteile am Mutterunternehmen zurückgeben müßte. Anschließend wäre eine Kapitalherabsetzung in Höhe der eigenen Anteile durchzuführen.[188] Aus dieser Sichtweise ergibt sich der Konzernerfolgsbeitrag nur durch Änderungen des Reinvermögens des Tochterunternehmens im Zeitablauf, nicht hingegen durch den Anschaffungs- und Veräußerungsvorgang:

---

183 Vgl. zur Konzeption und Konsolidierungstechnik bei der Interessenzusammenführungsmethode nur *Adler/Düring/Schmaltz* (1996), § 302 HGB Tz. 1-6, 41-58; *Eckes, B./Weber, C.-P.*, in: HdK (1998), § 302 HGB; *Förschle, G./Deubert, M.*, in: Beck Bil.-Komm. (1999), § 302 Anm. 1-6, 30-56; *Glinkemann, St.* (1991), S. 2477-2481; *Niehus, R.J.* (1983), S. 440-446; *Pfaff, D.*, in: BHdR (1989), C 410 Anm. 1-4, 65-66; *Scherrer, G.*, in: BHR (1986), § 302 HGB Rz. 3-5, 10-13.

184 Vgl. *Förschle, G./Deubert, M.*, in: Beck Bil.-Komm. (1999), § 302 Anm. 31; *Scherrer, G.* (1994), S. 370.

185 Vgl. *Pfaff, D.*, in: BHdR (1989), C 410 Anm. 148.

186 Vgl. *Ordelheide, D.* (1986a), S. 501; *Ordelheide, D./Pfaff, D.*, in: HWRev (1992), Sp. 440.

187 Vgl. *Eckes, B./Weber, C.-P.*, in: HdK (1998), § 302 Rn. 42.

188 Vgl. *Ordelheide, D./Pfaff, D.*, in: HWRev (1992), Sp. 440.

- Reinvermögen aus der Einzelbilanz des Tochterunternehmens unmittelbar vor dem Erwerb
+ Reinvermögen aus der Einzelbilanz des Tochterunternehmens im Zeitpunkt des Abgangs
+ Gewinnausschüttungen des Tochterunternehmens
+ Kapitalrückzahlungen des Tochterunternehmens
- Verlustausgleiche durch die haltende Konzerngesellschaft
- Kapitalzuführungen durch die haltende Konzerngesellschaft

= Totalerfolgsbeitrag des Tochterunternehmens

Abb. 3-6: Totalerfolgsbeitrag eines Tochterunternehmens bei Interessenzusammenführungsmethode[189]

Dieses Ergebnis ist allerdings insoweit unbefriedigend, als ein aus Sicht des Einzelunternehmens identischer Anschaffungsvorgang in Abhängigkeit von der Wahl einer Kapitalkonsolidierungsmethode zu abweichenden Konzernerfolgsbeiträgen führt und sich der Veräußerungsvorgang im Konzernabschluß nicht widerspiegelt. Der Totalerfolgsbeitrag entspricht hier nicht dem der Beteiligung im Einzelabschluß des haltenden Unternehmens, sondern dem Totalgewinn oder -verlust des Tochterunternehmens in den Perioden der Konzernzugehörigkeit.[190]

Als Alternative kommt die erfolgswirksame Berücksichtigung sowohl des Veräußerungsergebnisses (Differenz zwischen Veräußerungserlös und Reinvermögensabgang) als auch der aus der Erstkonsolidierung resultierenden Differenzen zwischen Anschaffungsausgaben und Reinvermögen des Tochterunternehmens in der Totalerfolgsrechnung in Betracht.[191] Diese Vorgehensweise wird der Tatsache gerecht, daß es sich bei Abgang eines Tochterunternehmens normalerweise nicht um eine Interessenauflösung, sondern um einen tatsächlichen Veräußerungsvorgang handelt.[192]

Der in Abbildung 3-6 dargestellte Totalerfolgsbeitrag würde ergänzt um den Veräußerungserlös einerseits und einen noch zu bestimmenden Abgangswert andererseits. Dieses Vorgehen führt zu einem der Erwerbsmethode identischen Erfolgsausweis, steht aber offensichtlich im Widerspruch zur theoretischen Konzeption der Interessenzusammenführung im Erstkonsolidierungszeitpunkt,

---

189 Vgl. *Ordelheide, D.* (1986a), S. 501.
190 Vgl. *Ordelheide, D./Pfaff, D.*, in: HWRev (1992), Sp. 440.
191 Vgl. *Ordelheide, D.* (1986a), S. 501; *Pfaff, D.*, in: BHdR (1989) C 410 Anm. 148, 149.
192 Vgl. *Hoffmann, I.* (1992), S. 225, 226; *Warmbold, S.* (1995), S. 184.

denn bei Übertragung des Grundgedankens der Erstkonsolidierung auf die Endkonsolidierung müßte diese nach dem Konzept der Interessenauflösung erfolgsneutral vorgenommen werden.[193]

Pfaff sieht in dieser Problematik ein „Endkonsolidierungsdilemma bei Interessenzusammenführung".[194] Dem ist allerdings nicht uneingeschränkt zu folgen. Wird unterstellt, daß die Vereinigung der Vermögensinteressen ähnlich einer Verschmelzung durch Aufnahme[195] mit Durchführung des Anteilstausches als vollzogen gilt, ist kein zwingender Widerspruch mehr zwischen der erfolgsneutralen Erstkonsolidierung und einer erfolgswirksamen Endkonsolidierung zu sehen.[196] Auch die Tatsache, daß im Unterschied zur Verschmelzung sowohl Mutter- als auch Tochterunternehmen als rechtlich selbständige Unternehmen erhalten bleiben, kann unter dem der Konzernrechnungslegung zugrundeliegenden Einheitsgrundsatz (Fiktion der rechtlichen Einheit) nicht als Argument herangezogen werden, der Beteiligungsabgang sei als Auflösung der Interessenzusammenführung durch Rücktausch der Anteile zu interpretieren.[197]

Die Endkonsolidierung bei Interessenzusammenführung ist gesetzlich ebenso wenig geregelt wie bei Konsolidierung nach der Erwerbsmethode.[198] Demzufolge erlangen hier die konzernspezifischen Grundsätze[199], insbesondere die Generalnorm gem. § 297 Abs. 2 Satz 2 HGB, die gleiche Bedeutung wie bei Anwendung der Erwerbsmethode. Zur Vermittlung eines den tatsächlichen Verhältnissen entsprechenden Bildes der Vermögens-, Finanz- und Ertragslage des Konzerns ist ein durchgeführter Veräußerungsvorgang auch als solcher ergebniswirksam abzubilden.

Der vorangegangenen Argumentation folgend sollte auch bei Anwendung der Interessenzusammenführungsmethode im Veräußerungsvorgang ein Beitrag zum Konzerntotalerfolg gesehen werden. Der Endkonsolidierungserfolg ist hier ebenfalls in der Weise zu bestimmen, daß der Totalerfolg, der sich aus den Komponenten Erwerb, Halten und Veräußerung einer Beteiligung ergibt, im Einzelabschluß betragsgleich ist mit dem Erfolgsbeitrag der Beteiligung zum Gesamterfolg des Konzernverbundes.

---

193 Vgl. *Busse von Colbe, W./Ordelheide, D.* (1993), S. 319.

194 Vgl. *Pfaff, D.*, in: BHdR (1989), C 410, Anm. 151.

195 Vgl. *Busse von Colbe, W./Ordelheide, D.* (1993), S. 312; *Förschle, G./Deubert, M.*, in: Beck Bil.-Komm. (1999), § 302 Anm. 6 (die von einer Fusionsfiktion sprechen).

196 Vgl im Ergebnis auch *Hoffmann, I.* (1992), S. 225, 226.

197 Vgl. *Glinkemann, S.* (1991), S. 2481, der dies für möglich hält.

198 § 302 HGB regelt lediglich die erstmalige Einbeziehung eines Unternehmens bei Interessenzusammenführung.

199 Vgl. Kapitel 2.1.2.

Die Interessenzusammenführungsmethode als Ausprägung der Kapitalkonsolidierung wird auch im internationalen Umfeld zunehmend diskutiert und nach dem derzeitigen Stand der Rechtsentwicklung in Zukunft grundsätzlich nicht mehr möglich sein.[200] Aufgrund der untergeordneten praktischen Bedeutung der Interessenzusammenführungsmethode einerseits[201] und der Tatsache, daß der konsolidierungstechnische Unterschied zur Erwerbsmethode letztlich nur auf der Behandlung eines aus der im Rahmen der Erstkonsolidierung durch Verrechnung von Beteiligungsbuchwert und anteiligem gezeichneten Eigenkapital resultierenden Unterschiedsbetrages beruht, wird in der folgenden Untersuchung schwerpunktmäßig auf die Erwerbsmethode abgestellt und nur bei Abweichungen explizit auf die Interessenzusammenführungsmethode eingegangen.[202]

Im weiteren Verlauf der Arbeit werden Einflußfaktoren im Hinblick auf die Ermittlung des Endkonsolidierungserfolges unter der Zielsetzung eines in Einzel- und Konzernabschluß identischen Totalerfolgsbeitrages der Beteiligung analysiert und abgegrenzt. Grundsätzlich wird dabei von der Buchwertmethode bei 100%igem Anteilsbesitz ausgegangen. Besonderheiten, die aufgrund der Existenz von Minderheitsgesellschaftern oder der Anwendung der Neubewertungs- bzw. Interessenzusammenführungsmethode zu beachten sind, werden separat behandelt.

---

200 Vgl. *FASB* (1999-Exposure Draft-Business Combinations and Intangible Assets), Par. 13; *FASB* (1998-Methods of Accounting for Business Combinations), Par. 167-179; *Mujkanovic, R.* (1999), S. 533-540; auch *International Accounting Standards 2000*, SIC-9.

201 Vgl. *Treuarbeit* (1997), S. 61: In den Konzernabschlüssen von 100 untersuchten Konzernen wurde nicht von der Möglichkeit Gebrauch gemacht, Unternehmen nach der Interessenzusammenführungsmethode einzubeziehen.

202 Vgl. zum Ermittlungsschema des Endkonsolidierungserfolges Kapitel 3.3 und zur Technik der Endkonsolidierung bei Anwendung der Interessenzusammenführungsmethode Kapitel 4.

3.2 Erfolgsbestimmende Einflußfaktoren

3.2.1 Abgangsbezogene Einflußfaktoren

3.2.1.1 Veräußerungserlös

3.2.1.1.1 Fiktion der Einzelveräußerung

In direktem Zusammenhang mit dem Abgang einer Beteiligung stehen die beiden Erfolgskomponenten Veräußerungserlös und Abgangswert. Während sich im Einzelabschluß der Veräußerungserfolg als Differenz aus Erlös und abgehendem Buchwert der Anteile ermitteln läßt[203], ergeben sich im Konzernabschluß konzeptionelle Unterschiede.

Dem Einheitsgrundsatz gem. § 297 Abs. 3 Satz 1 HGB entsprechend sind Abgänge im Konzern analog den Zugängen so darzustellen, wie sie sich ergäben, wenn sie bei einem rechtlich einheitlichen Unternehmen verbucht worden wären. Der Fiktion des Einzelerwerbs[204] im Erstkonsolidierungszeitpunkt folgt mithin die Fiktion einer Einzelveräußerung[205] im Abgangszeitpunkt. D.h., in gleicher Weise wie die Anschaffungsauszahlungen im Rahmen der Erstkonsolidierung auf die Vermögenswerte des Tochterunternehmens verteilt wurden[206], ist im Abgangszeitpunkt der Gesamterlös aus der Beteiligungsveräußerung in fiktive anteilige Veräußerungserlöse zu zerlegen und den Vermögenswerten gegenüberzustellen, die das Tochterunternehmen im Konzernabschluß repräsentiert haben.[207] Diese Vorgehensweise entspricht einer konsequenten Anwendung der Erwerbstheorie, ist jedoch mit einem unverhältnismäßig hohen konsolidierungstechnischen Aufwand verbunden[208], und in der praktischen Durchführung nur schwer zu realisieren.[209] Da sich der Gesamterlös infolge einer Entscheidung für oder gegen die Zerlegung des Veräußerungserlöses nicht ändert und somit das Konzernergebnis insgesamt nicht beeinflußt wird[210], kann unter wirtschaftlichen Gesichtspunkten eine Vereinfachungslösung dahingehend ak-

---

[203] Vgl. Kapitel 3.1.1.1.

[204] Vgl. *Adler/Düring/Schmaltz* (1996), § 301 HGB Tz. 37; *Ordelheide, D.* (1984), S. 240.

[205] Vgl. *Ordelheide, D.* (1986), S. 767.

[206] Vgl. zur Vorgehensweise nur *Adler/Düring/Schmaltz* (1996), § 301 HGB Tz. 58-101; *Scherrer, G.*, in: BHR (1986), § 301 Rz. 25-32.

[207] Vgl. *Adler/Düring/Schmaltz* (1996), § 301 HGB Tz. 267; *Arbeitskreis „Externe Unternehmensrechnung* (1989), S. 83, 84; *Elkart, W./Hundt, K.-H./Müller, K.* (1991), S. 60; *Förschle, G./Deubert, M.*, in: Beck Bil.-Komm. (1999), § 301 Anm. 241.

[208] Vgl. *Adler/Düring/Schmaltz* (1996), § 301 HGB Tz. 267; *Dusemond, M./Weber, K./Zündorf, H.*, in: HdK (1998), § 301 Rn. 375; *Ordelheide, D.* (1986), S. 767.

[209] Vgl. *Elkart, W./Hundt, K.-H./Müller*, K. (1991), S. 60.

[210] Vgl. *Arbeitskreis "Externe Unternehmensrechnung"* (1989), S. 84.

zeptiert werden, daß auf die Aufteilung in fiktive Teilveräußerungserlöse verzichtet wird.

3.2.1.1.2 Bestimmung des Veräußerungserlöses

Grundsätzlich ergibt sich der für die Ermittlung des Endkonsolidierungserfolges anzusetzende Veräußerungserlös direkt aus dem Einzelabschluß des Konzernunternehmens, welches die Beteiligung gehalten hat. Dies ist allerdings nur möglich, sofern für die abgehende Beteiligung ein Verkaufspreis erzielt wurde. Fraglich ist indes, wie der Veräußerungserlös zu bestimmen ist, wenn die erhaltene Gegenleistung nicht in der Erbringung eines Kaufpreises liegt. Hier sei beispielsweise an einen Beteiligungsabgang aufgrund konzerninterner Umstrukturierungen, wie in den Fällen der Verschmelzung und Spaltung oder an Transaktionen im Zusammenhang mit einem Anteilstausch gedacht. Da die Problematik der konzerninternen Umstrukturierung im Rahmen dieser Arbeit als Spezialfall der Endkonsolidierung behandelt wird[211], soll an dieser Stelle untersucht werden, wie ein fiktiver Veräußerungserlös für den Fall zu bestimmen ist, daß ein Tochterunternehmen infolge eines Beteiligungstausches mit konzernfremden Gesellschaftern aus dem Konsolidierungskreis ausscheidet.

Da es an der Erzielung eines Kaufpreises mangelt, ist die Ermittlung des Veräußerungserlöses in Abhängigkeit davon zu sehen, wie die Anschaffungskosten bei Tauschvorgängen grundsätzlich zu bestimmen sind, denn diese entsprechen gerade einem fiktiv anzusetzenden Veräußerungserlös der durch den Tauschvorgang abgegangenen Vermögensgegenstände. Zur Lösung dieses Problems kommen namentlich zwei Sichtweisen in Betracht, zum einen die Sichtweise der Einzelgesellschaftsebene, woraus die Fiktion des Tausches einer Beteiligung abgeleitet wird, zum anderen die Konzernsichtweise, worin die Fiktion des Tausches einzelner Vermögenswerte gesehen wird.

Aus Sicht der Einzelgesellschaft wird eine Beteiligung hingegeben, deren Abgangswert den Gegenwert für die Anschaffungskosten der eingetauschten Beteiligung darstellt. Nach h. M. kommt für die Anschaffungskosten bei Tauschgeschäften wahlweise eine Buchwertfortführung, eine Gewinnrealisierung durch Zeitwertansatz oder eine erfolgsneutrale Behandlung durch Ermittlung eines entsprechenden Zwischenwertes in Betracht.[212] Steuerrechtlich führt der Tausch

---

211 Vgl. zur konzerninternen Umstrukturierung Kapitel 4.5.3.

212 Vgl. zur Anschaffungskostenbemessung bei Anteilstausch nur *Adler/Düring/ Schmaltz* (1996), § 255 HGB Tz. 89-94; *Ellrott, H./Gutike H.-J.*, in: Beck Bil.-Komm. (1999), § 255 Anm. 142; *Ellrott, H./Schmidt-Wendt, D.*, in: Beck Bil.-Komm. (1999), § 255 Anm. 130-134; *Hofbauer, M.*, in: BHR (1986), § 255 Rz. 12-14; *Knobbe-Keuk, B.* (1993), § 5 IV 1c), S. 166, 167; *Knop, W./Küting, K.*, in: HdR (1995), § 255 Rn. 115-121.

von Wirtschaftsgütern dagegen grundsätzlich zu einer Gewinnrealisierung, wobei sich die Anschaffungskosten nach dem gemeinen Wert des hingegebenen Wirtschaftsguts bestimmen.[213]

Bei Wahl des Wertansatzes zu historischen Anschaffungskosten unter Berücksichtigung zwischenzeitlich vorgenommener Abschreibungen und Zuschreibungen wird der Tauschwert der neuen Anteile im Einzelabschluß in der Regel unter dem zu ermittelnden Abgangswert für die Anteile aus Konzernsicht liegen, insbesondere bei Gewinnthesaurierungen während der Zeit der Konzernzugehörigkeit. Ein Bezug zwischen dem tatsächlichen Wert der Anteile und den vormals aufgewendeten Anschaffungskosten ist, in Abhängigkeit von der Dauer der Konzernzugehörigkeit, nicht mehr gegeben.[214] Auf diese Weise werden im Einzelabschluß stille Reserven in die erhaltene Beteiligung und im Konzernabschluß in die erhaltenen Vermögensgegenstände und Schulden gelegt. Eine Gewinnrealisierung findet erst im Zeitpunkt der Veräußerung der neuen Beteiligung statt. Die Wahl des Buchwertansatzes führt somit im Einzelabschluß zur erfolgsneutralen Abbildung des Tauschvorganges, im Konzernabschluß ergibt sich dagegen ein Endkonsolidierungsergebnis, bei Gewinnthesaurierungen i.d.R. ein Verlust, da dem gestiegenen Abgangswert nur die historischen Anschaffungskosten in Form des fiktiven Veräußerungserlöses gegenübergestellt werden.

Aus Sicht des Konzerns werden dagegen nicht die Anteile, sondern die einzelnen Vermögensgegenstände und Schulden getauscht, welche durch die Beteiligung repräsentiert werden. Dies entspricht einer konsequenten Anwendung des Einheitsgrundsatzes gem. § 297 Abs. 3 Satz 1 HGB. Es kann davon ausgegangen werden, daß im allgemeinen Wirtschaftsverkehr normalerweise nur Beteiligungen getauscht werden, die als wertgleich anzusehen sind.[215] Dies ist aber nur dann gegeben, wenn die neue Beteiligung ebenfalls Vermögenswerte repräsentiert, die denen der abgehenden Beteiligung entsprechen. Aus Sicht der wirtschaftlichen und fiktiven rechtlichen Einheit Konzern ist als Veräußerungserlös somit nicht der Buchwert der abgehenden Beteiligung anzusetzen. Vielmehr sind die Vermögenswerte abzüglich der Schuldposten, dies entspricht dem Eigenkapital des Tochterunternehmens in der Handelsbilanz II, als Wertbasis zur Bestimmung des Veräußerungserlöses heranzuziehen. Die durch den Tauschvorgang im Konzernabschluß zugegangenen Vermögensgegenstände und Schulden werden im Rahmen der Erstellung der Handelsbilanz II wertmäßig

[213] Vgl. BStBl. 1999 I, (Steuerentlastungsgesetz), Art. 1, Nr. 8. Vor Einführung des Steuerentlastungsgesetzes wurde bei Tausch von Anteilen an Kapitalgesellschaften aufgrund der Wert-, Art- und Funktionsgleichheit keine Gewinnrealisierung angenommen, vgl. BStBl. 1959 III, S. 30 (Tauschgutachten).

[214] Vgl. *Lehertshuber, B.* (1986), S. 195 im Zusammenhang mit partiellen Veräußerungen.

[215] Vgl. BStBl. 1959 III, S. 30: (Tauschgutachten).

entsprechend angepaßt, so daß stille Reserven im Rahmen des Beteiligungstausches auf Konzernebene nicht gelegt werden.

Problematisch könnte bei dieser Vorgehensweise allerdings die Einhaltung des Totalerfolgskonzeptes ebenso wie die Zielsetzung der Vermeidung von Doppelerfassungen sein, indem im Konzernabschluß ein höherer fiktiver Veräußerungswert als im Einzelabschluß angesetzt wird. Resultiert beispielsweise der höhere Anteilswert aus Gewinnthesaurierungen, so wurden die Gewinne durch das Tochterunternehmen im Konzernabschluß bereits erfolgswirksam. Im Einzelabschluß wurde, abgesehen von eventuell vorgenommenen Abschreibungen, aus dem Erwerb, dem Halten und dem Tausch der Beteiligung keine Erfolgswirkung erzielt. Eine Kompensation dieser Erträge im Rahmen der Endkonsolidierung erfolgt aber nicht, da der für den Konzernabschluß maßgebliche Veräußerungswert genau um diesen Betrag höher ist als im Einzelabschluß. Werden diese Gewinne nach dem Tausch noch an die Muttergesellschaft ausgeschüttet, so werden sie zum zweiten Mal in der Konzernerfolgsrechnung erfaßt. Dies würde aber bedeuten, daß die Wertgleichheit der Anteilspakete im Tauschzeitpunkt nicht gewährleistet war. Unter der realistischen Prämisse, daß die Gewinnbezugsrechte in den Tauschvorgang eingeschlossen werden, ist eine Doppelerfassung hingegen ausgeschlossen. Aufgrund des Neuansatzes der hinzugekommenen Vermögensgegenstände und Schulden kommt es auch zu keiner Durchbrechung des Totalerfolgskonzeptes, da bei Veräußerung der eingetauschten Beteiligung im Rahmen der Endkonsolidierung ein aus Konzernsicht um den aufgestockten Betrag höherer Abgangswert aufwandswirksam wird.

Als Zwischenergebnis kann somit festgehalten werden, daß die Bestimmung des Veräußerungserlöses einen ersten entscheidenden Einflußfaktor zur Ermittlung des Endkonsolidierungserfolges aus Konzernsicht darstellt. Liegt ein Veräußerungspreis vor, ist dieser unzweifelhaft auch im Konzern zur Ermittlung der Ergebniswirkung anzusetzen. Liegt dagegen ein Tauschgeschäft vor, sollte nach hier vertretener Auffassung entsprechend der Fiktion des Tausches auf Konzernebene nicht der Buchwert der hingegebenen Anteile, sondern das anteilige abgehende Eigenkapital als fiktiver Veräußerungserlös zum Ansatz kommen.

3.2.1.2 Bilanzieller Abgangswert

3.2.1.2.1 Fiktion des Einzelabgangs

Eine zweite wesentliche Erfolgskomponente zur Bemessung des Endkonsolidierungserfolges ist der bilanzielle Abgangswert, welcher als Aufwandsposition dem Veräußerungserlös gegenüberzustellen ist. Aus Sicht des Einzelunternehmens ist dies der Buchwert der Beteiligung. Aus Konzernsicht stellt sich der

Vorgang jedoch als Abgang der Vermögensgegenstände, Schulden, Rechnungsabgrenzungsposten und Sonderposten dar, die das Tochterunternehmen im Zeitpunkt des Ausscheidens im Konzernabschluß repräsentiert haben. Diese dem Einheitsgrundsatz folgende Betrachtungsweise entspricht der Fiktion des Einzelabgangs.[216] Den einzelnen Vermögenswerten ist jeweils ein fiktiver anteiliger Veräußerungserlös zuzuordnen, so daß sich der Gesamterfolg aus dem Beteiligungsabgang als Summe der Einzelerfolge ergibt. Auswirkungen hat eine solche Betrachtungsweise insbesondere auf die Darstellung der Endkonsolidierung in der Konzern- Gewinn- und Verlustrechnung.[217]

3.2.1.2.2 Bestimmung des bilanziellen Abgangswertes

Da die Veräußerung einer Beteiligung an einem Tochterunternehmen aus Konzernsicht als Abgang einer Sachgesamtheit (Betriebsstätte, Teilbetrieb) interpretiert werden kann[218], und im Ergebnis der Diskussion um den Veräußerungserlös bereits festgestellt wurde, daß eine Zerlegung in fiktive Teilveräußerungserlöse unter Berücksichtigung der Praktikabilität nicht zwingend erforderlich ist, muß es für die Ermittlung des Endkonsolidierungserfolges auch ausreichend sein, wenn dem Gesamtveräußerungserlös zunächst als bilanzieller Abgangswert die einzelnen Vermögensgegenstände und Schulden in ihrer Gesamtheit gegenübergestellt werden. Der sich so aus Konzernsicht ergebende vorläufige Endkonsolidierungserfolg kann wie folgt ermittelt werden:

+	Veräußerungserlös der Beteiligung
-	Vermögensgegenstände des Tochterunternehmens zum Konzernbuchwert im Endkonsolidierungszeitpunkt
+	Schulden des Tochterunternehmens zum Konzernbuchwert im Endkonsolidierungszeitpunkt
=	Endkonsolidierungserfolg (vorläufig)

Abb. 3-7: Ermittlung des Endkonsolidierungserfolges (vorläufig)

Der so bestimmte (vorläufige) Endkonsolidierungserfolg wird in der Regel noch nicht zu einem Totalerfolgsbeitrag führen, der dem Gesamterfolg aus der Ver-

---

216 Vgl. *Ordelheide, D.* (1986), S. 767.

217 Vgl. Kapitel 5.

218 Vgl. *Dusemond, M./Weber, C.-P./Zündorf, H.*, in: HdK (1998), § 301 Rn. 363; *Förschle, G./Deubert, M.*, in: Beck Bil.-Komm. (1999), § 301 Anm. 237; *v. Wysocki, K./Wohlgemuth, M.* (1996), S. 149.

äußerung der Beteiligung im Einzelabschluß des haltenden Unternehmens entspricht, da im Konzernabschluß eine Reihe weiterer Faktoren eine erfolgsmäßige Wirkung erzielen können.

3.2.1.3 Abgangsquote

Fraglich ist, ob die Ermittlung des Endkonsolidierungserfolges in Abhängigkeit von der Abgangsquote, d.h. der Höhe der veräußerten Beteiligungstranche, betrachtet werden muß. Da es sich hierbei um keine bilanzielle bzw. erfolgsrechnerische Größe handelt, kann ein direkter Einfluß nicht gegeben sein. Allerdings ist es für den Vorgang der Ermittlung des Erfolges nicht unerheblich, ob ein vollständiges oder nur teilweises Ausscheiden aus dem Konsolidierungskreis vorliegt.[219]

Werden Anteile an einem bisher vollkonsolidierten Unternehmen nur teilweise veräußert, so ist dies in zweifacher Hinsicht bedeutsam, zum einen im Hinblick auf die Behandlung der im Konzern noch verbleibenden „Restanteile" und zum anderen auf die Entscheidung, ob, und wenn ja, in welcher Höhe sich aus der partiellen Anteilsveräußerung eine Erfolgswirkung ergibt.

Für die verbleibenden Anteile ist zu entscheiden, ob sie weiterhin im Wege der Vollkonsolidierung einbezogen werden müssen (teilweise Anteilsveräußerung ohne Wechsel der Konsolidierungsmethode), oder ob die wirtschaftliche und fiktive rechtliche Einheit infolge der teilweisen Veräußerung untergegangen ist (teilweise Anteilsveräußerung mit Wechsel der Konsolidierungsmethode). In letzterem Fall ist weiter danach zu differenzieren, ob die Anteile in den Folgeperioden als Gemeinschaftsunternehmen im Rahmen der anteilmäßigen Konsolidierung, als Beteiligung nach der Equity-Methode oder als Beteiligung nach der Anschaffungskostenmethode zu bilanzieren sind.

Geht das Mutter-Tochter-Verhältis durch eine teilweise Anteilsveräußerung nicht unter, so sind die verbleibenden Anteile auch weiterhin im Wege der Vollkonsolidierung in den Konzernabschluß einzubeziehen. Der Einheitsgrundsatz und die ihn konkretisierenden Einzelvorschriften gelten unverändert fort. So sind weiterhin sämtliche Vermögensgegenstände und Schulden zu erfassen sowie Zwischenergebnisse und sonstige konzerninterne Beziehungen zu eliminieren. Die Anteilsveräußerung an konzernfremde Dritte führt zur Erhöhung des Ausgleichspostens für Anteile anderer Gesellschafter auf der Passivseite. Eine Erhöhung der Aktiva des Konzerns erfolgt durch den Veräußerungserlös.[220]

219 Vgl. Kapitel 4 hinsichtlich der unterschiedlichen Fallgestaltungen und deren Auswirkungen.

220 Vgl. *Warmbold, S.* (1995), S. 193, 194.

Fraglich ist indes, ob sich der Veräußerungsvorgang im Konzernerfolg niederschlagen sollte. Nach h. M. ist für die abgegangene Beteiligungstranche eine anteilige Endkonsolidierung durchzuführen, d.h., dem Erlös zur Ermittlung des Endkonsolidierungserfolges ist ein anteiliger Abgangswert gegenüberzustellen.[221] Im Schrifttum wird auch die Auffassung vertreten, bei einer Anteilsveräußerung ohne Wechsel der Konsolidierungsmethode handle es sich lediglich um einen internen Vorgang zwischen zwei Gesellschaftergruppen des Konzerns, nämlich den Anteilseignern des Mutterunternehmens und den Minderheitsgesellschaftern. Demzufolge stelle die Veräußerung eine Kapitalerhöhung dar, die sich zwar im Konzerneigenkapital niederschlägt, nicht jedoch im Konzernergebnis.[222]

Führt die teilweise Anteilsveräußerung für die verbleibenden Anteile zu einem Wechsel der Konsolidierungsmethode bzw. zur Bewertung nach der Anschaffungskostenmethode, ist in einem ersten Schritt der Abgangswert und Endkonsolidierungserfolg zu bestimmen und in einem zweiten Schritt die verbleibenden Anteile nach der nunmehr anzuwendenden Konsolidierungsmethode im Konzernabschluß zu erfassen.[223] Insbesondere beim Übergang auf die Anschaffungskostenmethode stellt sich die Frage, welcher Wertansatz für die Restanteile zugrunde zu legen ist, der Wert, mit dem die Anteile beim beteiligten Unternehmen zu Buche stehen, oder ein fortgeschriebener Anschaffungswert.[224]

Indirekt hat somit auch die Abgangsquote einen erheblichen Einfluß auf die Bestimmung des Endkonsolidierungserfolges und zwar im Hinblick auf die Entscheidung, ob ein Endkonsolidierungserfolg ermittelt wird, in welcher Höhe er im Konzernabschluß wirksam werden kann und mit welchen Wertansätzen die im Konzern verbleibenden Anteile zu erfassen sind. Hinsichtlich einer genauen Analyse der Wirkungen der unterschiedlichen Konzepte bei teilweiser Anteilsveräußerung wird auf Kapitel 4 verwiesen.

221 Vgl. *Adler/Düring/Schmaltz* (1996), § 301 HGB Tz. 187-191; *Baetge, J.* (1994), S. 542; *Busse von Colbe, W./Ordelheide, D.* (1993), S. 302; *Hayn, B.* (1997), S. 59; *Schindler, J.* (1986), S. 166-169; *WP-Handbuch* (1996), Bd. I, M 379; a.A.: *Dusemond, M./Weber, C.-P./Zündorf, H.*, in: HdK (1998), § 301 Rn. 210, 222; *Förschle/Kropp/Wöste* (1990), S. 115.

222 Vgl. *Dusemond, M./Weber, C.-P./Zündorf, H.*, in: HdK (1998), § 301 Rn. 210, 221; *Weber, C.-P.* (1991), S. 184.

223 Vgl. *Hayn, B.* (1997), S. 57.

224 Zur Diskussion im Schrifttum und der Wirkungsweise vgl. Kapitel 4.

3.2.1.4 Abgangszeitpunkt

Einen weiteren abgangsbezogenen Einflußtatbestand stellt der maßgebliche Zeitpunkt der Wertermittlung zur Bestimmung des Abgangswertes dar.[225] Grundsätzlich ist der Abgangswert zum Stichtag der Veräußerung zu ermitteln.[226] Fällt der Endkonsolidierungszeitpunkt auf den letzten Konzernabschlußstichtag, ergeben sich hierbei keine Probleme. Erfolgt die Veräußerung dagegen unterjährig, so müssen die bis zu dem Veräußerungszeitpunkt anfallenden Geschäftsvorfälle ebenso Berücksichtigung finden wie zeitanteilige Abschreibungen und Wertfortschreibungen sowie zeitproportionale Konsolidierungsmaßnahmen.[227] Dieses Vorgehen entspricht der theoretischen Konzeption der Erwerbsmethode und ist bei wesentlichen Beteiligungsabgängen in der Regel dadurch gewährleistet, daß Zwischenabschlüsse erstellt werden.

Wird ein Zwischenabschluß nicht erstellt, da keine gesetzliche Verpflichtung besteht, so dürften aus Praktikabilitätsgründen auch Vereinfachungslösungen derart akzeptiert werden, daß die Werte zum Stichtag des vorangegangenen Konzernabschlusses bzw. des letzten Einzelabschlusses ohne Wertfortschreibung zugrundegelegt werden.[228] Sollte es sich hierbei aber um wesentliche Beträge handeln, sind zusätzliche Angaben gem. § 297 Abs. 2 Satz 3 HGB erforderlich.

3.2.2 Anpassungs- und Bewertungswirkungen

3.2.2.1 Vereinheitlichung von Bilanzansatz und Bewertung

Die der Kapitalkonsolidierung zugrundeliegenden originären Einzelabschlüsse sind gem. § 300 Abs. 2 HGB und § 308 HGB an die konzerneinheitliche Bilanzierung und Bewertung anzupassen. Die aus diesem Grund zu ergreifenden Maßnahmen beeinflussen das Konzernergebnis im Erwerbszeitpunkt nicht direkt, da sich die Ansatz- und Wertkorrekturen zwar im Eigenkapital des Tochterunternehmens, jedoch aufgrund der Erstkonsolidierung des Kapitals nicht in der Ergebnisrechnung des Konzerns widerspiegeln. Indirekt ergibt sich allerdings eine Ergebnisbeeinflussung in zweierlei Hinsicht. Zum einen ändert sich durch Neuansatz und Neubewertung von Vermögensgegenständen und Schul-

---

225 Vgl. ausführlich zur Festlegung eines maßgeblichen Endkonsolidierungszeitpunktes Kapitel 2.3.

226 Vgl. *Adler/Düring/Schmaltz* (1996), § 301 HGB Tz. 274; *Förschle, G./Deubert, M.*, in: Beck Bil.-Komm. (1999), § 301 Anm. 250; *Ordelheide, D.*, in: BHdR (1987), C 403 Anm. 27.

227 Vgl. *Warnbold, S.* (1995), S. 164.

228 Vgl. *IDW HFA* (3/1995), S. 697; hierzu Kapitel 2.3.

den auch die aus der im Rahmen der Erstkonsolidierung vorgenommenen Verrechnung von Beteiligungsbuchwert und Eigenkapital des Tochterunternehmens resultierende Aufrechnungsdifferenz. Je nach Vorgehensweise wird dies im Erstkonsolidierungsjahr oder den Folgeperioden Ergebniswirkung entfalten. Zum zweiten müssen die im Erwerbszeitpunkt vorgenommenen Anpassungen in den Handelsbilanzen II der Folgeperioden fortgeschrieben bzw. aufgelöst werden. Diese Maßnahmen beeinflussen das Ergebnis des Tochterunternehmens und werden somit auch in der Konzernbilanz erfolgswirksam.[229] Dies gilt ebenso für Anpassungsbuchungen hinsichtlich von Vermögensgegenständen und Schulden, die erst nach dem Erstkonsolidierungszeitpunkt zugegangen sind. D.h., auch diese Veränderungen werden über die Handelsbilanz II im Konzernabschluß bereits erfolgswirksam erfaßt.[230]

Unter der Zielsetzung, eine Übereinstimmung der Totalerfolgsbeiträge einer Beteiligung in Einzel- und Konzernabschluß herbeizuführen, ist wieder die Frage zu klären, ob die in Erst- und Folgekonsolidierungen vorgenommenen Anpassungen der Bilanzierung und Bewertung bei der Ermittlung des Endkonsolidierungserfolges explizit berücksichtigt werden müssen. Grundsätzlich sind die im Konzerneigenkapital enthaltenen Erfolgsbestandteile, welche dem abgehenden Tochterunternehmen zuzurechnen sind, zu eliminieren, d.h., die Maßnahmen der konzerneinheitlichen Bilanzierung und Bewertung sind rückgängig zu machen.[231] Da allerdings im Endkonsolidierungserfolg (vorläufig)[232] dem Veräußerungserlös bereits die Abgangswerte der einzelnen im Konzernabschluß erfaßten Vermögensgegenstände und Schulden des Tochterunternehmens als Aufwandsposition gegenübergestellt werden, bedarf es keiner zusätzlichen Korrekturbuchungen mehr.

3.2.2.2 Währungsumrechnung

Handelt es sich bei dem ausscheidenden Unternehmen um eine ausländische Gesellschaft, ist ein weiterer Gesichtspunkt zu beachten. Neben der einheitlichen Bilanzierung und Bewertung der Vermögensgegenstände, Schulden, Rechnungsabgrenzungsposten, Erträge und Aufwendungen des in den Konzernabschluß einbezogenen ausländischen Tochterunternehmens ist für die Überleitung der Jahresabschlüsse (Landeswährung) auf die Handelsbilanz II eine Um-

229 Vgl. *Förschle, G.*, in: Beck Bil.-Komm. (1999), § 300 Anm. 33; *Havermann, H.* (1988), S. 200.

230 Vgl. *Warmbold, S.* (1995), S. 177.

231 Vgl. *Albers, M.* (1991), S. 197.

232 Vgl. Abbildung 3-7, S. 57.

rechnung in Euro erforderlich. Dies folgt aus § 298 Abs. 1 i.V.m. § 244 HGB, wonach der Konzernabschluß in Euro aufzustellen ist.[233]

Aus den hierbei auftretenden Problembereichen[234] der Festlegung maßgeblicher Umrechnungskurse, der Bestimmung einer relevanten Umrechnungsmethode sowie der Behandlung auftretender Umrechnungsdifferenzen ist für die Ermittlung des maßgeblichen Endkonsolidierungserfolges von zentraler Bedeutung, ob aus der Währungsumrechnung Differenzbeträge entstehen und inwieweit solche im Konzernabschluß erfolgswirksam werden. Die hier zu untersuchende Frage ist mithin nicht, wie die Währungsumrechnung durchzuführen ist, damit sie den gesetzlichen Vorschriften, der Generalnorm sowie den speziell entwikkelten Grundsätzen für die Einbeziehung von ausländischen Gesellschaften in den konsolidierten Abschluß genügt[235], sondern welche Anforderungen sich aufgrund einer als theoretisch berechtigt anerkannten Umrechnungsmethode an die Endkonsolidierung ergeben.[236]

Da es keine explizite gesetzliche Regelung gibt, wie Unternehmensabschlüsse für Zwecke der Konzernrechnungslegung umzurechnen sind[237], werden in Theorie und Praxis verschiedene Verfahren der Währungsumrechnung diskutiert, die sich einerseits durch die Anwendung unterschiedlicher Umrechnungskurse und andererseits in der Behandlung der Umrechnungsdifferenzen unterscheiden. In dieser Untersuchung sollen die beiden Grundtypen von Umrechnungsmethoden, die Stichtagskursmethode (closing rate method)[238] und die

---

[233] Nach § 244 HGB i.V.m. Art. 42 EGHGB können Abschlüsse für nach dem 31. 12. 1998 und vor dem 1. 1. 2002 endenden Geschäftsjahres in Deutscher Mark oder Euro aufgestellt werden. Für Abschlüsse ab dem 1. 1. 2002 besteht die Pflicht zur Aufstellung in Euro. Für die Währungsumrechnung im Konzern ergeben sich hieraus jedoch keine abweichenden Auswirkungen, da die Währungsumrechnung auf Stufe der Handelsbilanz II der ausländischen Tochtergesellschaften, nicht aber am Konzernabschluß anknüpft.

[234] Vgl. *Scherrer, G.* (1994), S. 187 mit weiteren Verweisen.

[235] Vgl. *Arbeitskreis 'Weltbilanz' des IDW* (1977), S. 1ff. zu speziellen Grundsätzen für die Einbeziehung ausländischer Gesellschaften.

[236] Vgl. zur Währungsumrechnung im Konzernabschluß die einschlägigen Kommentare und Stellungnahmen, beispielsweise *Adler/Düring/Schmaltz* (1996), § 298 HGB Tz. 12-60; *Budde, W.D./Lust, P.*, in: Beck Bil.-Komm. (1999), § 298 Anm. 5; *Gebhardt, G./Bergmann, J.*, in: HdJ (1991), Abt. V/7 Rn. 161-224; *GEFIU* (1993), S. 745-748; *Hoyos, M./Lechner, H.*, in: Beck Bil.-Komm. (1999), § 308 Anm. 59-62; *IDW/HFA* (1998), S. 277-285; *WP-Handbuch* (1996), Bd. I, M Anm. 253-270; sowie das umfangreiche Schrifttum, beispielsweise *Bovermann, B.* (1988); *Hummel, W.* (1987); *Jung, U.* (1991); *Müller, H.* (1986); *Müller, K.* (1985); *Ruppert, B.* (1993).

[237] Vgl. *IDW/HFA* (1998), S. 278.

[238] Basiert auf dem Grundgedanken, daß die Fremdwährungsumrechnung für Zwecke der Konsolidierung eine nach Unternehmen und Wirtschaftsräumen (somit nach Segmenten) differenzierende Betrachtungsweise ermöglichen sollte.

Zeitbezugsmethode (temporal principle method)[239] hinsichtlich ihrer Wirkungen auf die Ermittlung des Endkonsolidierungserfolges untersucht werden.

Die Stichtagskursmethode in ihrer Ausprägung als reine oder modifizierte Variante wird als erfolgsneutrale Umrechnung bezeichnet, denn ihrer Konzeption entsprechend sind die Umrechnungsdifferenzen, die sich aus Konzernsicht bei Beachtung des Grundsatzes der formellen Kontinuität zwischen zwei Bilanzstichtagen aufgrund von Wechselkursänderungen ergeben, unmittelbar im Eigenkapital zu erfassen.[240] Dies sollte in einem gesonderten Posten erfolgen, der z.B. „als 'Eigenkapitaldifferenz aus Währungsumrechnung' nach den Konzernrücklagen ausgewiesen werden kann"[241]. Solche erfolgsneutral behandelten Differenzen sind im Veräußerungszeitpunkt erfolgswirksam aufzulösen.[242] Da die Ergebnisse aus Wechselkursänderungen somit in Einzel- und Konzernabschluß erst im Zeitpunkt der Veräußerung realisiert werden, ist eine unterschiedliche Periodisierung ausgeschlossen und die Einhaltung des Kongruenzprinzips gewährleistet.[243]

Im Gegensatz zur Stichtagskursmethode sind die bei der Zeitbezugsmethode auftretenden Umrechnungsdifferenzen, die sich zwischen zwei Bilanzstichtagen aufgrund von Wechselkursänderungen ergeben, dem Grundgedanken der Methode entsprechend, erfolgswirksam im Konzernabschluß zu zeigen.[244] Erfolge aus Wechselkursänderungen werden hier also bereits im Entstehungszeitpunkt ergebniswirksam verrechnet, während diese Erfolgskomponenten im Einzelabschluß erst bei Veräußerung der Beteiligung realisiert werden.[245]

Da sich die Währungskurseinflüsse in den Vermögens- und Schuldposten widerspiegeln und somit im bilanziellen Abgangswert schon enthalten sind, bedarf

239 Basiert auf der Forderung, daß ein internationaler Konzernabschluß unter der Fiktion aufzustellen ist, als befänden sich alle konsolidierungspflichtigen Tochterunternehmen in einem einheitlichen (währungsidentischen) Wirtschaftsraum.

240 Vgl. *Busse von Colbe, W./Ordelheide, D.* (1993), S. 134; *Elkart, W./Hundt, K.-H./Müller,K.* (1991), S. 78, 79.

241 *IDW/HFA* (1998), S. 279.

242 Vgl. *Adler/Düring/Schmaltz* (1996), § 298 HGB Tz. 53; *Busse von Colbe, W.* (1992), S. 134, 137; *Herrmann, D.* (1994), S. 249.

243 Vgl. *Busse von Colbe, W.* (1992), S. 134-137, der allerdings in der erfolgsneutralen Behandlung der Umrechnungsdifferenzen grundsätzlich eine Verletzung des Kongruenzprinzips in der Periode des Auftretens sieht, die nur durch die erfolgswirksame Berücksichtigung im Endkonsolidierungszeitpunkt wieder korrigiert werden kann.

244 Vgl. *Elkart, W./Hundt, K.-H./Müller, K.* (1991), S. 84.

245 Vgl. *Baetge, J.* (2000), S. 486; *Baetge, J./Herrmann, D.* (1995), S. 226.

es insoweit bei Ermittlung des Endkonsolidierungserfolges ausgehend vom Veräußerungserlös keiner gesonderten Berücksichtigung mehr.[246]

Zusammenfassend läßt sich bezüglich des Zusammenhangs zwischen Endkonsolidierungserfolg und Währungsumrechnung folgendes festhalten. Wurden in vorhergehenden Abschlüssen Umrechnungsdifferenzen aus der Währungsumrechnung im Konzernabschluß erfolgsneutral verrechnet, so ist der Abgangswert um diese Bestandteile zu erhöhen bzw. zu vermindern, da in diesem Zeitpunkt auch im Einzelabschluß eine Realisierung über den Verkaufspreis erfolgt. Wurden die Umrechnungsdifferenzen dagegen erfolgswirksam behandelt, so sind, sofern die Ermittlung des Endkonsolidierungserfolges ausgehend vom Veräußerungspreis vorgenommen wird, keine weiteren Maßnahmen erforderlich. Bei Ermittlung ausgehend vom Veräußerungsgewinn des die Beteiligung ehemals haltenden Unternehmens ist dagegen eine Korrektur um die bereits erfolgswirksam behandelten Währungsumrechnungsdifferenzen notwendig, um Doppelerfassungen zu vermeiden[247] und einen dem Einzelabschluß entsprechenden Totalerfolgsbeitrag der Beteiligung zu gewährleisten.

3.2.2.3 Steuerabgrenzung

Die im Rahmen der Erstellung des Konzernabschlusses durchgeführten Umbewertungen und erfolgswirksamen Konsolidierungsmaßnahmen erfordern gem. § 306 HGB die Bildung latenter Steuern.[248] Bei Ausscheiden des Tochterunternehmens sind die noch abgegrenzten latenten Steuern ebenso wie alle anderen Aktiva und Passiva des abgehenden Tochterunternehmens erfolgswirksam aus dem Konzernabschluß zu eliminieren.[249] Dies folgt zum einen aus der Beachtung der Totalerfolgskonzeption und zum anderen aus der Definition der latenten Steuern selbst, denn auch im Einzelabschluß sind diese erfolgswirksam aufzulösen, sobald sich frühere Ergebnisdifferenzen durch Veräußerung von Vermögensgegenständen umkehren.

---

246 Anders bei *Warmbold, S.* (1995), S. 190, 191, der die erfolgswirksam behandelten Währungsumrechnungsdifferenzen in den Abgangswert einbezieht, der dem Veräußerungserlös gegenübergestellt wird. Gerade dadurch kommt es allerdings wie dargestellt zu einer Doppelerfassung. Dagegen finden die erfolgsneutral verrechneten Umrechnungsdifferenzen bei ihm keine Berücksichtigung, was zu einer Durchbrechung des Kongruenzprinzips führt.

247 Vgl. *Baetge, J.* (2000), S. 486; *Elkart, W./Hundt, K.-H./Müller, K.* (1991), S. 86; *Schildbach, Th.* (1994), S 298.

248 Vgl. *Baumann, K.-H.*, in: HdK (1998), § 306 Rn. 1-47; *Debus, Ch.*, in: BHdR (1987), C 440; *Dusemond, M./Hayn, B.* (1997), S. 983-988; *Lührmann, V.* (1997), S. 173-258; *Scherrer, G.*, in: BHR (1986), § 306 HGB; *Scherrer,G.* (1994), S. 456-480 (ausführlich zur Konzeption und Durchführung der Steuerabgrenzung im Konzernabschluß).

249 Vgl. *Dusemond, M./Weber, C.-P./Zündorf, H.*, in: HdK (1998), § 301 Rn. 375.

Es stellt sich allerdings die Frage, ob es sich bei Auflösung der latenten Steuern im Abgangszeitpunkt um eine bei der Ermittlung des Endkonsolidierungserfolges zu berücksichtigende Komponente handelt. Nach h. A. sind die abgegrenzten latenten Steuern zwar erfolgswirksam aufzulösen, aber nicht in den Abgangswert einzubeziehen.[250] Sie sind vielmehr im steuerlichen Ergebnis als Teil der Ertragsteuern zu berücksichtigen.[251] Der Einzelerwerbs- und Einzelabgangsfiktion folgend wird nicht das Tochterunternehmen veräußert, sondern die das Unternehmen repräsentierenden einzelnen Vermögensgegenstände und Schulden. Aus Konzernsicht kann demzufolge nicht angenommen werden, daß die latenten Steuern gemeinsam mit dem Tochterunternehmen veräußert werden.[252] Vielmehr sind sie als Auflösungen zu betrachten, die vorzunehmen sind, weil aufgrund der Veräußerung der einzelnen Vermögensgegenstände und Schulden des Tochterunternehmens die zeitlichen Ergebnisdifferenzen, die zur Bildung latenter Steuern im Konzernabschluß geführt haben, ausgeglichen sind.[253] Es kann somit konstatiert werden, daß im Endkonsolidierungszeitpunkt die das abgehende Tochterunternehmen betreffenden latenten Steuern ergebniswirksam aufzulösen sind, jedoch nicht direkt in die Ermittlung des Endkonsolidierungserfolges einbezogen werden sollten.

Neben den bereits diskutierten Komponenten Veräußerungserlös, Abgangswert, Bilanzansatz und Bewertung sowie Währungsumrechnung und Steuerabgrenzung erlangen insbesondere die konsolidierungsspezifischen Einflußfaktoren eine besondere Bedeutung im Hinblick auf die Ermittlung des Endkonsolidierungserfolges. Es soll daher untersucht werden, inwieweit die verschiedenen Konsolidierungsmaßnahmen Wirkungen auf die Erfolgsperiodisierung entfalten und welche Konsequenzen sich daraus auf die Endkonsolidierung ergeben.

3.2.3 Konsolidierungsspezifische Einflußfaktoren

3.2.3.1 Kapitalkonsolidierung

3.2.3.1.1 Konsolidierungsmethoden

Mit der in § 301 HGB geregelten Erwerbsmethode (purchase method) und der in § 302 HGB geregelten Interessenzusammenführungsmethode (pooling-of-interests method) hat der Gesetzgeber zwei verschiedene Varianten der Kapitalkonsolidierung zugelassen, wobei grundsätzlich die Erwerbsmethode anzuwen-

---

250 Vgl. *Hoyos, M./Fischer, N.*, in: Beck Bil.-Komm. (1999), § 306 Anm. 61.

251 Vgl. *Dusemond, M./Weber, C.-P./Zündorf, H.*, in: HdK (1998), § 301 Rn. 375; *Elkart, W./Hundt, K.-H./Müller, K.* (1991), S. 61, 62; *Hayn, B.* (1999), S. 283.

252 Vgl. *Ebeling, R.M.* (1996), S. 377.

253 Vgl. *Baetge, J.* (2000), S. 515.

den ist. Nur bei Vorliegen der engen Voraussetzungen des § 302 Abs. 1 HGB kommt die Interessenzusammenführungsmethode als „Alternativmethode" in Betracht. Die Erwerbsmethode läßt wiederum zwei als gleichrangig einzustufende Verfahren der Kapitalkonsolidierung zu, die Buchwertmethode und die Neubewertungsmethode.

Je nach Wahl des Konsolidierungsverfahrens unterscheiden sich die im Zeitpunkt der erstmaligen Einbeziehung eines Tochterunternehmens in den Konsolidierungskreis ausgewiesenen Wertansätze der Vermögensgegenstände und Schulden sowie die als Residualgrößen einzustufenden Unterschiedsbeträge. Dies führt, wie bereits bei der Analyse der Totalerfolgsbeiträge von Tochterunternehmen in Einzel- und Konzernabschluß diskutiert, zu einer abweichenden Periodisierung der Anschaffungskosten.

Demzufolge ist die Wahl der Konsolidierungsmethode ebenfalls als Einflußfaktor auf die Ermittlung des Endkonsolidierungserfolges zu klassifizieren. Allerdings geht dieser Parameter nicht direkt in ein Ermittlungsschema ein, sondern die daraus resultierenden Folgewirkungen, insbesondere die zu berücksichtigenden stillen Reserven/stillen Lasten, die je nach Konsolidierungsmethode in unterschiedlicher Höhe aufgelöst werden sowie die verbleibenden Restunterschiedsbeträge. Die stillen Reserven/stillen Lasten haben sich bis zum Endkonsolidierungszeitpunkt bereits durch teilweise oder vollständige Auflösung auf das Konzernergebnis ausgewirkt, während das Ergebnis des zugrundeliegenden Einzelabschlusses nicht beeinflußt worden ist. Diese Vorgänge müssen somit rückgängig gemacht werden.[254] Technisch werden die den Vermögensgegenständen und Schulden zugeordneten stillen Reserven/stillen Lasten schon dadurch erfaßt, daß dem Veräußerungserlös die Vermögensgegenstände und Schulden des Tochterunternehmens zu Konzernbuchwerten im Zeitpunkt des Abgangs gegenübergestellt werden. Aus diesem Grund bedarf es keiner expliziten Berücksichtigung mehr. Das in Abbildung 3-7[255] aufgeführte Ermittlungsschema kann auch auf andere Weise abgebildet werden, da die Konzernbuchwerte der Vermögensgegenstände nichts anderes sind, als die in der Handelsbilanz II angesetzten Aktivwerte zuzüglich der im Rahmen der Erstkonsolidierung zugeordneten stillen Reserven und die Konzerbuchwerte der Schulden den Passivwerten zuzüglich der zugeordneten stillen Lasten entsprechen.

---

254 Vgl. *Albers, M.* (1991), S. 196.
255 Vgl. Abbildung 3-7, S. 57.

+	Veräußerungserlös
-	Vermögensgegenstände des Tochterunternehmens zu Buchwerten in der HB II
+	Schulden des Tochterunternehmens zu Buchwerten in der HB II
-	noch nicht erfolgswirksam verrechnete stille Reserven aus der Erstkonsolidierung
+	noch nicht erfolgswirksam verrechnete stille Lasten aus der Erstkonsolidierung
=	Endkonsolidierungserfolg (vorläufig)

Abb. 3-8: Ermittlung des Endkonsolidierungserfolges (vorläufig)

Inwieweit sich Besonderheiten aus der Anwendung spezieller Kapitalkonsolidierungsmethoden, insbesondere der Interessenzusammenführungsmethode, ergeben, wird in Kapitel 4 explizit erläutert.

3.2.3.1.2 Unterschiedsbeträge aus der Erstkonsolidierung

Der Gesetzgeber hat den zur Konzernrechnungslegung verpflichteten Unternehmen im Rahmen der Kapitalkonsolidierung zahlreiche Wahlrechte und Spielräume eröffnet.[256] Eine der hierbei wesentlichsten bilanzpolitischen Möglichkeiten ist im Ausweis und der Behandlung von aus der Kapitalkonsolidierung resultierenden aktivischen und passivischen Unterschiedsbeträgen zu sehen.[257] Je nach Vorgehensweise in Erst- und Folgekonsolidierungen ergeben sich unterschiedliche Wirkungen im Endkonsolidierungszeitpunkt. Aus diesem Grund soll zunächst dargestellt werden, welche Möglichkeiten sich dem Bilanzierenden in bezug auf die Behandlung von Aufrechnungsdifferenzen aus der Erstkonsolidierung bieten.[258]

256 Vgl. *Greth, M.* (1996), S. 177-189.

257 Vgl. *Fischer, H.* (1993), S. 129; *Greth, M.* (1996), S. 182-189; *Küting, K.* (1995), S. 192; *Oser, P.* (1995), S. 266; *Schulz, U.* (1990), S. 365f.; *Stein, H.-G.* (1993), S. 987-990; *Weber, C.-P./Zündorf, H.*, in: HdK (1998), § 309 Rn. 15; *Weber, C.-P./Zündorf, H.* (1989b), S. 334; *Zielke, W.* (1995), S. 831.

258 Vgl. auch *Weber, C.-P./Zündorf, H.*, in: HdK (1998), § 309 Rn. 15-56.

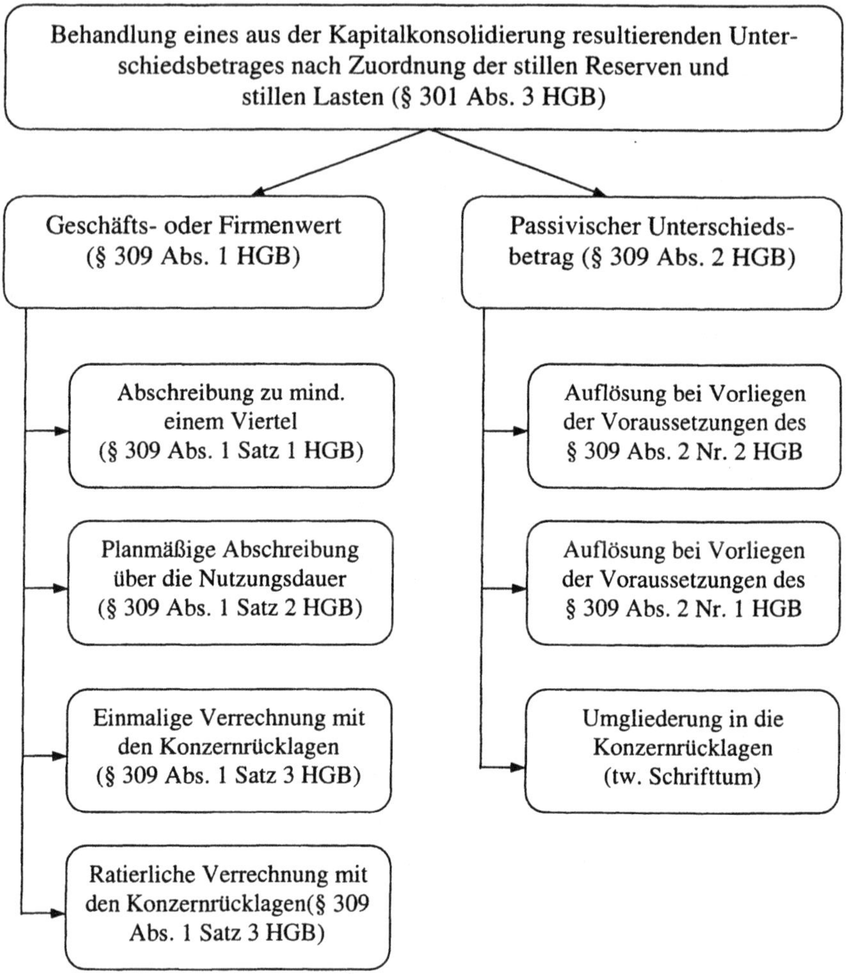

Abb. 3-9: Möglichkeiten der Behandlung eines aus der Erstkonsolidierung resultierenden Unterschiedsbetrages

Demnach kann zwischen erfolgswirksamen und erfolgsneutralen Varianten der Behandlung von Unterschiedsbeträgen differenziert werden. Der Erwerbsmethode entsprechend ist grundsätzlich eine erfolgswirksame Berücksichtigung der aus der Erstkonsolidierung resultierenden Unterschiedsbeträge vorzuziehen. Allerdings wird dem Bilanzierenden gem. § 309 Abs. 1 Satz 3 HGB explizit die

Möglichkeit gegeben, einen Geschäfts- oder Firmenwert auch erfolgsneutral mit den Rücklagen zu verrechnen. Im Schrifttum wird bei Vorliegen bestimmter Voraussetzungen[259] teilweise auch gefordert, einen passivischen Unterschiedsbetrag erfolgsneutral verrechnen zu können.[260]

Sofern die Aufrechnungsdifferenzen in den Perioden der Erst- oder Folgekonsolidierungen bereits vollständig erfolgswirksam geworden sind, ergeben sich keine Probleme in bezug auf die Endkonsolidierung. Weitgehende Einigkeit besteht auch hinsichtlich der Behandlung von Unterschiedsbeträgen, die im Rahmen der Erstkonsolidierung aktiviert bzw. passiviert wurden. Die Bestandteile, welche im Laufe der Folgekonsolidierungen noch nicht durch Abschreibung bzw. Auflösung erfolgswirksam geworden sind, müssen demnach spätestens im Rahmen der Endkonsolidierung ergebniswirksam werden.[261] Dies folgt einerseits aus dem Vollständigkeitsgebot gem. § 298 Abs. 1 i.V.m. § 246 HGB und andererseits aus dem pagatorischen Prinzip als eines der Grundprinzipien des deutschen Bilanzrechts.[262]

Dagegen ist die Behandlung eines im Rahmen von Erst- und Folgekonsolidierungen erfolgsneutral mit den Konzernrücklagen verrechneten Geschäfts- oder Firmenwertes eine der im Schrifttum im Zusammenhang mit End- oder Übergangskonsolidierungen am kontroversesten und meistdiskutierten Fragen. Dies ist nicht zuletzt darauf zurückzuführen, daß die gem. § 309 Abs. 1 Satz 3 HGB erlaubte Sonderregelung der erfolgsneutralen Verrechnung eines Geschäfts- oder Firmenwertes mit den Rücklagen in der Literatur stark umstritten ist.[263]

---

259 Als Voraussetzung wird hier beispielsweise genannt, daß der passive Unterschiedsbetrag auf Wertberichtigungen oder einen echten „lucky buy" zurückzuführen sein muß bzw. die erwarteten Aufwendungen definitiv nicht mehr eintreten.

260 Vgl. *Adler/Düring/Schmaltz* (1996), § 309 HGB Tz. 92; *IDW SABI* (2/1988), S. 624; *WP-Handbuch* (1996), Bd. I, M Anm. 370.

261 Vgl. *Arbeitskreis „Externe Unternehmensrechnung"* (1997), S. 31; *Busse von Colbe, W./Ordelheide, D.* (1993), S. 253; *Elkart, W./Hundt, K.-H./Müller, K.* (1991), S. 64; *Förschle, G./Deubert, M.*, in: Beck Bil.-Komm. (1999), § 301 Anm. 242, 243; *Ordelheide, D.* (1986), S. 768; *Scherrer, G.* (1994), S. 351/352; *Schindler, J.* (1986), S. 230; *Warmbold, S.* (1995), S. 163.

262 Vgl. *Ordelheide, D.*, in: BHdR (1987), C 403 Anm. 16.

263 Vgl. zur Kritik beispielsweise *Adler/Düring/Schmaltz* (1996), § 309 HGB Tz. 31, 32; *Damm, U./Zündorf, H.* (1984), S. 2577; *Havermann, H.* (1987), S. 192; *Kommission Rechnungswesen im Verband der Hochschullehrer für Betriebswirtschaft e.V.* (1985), S. 274; *Niehus, R.J.* (1984), S. 324; *Ordelheide, D.* (1987a), S. 311; *Schruff, W.* (1984), S. 248/249; v. *Wysocki, K./Wohlgemuth, M.* (1986), S. 118.

Im Zeitpunkt der Endkonsolidierung ergeben sich für den Bilanzierenden grundsätzlich drei Handlungsalternativen:

- erfolgswirksame Berücksichtigung des Geschäfts- oder Firmenwertes,
- erfolgsneutrale Behandlung des Geschäfts- oder Firmenwertes,
- teilweise erfolgswirksame Endkonsolidierung.

Das betriebswirtschaftliche Schrifttum hält zum Großteil die Rückgängigmachung der in Vorjahren erfolgten Verrechnung eines Geschäfts- oder Firmenwertes mit den Konzernrücklagen für geboten.[264] Als Argumente für die Stornierung der Rücklagenverrechnung und erfolgswirksame Behandlung des Geschäfts- oder Firmenwertes im Endkonsolidierungszeitpunkt werden namentlich angeführt:

- Die Beibehaltung der Rücklagenverrechnung verletzt das Kongruenzprinzip als einen allgemeingültigen, gesetzlich nicht kodifizierten Grundsatz ordnungsmäßiger Buchführung, da der Totalerfolg des Konzerns nicht mehr aus der Summe der Periodenerfolge ableitbar ist.[265]
- In der Beibehaltung der erfolgsneutralen Verrechnung ist ein Verstoß gegen die Erfolgskonzeption der Erwerbsmethode zu sehen, da der Geschäfts- oder Firmenwert (und damit ein Teil der während der Konzernzugehörigkeit eingesetzten Vermögenswerte des Tochterunternehmens) im Konzernabschluß nicht aufwandswirksam wird.[266]

Des weiteren wird argumentiert, es komme zu einer Verzerrung des Konzernergebnisses, da im Zeitpunkt des Abgangs ein zusätzlicher Gewinn bzw. verminderter Verlust ausgewiesen wird[267], es werde gegen den Vollständigkeitsgrund-

---

264 Vgl. *Adler/Düring/Schmaltz* (1996), § 301 HGB Tz. 262; § 309 HGB Tz. 32; *Arbeitskreis "Externe Unternehmensrechnung"* (1989), S. 82; *Baetge, J.* (2000), S. 489; *Baetge, J./Herrmann, D.* (1995), S. 228; *Busse von Colbe, W.* (1992), S. 130; *Busse von Colbe, W./Ordelheide, D.* (1993), S. 253; *Förschle, G./Deubert, M.*, in: Beck Bil.-Komm. (1999), § 301 Anm. 242; *Herrmann, D.* (1994), S. 249; *Klar, M.* (1993), S. 281; *Küting, K.* (1997a), S. 14; *Kuhn, U.* (1991), S. 331; *Ordelheide, D.* (1986), S. 768; *Ordelheide, D*, in: BHdR (1987), C 402 Anm. 35, C 403 Rz. 17, 29; *Ordelheide, D./Pfaff, D.* (1992), Sp. 436; *Sauthoff, J.P.* (1996), S. 225; *Scherrer, G.* (1994), S. 352ff.; *Schindler, J.* (1986), S. 230; *WP-Handbuch* (1996), Bd. I, M Anm. 415; *Zwingmann, L.* (1994), S. 2316.

265 Vgl. *Adler/Düring/Schmaltz* (1996), § 309 HGB Tz. 32; *Baetge, J./Herrmann, D.* (1995), S. 228; *Busse von Colbe, W.* (1992), S. 129, 130; *Küting, K.* (1995), S. 230; *Küting, K./Weber, C.-P.* (1997), S. 253.

266 Vgl. *Küting, K.* (1995), S. 230, 231; *Küting, K./Weber, C.-P.* (1997), S. 253; *Ordelheide, D.* (1986), S. 768.

267 Vgl. *Busse von Colbe, W.* (1992), S. 130; *Förschle, G./Deubert, M.*, in: Beck Bil.-Komm. (1999), § 301 Anm. 242.

satz gem. § 298 Abs. 1 i.V.m. § 246 Abs. 1 HGB[268], das pagatorische Prinzip gem. § 298 Abs. 1 i.V.m. § 252 Abs. 1 Nr. 5 HGB[269] sowie den Grundsatz der Bilanzidentität[270] verstoßen. Aus betriebswirtschaftlicher Sicht ist demnach die Berücksichtigung eines vormals mit den Rücklagen verrechneten Geschäfts- oder Firmenwertes auch ohne explizite gesetzliche Forderung im Rahmen der Endkonsolidierung zwingend erforderlich, da die Bilanzierenden ansonsten in der Lage wären, ihr Konzernergebnis in erheblicher Weise zu schönen.[271]

Trotz dieser schwergewichtigen Argumentation findet sich im Schrifttum aber auch die Forderung nach Beibehaltung der erfolgsneutralen Rücklagenverrechnung im Endkonsolidierungszeitpunkt.[272] Zur Begründung werden folgende Argumente angeführt:

- Eine Stornierung der Verrechnung des Geschäfts- oder Firmenwertes steht im Widerspruch zu der Sonderregelung des § 309 Abs. 1 Satz 3 HGB[273], mit deren Kodifizierung der Gesetzgeber das allgemeine Periodisierungsprinzip bewußt durchbrochen hat.[274]
- Da das Hauptaugenmerk auf den richtigen Ausweis des Konzerneigenkapitals insgesamt zu richten ist, besteht für eine nachträgliche Abschreibung eines einmal offen mit den Rücklagen verrechneten Geschäfts- oder Firmenwertes keine Notwendigkeit.[275]

Neben den Vertretern dieser Extrempositionen eines strikten Gebotes der erfolgswirksamen Endkonsolidierung einerseits und eines Verbotes andererseits, gibt es im betriebswirtschaftlichen Schrifttum eine Reihe von Autoren, die sich mit beiden Varianten auseinandergesetzt haben.[276] In Abhängigkeit von Kriteri-

---

268 Vgl. *Arbeitskreis "Externe Unternehmensrechnung"* (1989), S. 83; *Ordelheide, D.* (1991), S. 174; *Ordelheide, D./Pfaff* (1992), Sp. 436f.

269 Vgl. *Arbeitskreis "Externe Unternehmensrechnung"* (1989), S. 83; *Baetge, J.* (2000), S. 489; *Busse von Colbe, W./Ordelheide, D.* (1993), S. 253; *Ordelheide, D.* (1991), S. 174.

270 Vgl. *Oser, P.* (1995), S. 275; *Scherrer, G.* (1994), S. 352.

271 Vgl. hierzu Beispiele aus der Konsolidierungspraxis bei *Küting, K.* (1995), S. 230; *Küting, K.* (1995a), S. 80, 81; *Ordelheide, D.* (1987a), S. 311, 312.

272 Vgl. *Dusemond, M./Weber, C.-P./Zündorf, H.*, in: HdK (1998), § 301 Rn. 371; *Elkart, W./Hundt, K.H./Müller, K.* (1991), S. 69, 70; *Weber, C.-P.* (1991), S. 219; *Zielke, W.* (1995), S. 842, 843.

273 Vgl. *Dusemond, M./Weber, C.-P./Zündorf, H.*, in: HdK (1998), § 301 Rn. 371.

274 Vgl. *Elkart, W./Hundt, K.H./Müller, K.* (1991), S. 69, 70.

275 Vgl. *Elkart, W./Hundt, K.H./Müller, K.* (1991), S. 70.

276 Vgl. *Adler/Düring/Schmaltz* (1996), § 301 HGB Tz. 263; *Arbeitskreis "Externe Unternehmensrechnung"* (1989), S. 82, 83; *Dusemond, M.* (1997), S. 56/57; *Elkart, W./Hundt, K.H./Müller, K.* (1991), S. 69, 70; *Förschle, G./Hoffmann, K.*, in: Beck Bil.-Komm. (1999), § 309 Anm. 26; *Hayn, B.* (1999), S. 244-251; *Oser, P.* (1995), S. 266-275; *Scheren, M.* (1993), S. 248; *Zielke, W.* (1995), S. 840-842.

en wie der Erfüllung der Informationsfunktion oder der periodengerechten Abbildung der Ertragslage des Konzerns erachten sie je nach Situation beide Varianten bzw. die teilweise erfolgswirksame Endkonsolidierung für zulässig.

Im Hinblick auf die Informationsfunktion argumentiert *Dusemond*, es komme unabhängig von der Vorgehensweise letztlich darauf an, daß die Wirkungen der Endkonsolidierung auf die Konzernbilanz und Konzern- Gewinn- und Verlustrechnung im Konzernanhang so dargestellt werden, daß sie für einen sachverständigen Dritten zahlenmäßig nachvollziehbar sind.[277] Allerdings wird auch hier konstatiert, daß es grundsätzlich zur Vermittlung eines den tatsächlichen Verhältnissen entsprechenden Bildes der Vermögens-, Finanz- und Ertragslage des Konzerns besser ist, wenn der Geschäfts- oder Firmenwert im Rahmen der Endkonsolidierung bei gleichzeitiger Erläuterung im Konzernanhang erfolgswirksam behandelt wird.[278]

Auch *Zielke* stellt die Frage nach dem „true and fair view" im Endkonsolidierungszeitpunkt, mithin nach der Informationsfunktion des Konzernabschlusses, in den Vordergrund seiner Betrachtungen.[279] So würde es bei Rückgängigmachung der Rücklagenverrechnung und ergebniswirksamer Behandlung zu einer falschen Darstellung der Ertragslage und somit zu einer Beeinträchtigung der Informationsfunktion kommen. Dies ist allerdings nur bei langfristig gehaltenen Beteiligungen zutreffend und auch in diesem Fall nur, wenn keine erläuternden Angaben im Konzernanhang gemacht werden. Zudem betrachtet auch *Zielke* die erfolgswirksame Behandlung des Geschäfts- oder Firmenwertes als theoretisch richtigen Ansatz, um den in der Vergangenheit mit der erfolgsneutralen Verrechnung gemachten Fehler zu korrigieren.[280]

Elkart/Hundt/Müller sehen die Beeinträchtigung der Ertragslage durch Beibehaltung der Rücklagenverrechnung im Endkonsolidierungszeitpunkt in Abhängigkeit von der Dauer der Konzernzugehörigkeit des betreffenden Unternehmens, befürworten aber eine Kompensation eventuell auftretender Verzerrungen nur im Wege einer gem. § 297 Abs. 2 Satz 3 HGB zusätzlichen Berichterstattung im Konzernanhang.[281] Solche Angaben wären bei kurzfristiger Konzernzugehörigkeit erforderlich, während bei längerfristigem Verbleib im Konzernverbund auf zusätzliche Angaben verzichtet werden könne, da in diesem Fall ein Geschäfts- oder Firmenwert, sofern er aktiviert und planmäßig abgeschrie-

---

[277] Vgl. *Dusemond, M.* (1997), S. 56.
[278] Vgl. *Dusemond, M.* (1997, S. 56, 57.
[279] Vgl. *Zielke, W.* (1995), S. 841, 842.
[280] Vgl. *Zielke, W.* (1995), S. 843.
[281] Vgl. *Elkart, W./Hundt, K.H./Müller, K.* (1991), S. 70.

ben worden wäre, im Endkonsolidierungszeitpunkt auch zu keiner Ergebnisbeeinflussung mehr führen würde.[282]

Hayn zieht unter Berücksichtigung des Aspekts der Konzernzugehörigkeit den Schluß, es sei eine teilweise erfolgswirksame Endkonsolidierung für den Fall durchzuführen, daß der Geschäfts- oder Firmenwert bei Aktivierung und planmäßiger Abschreibung im Abgangsjahr noch einen (fiktiven) Restbuchwert hätte und somit zu einer Erfolgswirkung führen würde.[283]

Dieses Vorgehen hätte allerdings nicht gewollte konzernbilanzpolitische Gestaltungsmöglichkeiten hinsichtlich der Ertragslage im Abgangsjahr zur Konsequenz, wenn erst rückwirkend im Veräußerungszeitpunkt eine fiktive Nutzungsdauer ermittelt werden würde. Um dies zu verhindern wird gefordert, daß die Festlegung eines angenommenen Abschreibungsplanes bereits im Zeitpunkt der Erstkonsolidierung vorzunehmen ist.[284]

Den Versuch, ein Gebot der erfolgswirksamen Endkonsolidierung mittels gesetzesauslegender und rechtsfortbildender Methoden aus dem Dritten Buch des HGB abzuleiten, hat *Oser* unternommen.[285] Er kommt zu dem Ergebnis, „...daß weder der Rekurs auf das Kongruenzprinzip, die Einheitstheorie oder die Generalklausel noch - in Ermangelung einer Lücke im Gesetz - eine Rechtsfortbildung praeter legem eine Pflicht zur erfolgswirksamen Entkonsolidierung ehemals erfolgsneutral verrechneter Geschäfts- oder Firmenwerte dogmatisch zu tragen vermag.“[286] Gleichwohl kommt auch in seiner Analyse die betriebswirtschaftliche Problematik der erfolgsneutralen Endkonsolidierung deutlich zum Ausdruck und mit Blick auf internationale Entwicklungen[287] zielt seine Argumentation darauf ab, die Problemursache dadurch zu beseitigen, daß der Gesetzgeber die Initiative ergreift, das Verrechnungswahlrecht des § 309 Abs. 1

---

282 Vgl. *Elkart, W./Hundt, K.H./Müller, K.* (1991), S. 70.

283 Vgl. *Hayn, B.* (1999), S. 244, 248.; ebenso *Dusemond, M./Weber, C.-P./Zündorf, H.*, in: HdK (1998), § 301 Rn. 371.

284 Vgl. *Hayn, B.* (1999), S. 245.

285 Vgl. *Oser, P.* (1995), S. 271-275.

286 *Oser, P.* (1995), S. 275.

287 Nach den Vorschriften des IASC ist ein Geschäfts- oder Firmenwert zwingend erfolgswirksam über seine voraussichtliche Nutzungsdauer abzuschreiben, *International Accounting Standards 2000*, IAS 22 (revised 1998), Par. 44-46. Auch nach US-GAAP ist ein mit Erwerb eines Tochterunternehmens aktivierter Goodwill durch planmäßige Abschreibungen den Perioden als Aufwand zu belasten, in denen er voraussichtlich erfolgserhöhend wirkt, wobei der Abschreibungszeitraum unter Berücksichtigung der maßgebenden, den Zeitraum der erfolgserhöhenden Wirkung bestimmenden Faktoren festzulegen ist, *APB*, APB Opinion No. 17, Intangible Assets, No. 17.27; vgl. auch Kapitel 6.

Satz 3 HGB aufzugeben oder die erfolgswirksame Endkonsolidierung positivrechtlich zu sanktionieren.[288]

Im Hinblick auf die Zielsetzung dieser Arbeit, Einflußfaktoren auf die Bestimmung des Endkonsolidierungserfolges unter Berücksichtigung der gesetzlichen Vorschriften, insbesondere auch der Grundsätze ordnungsmäßiger Konsolidierung und der Erzielung betriebswirtschaftlich sinnvoller und aussagefähiger Ergebnisse, zu identifizieren, muß auch der mit den Rücklagen erfolgsneutral verrechnete Geschäfts- oder Firmenwert als ein solcher Parameter klassifiziert werden. Nur im Wege einer erfolgswirksamen Berücksichtigung ist gewährleistet, daß unabhängig von der Ausübung der Bilanzierungswahlrechte in Erst- und Folgekonsolidierungen über die Totalperiode des Haltens einer Beteiligung hinweg ein einheitlicher, nachvollziehbarer Totalerfolg erzielt wird. Aus theoretischer Sicht kann ein systematischer Ansatz zur Ermittlung des Endkonsolidierungserfolges bei Abgang eines Tochterunternehmens aus dem Konsolidierungskreis nicht von einer fallweisen Entscheidung dahingehend abhängig gemacht werden, wie sich die Ertragslage in der Abgangsperiode mit oder ohne bzw. nur einer teilweisen Berücksichtigung erfolgsneutral verrechneter Unterschiedsbeträge aus der Erstkonsolidierung darstellt.

Die in der Literatur aufgeführten Beispiele zeigen[289], daß es keine Vorgehensweise gibt, die den Anspruch der Allgemeingültigkeit hinsichtlich der Darstellung der Ertragslage besitzt. Es vermag allerdings nicht zu überzeugen, daß die erfolgsneutrale Variante die Informationsbedürfnisse des Konzernabschlußadressaten besser zu befriedigen in der Lage ist als die erfolgswirksame Methode. Durch eine erfolgswirksame Endkonsolidierung kann zwar auch nicht vermieden werden, daß es zu einer Verzerrung der Periodenergebnisse infolge der ehemals durchgeführten erfolgsneutralen Verrechnung eines Geschäfts- oder Firmenwertes mit den Rücklagen kommt, aber zumindest erfolgt der Ausweis eines unter Beachtung des Einheitsgrundsatzes und elementarer Grundsätze ordnungsmäßiger Bilanzierung und Konsolidierung, insbesondere dem Kongruenzprinzip entsprechenden Erfolgsbeitrages, so daß das Prinzip der Totalgewinnidentität gewährleistet ist.[290]

Der vorangegangenen Argumentation folgend ist auch ein im Rahmen der Erstkonsolidierung entstandener und gesondert auf der Passivseite der Konzernbi-

288 Vgl. *Oser, P.* (1995), S. 275.

289 Vgl. *Elkart, W./Hundt, K.H./Müller, K.* (1991), S. 70; *Zielke, W.* (1995), S. 841f., deren Beispiele verdeutlichen, daß eine erfolgswirksame Behandlung zu Ergebnisverzerrungen führen kann; dagegen zeigen *Ordelheide, D.* (1987a), S. 311; *Küting, K.* (1995), S. 230; *Küting, K.* (1997a), S. 14, daß nur eine erfolgswirksame Behandlung zu sinnvollen Ergebnissen führt.

290 Vgl. *Adler/Düring/Schmaltz* (1996), § 309 HGB Tz. 32; *Ordelheide, D.* (1987a), S. 311.

lanz ausgewiesener passivischer Unterschiedsbetrag im Zeitpunkt der Anteilsveräußerung erfolgswirksam zu vereinnahmen.[291] Dies gilt unzweifelhaft für passivische Unterschiedsbeträge mit Belastungs- bzw. Rückstellungscharakter, bei dem der Grund der Rückstellungsbildung noch nicht entfallen und die ungünstige Beeinflussung der Ertragslage noch nicht eingetreten ist.[292] Keine Einigkeit besteht im Schrifttum hingegen hinsichtlich der Behandlung von passivischen Unterschiedsbeträgen, die Folge eines echten „lucky buy" sind und somit den Charakter einer Rücklage haben. Hier wird teilweise argumentiert, daß, sofern zum Veräußerungszeitpunkt einer der Auflösungsgründe gem. § 309 Abs. 2 HGB vorliegt, der Unterschiedsbetrag als Eigenkapital anzusehen ist und, da er sich in der Kaufpreisfindung niedergeschlagen hat, keiner weiteren Berücksichtigung bedarf.[293] Nach h. M. ist jedoch nicht auf den Charakter des Unterschiedsbetrages abzustellen, sondern er ist in jedem Fall in den Abgangswert zur Ermittlung des Endkonsolidierungserfolges einzubeziehen, da spätestens in diesem Zeitpunkt der Gewinn aus dem Beteiligungserwerb als realisiert i.S.d. § 309 Abs. 2 Nr. 2 HGB anzusehen ist.[294]

Wurde eine erfolgsneutrale Umgliederung des passivischen Unterschiedsbetrages in die Konzerngewinnrücklagen durchgeführt, weil er auf Gewinnthesaurierungen zwischen Erwerbs- und Erstkonsolidierungszeitpunkt beruht, so ist ebenfalls strittig, wie dieser bei Ausscheiden des Tochterunternehmens zu behandeln ist. Es handelt sich hierbei um in früheren Perioden entstandene Gewinne, die aufgrund der gesetzlich zulässigen Vereinfachungsregelung noch nicht im Rahmen der Vollkonsolidierung berücksichtigt wurden. Der sich daraus ergebende Unterschiedsbetrag wird somit nicht von der Norm des § 309 Abs. 2 HGB erfaßt. Daraus wird in der Literatur zum Teil der Schluß gezogen, daß nur eine direkte Umgliederung in die Konzerngewinnrücklagen sachgerecht ist[295] und trotz Durchbrechung des konzernspezifischen Kongruenzprinzips auch im Zeitpunkt der Endkonsolidierung nicht rückgängig zu machen ist.[296] Die h. M. fordert dagegen auch in diesem Fall eine erfolgswirksame Behandlung bei Ausscheiden des Tochterunternehmens, da nur auf diese Weise ge-

291 Vgl. *Adler/Düring/Schmaltz* (1996), § 301 HGB Tz. 270; *Busse von Colbe, W.* (1992), S. 132; *Förschle, G./Deubert, M.*, in: Beck Bil.-Komm. (1999), § 301 Anm. 243; *IDW SABI* (2/1988), S. 624; *Ordelheide, D.* (1987a), S. 311; *Warmbold, S.* (1995), S. 172-176 (mit einer ausführlichen Analyse).

292 Vgl. *Elkart, W./Hundt, K.-H./Müller, K.* (1991), S. 64; *Warmbold, S.* (1995), S. 168.

293 Vgl. *Elkart, W./Hundt, K.-H./Müller, K.* (1991), S. 64.

294 Vgl. *Adler/Düring/Schmaltz* (1996), § 301 HGB Tz. 270; *Busse von Colbe, W.* (1992), S. 132; *Förschle, G./Deubert, M.*, in: Beck Bil.-Komm. (1999), § 301 Anm. 243; *Hayn, B.* (1999), S. 250; *IDW SABI* (2/1988), S. 624; *Ordelheide, D.* (1987a), S. 311; *Warmbold, S.* (1995), S. 168.

295 Vgl. *Adler/Düring/Schmaltz* (1996), § 301 HGB Tz. 135; § 309 HGB Tz. 68; dagegen für eine Einstellung in die Kapitalrücklage: *Scherrer, G.* (1994), S. 329.

296 Vgl. *Hayn, B.* (1999), S. 251.

währleistet ist, daß die tatsächlichen Nettozuwächse des Reinvermögens des Tochterunternehmens seit Erwerb der Beteiligung vom Veräußerungserlös des Mutterunternehmens abgesetzt werden.[297]

Zusammenfassend läßt sich demnach die Regel aufstellen, daß auch passivische Unterschiedsbeträge in den Abgangswert einzubeziehen sind, da anderenfalls Reinvermögen des Tochterunternehmens als Aufwand behandelt würde, das nicht vom Konzern bezahlt wurde und es somit zu einer Verletzung des pagatorischen Prinzips kommen würde.[298]

Bei Endkonsolidierung nach der Interessenzusammenführungsmethode stellt sich ebenfalls die Frage nach der erfolgswirksamen Berücksichtigung eines gem. § 302 Abs. 2 HGB verrechneten Unterschiedsbetrages aus der Erstkonsolidierung.[299] Zusätzlich zu oben geführter Diskussion wird in diesem Fall problematisiert, daß die Verrechnung hier kein Wahlrecht, sondern eine Pflicht darstellt, so daß in der Stornierung im Endkonsolidierungszeitpunkt ein Verstoß gegen die gesetzliche Vorschrift des § 302 Abs. 2 HGB gesehen werden kann.[300] Diese dem Grundgedanken der Interessenvereinigung folgende Vorschrift ist auf den im Erstkonsolidierungszeitpunkt vorgenommenen Anteilstausch beschränkt. Wenn dagegen im Rahmen der Endkonsolidierung eine Stornierung zum Zwecke der erfolgswirksamen Berücksichtigung im Abgangswert erfolgt, ist hierin keine verbotswidrige Reaktivierung des Unterschiedsbetrages zu sehen.[301] Um einen zutreffenden Erfolgsausweis zu erreichen, ist auch und gerade bei Anwendung der Interessenzusammenführungsmethode eine Stornierung der erfolgsneutralen Verrechnung erforderlich, da der Unterschiedsbetrag im Gegensatz zur Erwerbsmethode nicht nur eine Restgröße darstellt, sondern auch erhebliche stille Reserven beinhalten kann.

3.2.3.1.3 Anteile anderer Gesellschafter

Bei Beteiligung anderer Gesellschafter an dem aus dem Konsolidierungskreis ausscheidenden Tochterunternehmen ist dem Veräußerungserlös zur Ermittlung des Endkonsolidierungserfolges auch nur ein anteiliger Abgangswert des Tochterunternehmens gegenüberzustellen.[302] Grundsätzlich sind alle Wertänderun-

---

297 Vgl. *Adler/Düring/Schmaltz* (1996), § 301 HGB Tz. 264

298 Vgl. *Ordelheide, D.* (1987),C 403 Rz. 17.

299 Vgl. *Hoffmann, I.* (1992), S. 243-247; *Warmbold, S.* (1995), S. 188.

300 Vgl. *Hoffmann, I.* (1992), S. 245.

301 Vgl. *Warmbold, S.* (1995), S. 188.

302 Vgl. *Adler/Düring/Schmaltz* (1996), § 301 HGB Tz. 271; *Elkart, W./Hundt, K.-H./Müller, K.* (1991), S. 71; *Förschle, G./Deubert, M.*, in: Beck Bil.-Komm. (1999), § 301 Anm. 244; *Ordelheide, D.* (1986), S. 768.

gen, die in Erst- und Folgekonsolidierungen auch den Ausgleichsposten für Anteile anderer Gesellschafter verändert haben, im Endkonsolidierungszeitpunkt quotal aufzuteilen.[303]

Im Rahmen der Buchwertmethode aufgelöste stille Reserven/stille Lasten entfallen, da sie nur anteilig in Höhe der Konzernquote aufgedeckt wurden, vollständig auf den Konzernabgangswert. Der die konzernfremden Gesellschafter betreffende Anteil des Reinvermögens entspricht letztlich dem Betrag des fortfallenden Ausgleichspostens für Anteile anderer Gesellschafter. Bilanziell sind somit die anteiligen Vermögens- und Schuldposten gegen den Ausgleichsposten auszubuchen. Die Entstehung eines Endkonsolidierungserfolges für die Minderheitsgesellschafter ist daher ausgeschlossen, was folgerichtig ist, da diese nicht an der Veräußerung beteiligt sind.[304]

Bei Anwendung der Neubewertungsmethode wurden den Vermögens- und Schuldposten im Zeitpunkt der Erstkonsolidierung die stillen Reserven/stillen Lasten in voller Höhe zugeordnet. Für die Endkonsolidierung folgt daraus, daß diese Ansatz- und Bewertungskorrekturen auch quotal in den auf die Minderheitsgesellschafter entfallenden Abgangswert eingehen müssen. Eine Ausbuchung dieses Abgangswertes gegen den Ausgleichsposten für Anteile anderer Gesellschafter ist im Unterschied zur Buchwertmethode nur dann erfolgsneutral, wenn die aus der Fortschreibung der stillen Reserven/stillen Lasten in den Folgekonsolidierungen resultierenden Erfolgsbestandteile anteilig mit dem Ausgleichsposten verrechnet wurden.[305] Eine solche Vorgehensweise entspricht der im betriebswirtschaftlichen Schrifttum ganz vorherrschenden Meinung.[306] Wurde dagegen die Wertfortschreibung nur einseitig zu Lasten des Konzernergebnisses durchgeführt, stehen sich im Endkonsolidierungszeitpunkt keine korrespondierenden Größen gegenüber, so daß auch aus dem Abgang der Minderheitenanteile eine Erfolgswirkung erzielt wird. Diese entspricht genau dem Betrag, der in den Vorperioden zu einer Erfolgsverschiebung zwischen Mehrheits- und Minderheitsgesellschaftern geführt hat[307] und korrigiert insofern das Konzernergebnis im Endkonsolidierungszeitpunkt.

---

303 Vgl. *Warmbold, S.* (1995), S. 182.

304 Vgl. *Adler/Düring/Schmaltz* (1996), § 301 HGB Tz. 273; *Warmbold, S.* (1995), S. 183; a.A.: *Schindler, J.* (1986), S. 233-238.

305 Vgl. *Ordelheide, D.*, in: BHdR (1987), C 403 Anm. 26.

306 Vgl. *Adler/Düring/Schmaltz* (1996), § 307 HGB Tz. 36; *Förschle, G./Hoffmann, K.*, in: Beck Bil.-Komm. (1999), § 307 Anm. 28, 29; *Schindler, J.* (1986a), S. 592; *Weber, C.-P./Zündorf, H.*, in: HdK (1998), § 307 Anm. 9; *WP-Handbuch* (1996), Bd. I, M Anm. 374.

307 Vgl. *Busse von Colbe, W./Ordelheide, D.* (1993), S. 255.

Bei einer nur teilweisen Anteilsveräußerung und weiterer Einbeziehung des Tochterunternehmens ändert sich lediglich das Anteilsverhältnis zwischen Mutterunternehmen und anderen Gesellschaftern. Aus diesem Grund ist eine Umgliederung der auf die verkauften Anteile entfallenden Gewinnrücklagen, die nach der Erstkonsolidierung gebildet worden sind, sowie ggf. vorhandener Kapitalrücklagen in den Ausgleichsposten für Anteile anderer Gesellschafter erforderlich.[308]

Zusammenfassend bleibt an dieser Stelle festzuhalten, daß sich die Existenz von Minderheitsgesellschaftern auf die bei Abgang eines Tochterunternehmens vorzunehmenden Endkonsolidierungsmaßnahmen auswirkt und diesem Tatbestand in Abhängigkeit von der Wahl der Kapitalkonsolidierungsmethode Rechnung zu tragen ist.[309]

3.2.3.2 Schuldenkonsolidierung

Im Rahmen der Schuldenkonsolidierung werden in Erst- und Folgekonsolidierungen gem. § 303 HGB konzerninterne Ausleihungen, Forderungen, Rückstellungen und Verbindlichkeiten aufgerechnet.[310] Diese Maßnahmen sind Ausfluß der einheitstheoretischen Betrachtungsweise gem. § 297 Abs. 3 Satz 1 HGB. Im Zeitpunkt der Anteilsveräußerung gehen diese internen Schuldverhältnisse in ein Außenverhältnis über und unterliegen im Hinblick auf die Berücksichtigung im Konzernabschluß einer entsprechenden Neubewertung. Konkret bedeutet dies, daß die während der Konzernzugehörigkeit zwischen Konzern und Beteiligungsunternehmen eliminierten Forderungen bzw. Schulden als Ertrags- bzw. Aufwandskomponenten in den Abgangswert aufzunehmen sind.[311]

Zu prüfen ist dagegen, wie mit den aus der erfolgswirksamen Schuldenkonsolidierung resultierenden Aufrechnungsdifferenzen zu verfahren ist. Sie können insbesondere durch Anwendung des Vorsichtsprinzips in den Einzelabschlüssen und den dadurch auseinanderfallenden Wertansätzen der Forderungen und Verbindlichkeiten, aber auch infolge von Bilanzierungs- und Bewertungsvorschriften oder aufgrund der im Konzern durchgeführten Währungsumrechnung entstehen.

---

308 Vgl. *Adler/Düring/Schmaltz* (1996), § 307 HGB Tz. 59; *WP-Handbuch* (1996), Bd. I, M Anm. 381.

309 Vgl. Kapitel 4 zu buchungstechnischen Wirkungen.

310 Vgl. zur Konzeption und Durchführung der Schuldenkonsolidierung: *Adler/Düring/Schmaltz* (1996), § 303 HGB Tz. 1-6, 31-47; *Budde, W.D./Dreissig, E.*, in: Beck Bil.-Komm (1999), § 303 Anm. 1-4, 50-55; *Harms, J. E.*, in: HdK (1998), § 303 Rn. 1-6, 11-38.

311 Vgl. *Baetge, J.* (2000), S. 491.

Die Behandlung der Aufrechnungsdifferenzen im Rahmen der Endkonsolidierung ist wiederum unter dem Aspekt der Identität der Totalerfolgsbeiträge aus der Schuldbeziehung im Konzernabschluß und dem Einzelabschluß der die Beteiligung haltenden Gesellschaft zu betrachten. Der Wertansatz der Forderungen und Verbindlichkeiten im Konzern sollte demzufolge nach Veräußerung des Tochterunternehmens genau den Einzelabschlußwerten der veräußernden Gesellschaft entsprechen.[312] Demnach ist zu unterscheiden, ob ein Aufrechnungssaldo durch Wertänderungen bei dem ehemaligen Tochterunternehmen oder bei dem Mutterunternehmen entstanden ist.[313]

Beruht die Aufrechnungsdifferenz auf Wertänderungen bei dem Mutterunternehmen (in der Gläubigerposition), indem beispielsweise Forderungen im Einzelabschluß abgeschrieben, aufgrund der einheitstheoretischen Betrachtungsweise aber im Konzernabschluß erfolgswirksam storniert wurden, so ist diese Abschreibung nach Veräußerung des Unternehmens auch im Konzernabschluß aufgrund der imparitätischen Bewertung gem. § 253 Abs. 3 HGB erfolgsmindernd zu berücksichtigen. Die im Konzernabschluß noch vorhandene Aufrechnungsdifferenz ist somit im Endkonsolidierungszeitpunkt aufwandswirksam aufzulösen.[314] Diese Vorgehensweise führt zu einer Übereinstimmung der Totalerfolgsbeiträge in Einzel- und Konzernabschluß[315], wie an nachfolgendem Beispiel veranschaulicht werden soll:

Beispiel: Das Mutterunternehmen hält 100 % der Anteile an einem Tochterunternehmen und begründet in 01 eine Forderung (500) aus Lieferungs- und Leistungsbeziehungen zu dem Tochterunternehmen. In 01 wird im Rahmen der Schuldenkonsolidierung die Forderung des Mutterunternehmens (500) mit der bei dem Tochterunternehmen in gleicher Höhe passivierten Verbindlichkeit (500) erfolgsneutral aufgerechnet.

In 02 nimmt das Mutterunternehmen eine Abschreibung auf die Forderung gem. § 253 Abs. 3 HGB i.H.v. 200 vor. Im Rahmen der Schuldenkonsolidierung entsteht dadurch eine aktivische Aufrech-

---

312 Vgl. *Schildbach, Th.* (1994), S. 228.

313 Vgl. *Hayn, B.* (1999), S. 259. *Hayn* weist explizit darauf hin, daß es hinsichtlich der konsolidierungstechnischen Behandlung der Aufrechnungsdifferenzen nicht sinnvoll erscheint, auf die Gläubiger- oder Schuldnerposition des ausscheidenden Tochterunternehmens abzustellen, sondern einzig die Tatsache entscheidend ist, bei welchem Unternehmen die für eine Aufrechnungsdifferenz ursächliche Umbewertungsmaßnahme durchgeführt wurde. Hier ist allerdings anzumerken, daß aufgrund der imparitätischen Bewertung im Normalfall die Gläubigerposition impliziert, daß bei diesem Unternehmen auch die Ursache zu finden ist.

314 Vgl. *Baetge, J.* (2000), S. 491.

315 Vgl. *Herrmann, D.* (1994), S. 93-95.

nungsdifferenz (200), die zur Neutralisierung des Abschreibungsaufwandes aus der HB II des Mutterunternehmens erfolgswirksam mit diesem verrechnet wird.

In 03 wird das Tochterunternehmen veräußert, d.h. die Verbindlichkeit von 500 geht in den Abgangswert ein, die Forderung von 300 aus dem Einzelabschluß des Mutterunternehmens ist aufgrund der imparitätischen Bewertung unverändert in den Konzernabschluß zu übernehmen. Die noch verbleibende aktivische Aufrechnungsdifferenz (200) ist aufwandswirksam aufzulösen.

Aus Konzernsicht ergibt sich über die Perioden 01-03 ein Gesamtaufwand von 200, der identisch ist mit dem Erfolgsausweis beim Mutterunternehmen. Bei späterer Begleichung der Verbindlichkeit in voller Höhe (500) erzielt das Mutterunternehmen einen Gewinn von 200, der über den Summenabschluß auch im Konzern erfolgswirksam wird. Das Gesamtgeschäft aus der Lieferungs- und Leistungsbeziehung ist damit aus Mutterunternehmens- und Konzernsicht erfolgsneutral.

Beruht dagegen die Aufrechnungsdifferenz auf Wertänderungen des Ansatzes im Beteiligungsunternehmen (Gläubigerposition), geht in zukünftigen Perioden die Verbindlichkeit - unverändert in Höhe des Rückzahlungsbetrages - in die Konzernbilanz ein.[316] Die entstandene Aufrechnungsdifferenz darf nach zum Teil vertretener Auffassung nicht ergebniswirksam aufgelöst werden, sondern ist, wie in den Folgeperioden, auch nach der Veräußerung des Tochterunternehmens erfolgsneutral mit dem Konzerneigenkapital zu verrechnen.[317] So soll gewährleistet werden, daß die Schuldbeziehung sowohl im Einzelabschluß des die Beteiligung haltenden Unternehmens als auch im Konzernabschluß erfolgsneutral ausgewiesen wird.[318] Folgendes Beispiel soll diesen Sachverhalt veranschaulichen:

Beispiel: Der Sachverhalt entspricht obigen Beispiel, mit der Abwandlung, daß nun das Tochterunternehmen in der Gläubigerposition ist. Die Vorgehensweise in den Perioden 01 und 02 ist (mit umgekehrter Gläubiger- bzw. Schuldnerposition) identisch.

In 03 wird das Tochterunternehmen veräußert, d.h. in diesem Fall geht die Forderung von 300 in den Abgangswert ein, die Verbindlich-

316 Vgl. *Schildbach, Th.* (1994), S. 228.
317 Vgl. *Herrmann, D.* (1994), S. 95, 96.
318 Vgl. *Baetge, J./Herrmann, D.* (1995), S. 229.

keit von 500 aus dem Einzelabschluß des Mutterunternehmens ist unverändert in den Konzernabschluß zu übernehmen. Die noch verbleibende Aufrechnungsdifferenz (200) wird erfolgsneutral mit dem Konzerneigenkapital verrechnet.

Aus Konzernsicht ergibt sich über die Perioden 01-03 keine direkte Erfolgswirkung aus der Schuldbeziehung. Bei späterer Begleichung der Verbindlichkeit in voller Höhe (500) erzielt das Tochterunternehmen einen Gewinn von 200, der allerdings, da es nicht mehr im Summenabschluß enthalten ist, im Konzern nicht erfolgswirksam wird. Das Gesamtgeschäft aus der Lieferungs- und Leistungsbeziehung ist damit aus Sicht des Mutterunternehmens und aus Konzernsicht wiederum erfolgsneutral.

Einer solchen Vorgehensweise kann allerdings nicht ohne weiteres zugestimmt werden, wenn dem der Arbeit zugrundeliegenden Totalerfolgskonzept als Beurteilungskriterium gefolgt werden soll. Wird die Aufrechnungsdifferenz nicht in den Abgangswert einbezogen, so wird implizit doch ein Konzernerfolg gezeigt, der tatsächlich gar nicht entstanden ist.[319] Das Problem wird unmittelbar einsichtig, wenn man sich vorstellt, die Anschaffungskosten für das Unternehmen hätten 500 betragen, der einzige Vermögensgegenstand sei die Forderung in Höhe von 500. Bei einem Veräußerungserlös von 500 in 03 würde sich ein Endkonsolidierungserfolg von 200 ergeben, wohingegen im Einzelabschluß des Mutterunternehmens kein Erfolgsbeitrag aus Erwerb, Halten und Veräußerung der Beteiligung entstanden ist.[320] Ein weiteres abstraktes Beispiel soll diesen Standpunkt belegen:

Beispiel: Das Mutterunternehmen kauft in 01 die Beteiligung an einem Tochterunternehmen zu 400, welches ausschließlich einen Kassenbestand von 200 ausweist; der aktivische Unterschiedsbetrag (200) wird erfolgswirksam abgeschrieben. In 02 gibt das Tochterunternehmen ein Darlehen an die Muttergesellschaft (200) und nimmt auf die dadurch entstandene Forderung eine Abschreibung in Höhe von 100 vor. Im Rahmen der erfolgswirksamen Schuldenkonsolidierung wird die Verbindlichkeit des Mutterunternehmens (200) gegen die Forderung der Tochtergesellschaft (100) verrechnet und die Aufrechnungsdifferenz zur Neutralisierung des Abschreibungsaufwandes (100) genutzt.

---

319 Vgl. *Warmbold, S.* (1995), S. 179, der ebenfalls eine Einbeziehung in den Abgangswert als notwendig erachtet.

320 Vor diesem Hintergrund kann der „erfolgsneutralen“ Vorgehensweise von *Herrmann, D.* (1994), S. 95-97, nicht gefolgt werden.

In 03 veräußert das Mutterunternehmen die Beteiligung zu 400. Im Einzelabschluß ergibt sich kein Veräußerungserfolg (= Totalerfolg). Im Konzernabschluß errechnet sich das Veräußerungsergebnis dagegen wie folgt: Erlös (400) ./. Forderung (100) = 300. Zur Ermittlung des Totalerfolges ist noch die bereits vorgenommene Abschreibung auf den Geschäfts- oder Firmenwert i.H.v. 200 zu berücksichtigen. Der Totalerfolg würde somit 100 betragen, wenn die Aufrechnungsdifferenz (100) nicht ebenfalls erfolgsmindernd in den Abgangswert einbezogen wird.

Aus wirtschaftlicher Sicht des Konzerns kann dies auch damit begründet werden, daß mit dem Ausscheiden des Tochterunternehmens ein Veräußerungserlös (als positiver Erfolgsfaktor) erzielt wurde, gleichzeitig aber eine Verbindlichkeit (als negativer Erfolgsfaktor) gegenüber externen Gesellschaftern entstanden ist. Die Verbindlichkeit entspricht aber genau der Forderung des Tochterunternehmens zuzüglich der Aufrechnungsdifferenz aus der Schuldenkonsolidierung.

Im Schrifttum wird teilweise die Meinung vertreten, daß die Korrektur der entsprechenden Beträge erst mit Auflösung des zugrundeliegenden Schuldverhältnisses zu erfolgen hat, mithin die Schuldenkonsolidierung auch über den Zeitpunkt der Endkonsolidierung hinaus fortgeführt wird.[321] Da das Schuldverhältnis aber nunmehr Außenwirkung erzielt hat, ist dieses neu zu beurteilen, so daß eine nachträgliche Schuldenkonsolidierung nicht in Betracht kommt.[322]

Als Ergebnis kann festgestellt werden, daß eine Aufrechnungsdifferenz aus der Schuldenkonsolidierung im Zeitpunkt der Endkonsolidierung grundsätzlich erfolgswirksam zu berücksichtigen ist.[323] Abhängig von der Ursache der Entstehung ist sie immer dann erfolgswirksam im Konzern zu eliminieren, wenn sie auf Wertänderungen im Ansatz der Vermögenswerte des Mutterunternehmens beruht, sich das Mutterunternehmen im Normalfall also in der Gläubigerposition befindet. Auf diese Weise wird die zuvor im Konzernabschluß zurückgenommene, aber im Einzelabschluß bereits erfolgswirksam gewordene Abschreibung auch im Konzern aufwandswirksam. Beruht die Aufrechnungsdifferenz dagegen auf Wertänderungen im Einzelabschluß des Tochterunternehmens, ist das Mutterunternehmen also in der Schuldnerposition, so ist die Aufrechnungsdifferenz erfolgswirksam als Bestandteil des Abgangswertes zur Ermittlung des Endkonsolidierungserfolges zu berücksichtigen, da ansonsten ein Konzernergebnis realisiert würde, welches tatsächlich gar nicht entstanden ist.

---

321 Vgl. *Busse von Colbe, W./Ordelheide, D.* (1993), S. 347.
322 Vgl. *Herrmann, D.* (1994), S. 97.
323 Vgl. *Hayn, B.* (1999), S. 260.

3.2.3.3 Zwischenergebniseliminierung

Lieferungen und Leistungen zwischen in den Konzernabschluß einbezogenen Unternehmen sind grundsätzlich erfolgsneutral zu behandeln. Gewinne entstehen unter Beachtung des Realisationsprinzips gem. § 298 Abs. 1 i.V.m. § 252 Abs. 1 Nr. 4 HGB bei der fiktiven rechtlichen Einheit erst durch Lieferung und Leistung an nicht in den Konzernabschluß einbezogene Dritte.

Wurden Zwischenergebnisse eliminiert, die aus Lieferungen und Leistungen an das ausgeschiedene Unternehmen resultierten (downstream-Geschäfte), so kann mit der Veräußerung eine endgültige Realisation des Zwischenergebnisses angenommen werden, da der dem Geschäft zugrundeliegende Vermögensgegenstand den Verfügungsbereich des Konzerns tatsächlich verlassen hat.[324] Eine explizite Berücksichtigung im Rahmen der Bestimmung des Abgangswertes ist nicht notwendig, da bereits eine zutreffende Erfassung der Zwischenergebnisse dadurch gewährleistet ist, daß dem Veräußerungserlös die Vermögensgegenstände des Tochterunternehmens zu den Werten gegenübergestellt werden, mit denen sie im Endkonsolidierungszeitpunkt im Konzernabschluß angesetzt waren. Somit schlägt sich die Ergebnisrealisation im Endkonsolidierungserfolg automatisch nieder.[325]

Die Berücksichtigung eliminierter Zwischenergebnisse aus Lieferungen und Leistungen vom ausscheidenden Unternehmen an andere Konzernunternehmen (upstream-Geschäfte) im Rahmen der Endkonsolidierung ist dagegen umstritten. Nach h. M. können diese Zwischenergebnisse mit der Veräußerung des liefernden Unternehmens noch nicht als realisiert angesehen werden. Der Vermögensgegenstand ist mit den Konzernanschaffungs- oder -herstellungskosten anzusetzen, solange er sich im Besitz einer Konzerngesellschaft und somit im Verfügungsbereich des Konzerns befindet.[326] Erst durch die tatsächliche Veräußerung des Vermögensgegenstandes ist der Tatbestand einer Ergebnisrealisation erfüllt.

Demgegenüber wird argumentiert, daß mit Ausscheiden des Tochterunternehmens eine der grundlegenden Voraussetzungen des § 304 Abs. 1 HGB nicht erfüllt ist, da es sich bei dem liefernden Unternehmen nicht mehr um ein einbezogenes Unternehmen handelt.[327] Dieses Argument kann entkräftet werden, da

---

[324] Vgl. *Baetge, J.* (2000), S. 491; *Schildbach, Th.* (1994), S. 256.

[325] Vgl. *Schildbach, Th.* (1994), S. 256; *Warmbold, S.* (1995), S. 180. Bei Ermittlung des Endkonsolidierungserfolges ausgehend vom Summenabschluß ist hingegen eine erfolgsmindernde bzw. erfolgserhöhende Berücksichtigung der Zwischenergebnisse erforderlich, vgl. Ermittlungsschema 3-12, S. 100.

[326] Vgl. *Adler/Düring/Schmaltz* (1996), § 304 HGB Tz. 128; *Baetge, J.* (2000), S. 484.

[327] Vgl. *Dusemond, M.* (1994), S. 463; *Göth, P.* (1997), S. 481.

sich der Wortlaut des § 304 Abs. 1 HGB nicht auf den aktuellen Konsolidierungskreis bei Erstellung des Konzernabschlusses, sondern jeweils auf den Zeitpunkt der konzerninternen Lieferung oder Leistung bezieht.[328] Darüber hinaus wird eine Realisation bisher eliminierter Zwischenergebnisse aus einer erfolgsorientierten Betrachtungsweise der Zwischenergebniseliminierung heraus gefordert.[329] Aus dieser Sichtweise werden eliminierte Zwischenerfolge dem liefernden und somit demjenigen Unternehmen zugeordnet, welches die betreffenden konzerninternen Erfolge in seinem Einzelabschluß bereits als realisiert ausgewiesen hat.[330] Eine Zwischenerfolgseliminierung nach Ausscheiden des liefernden Unternehmens wäre somit nicht mehr erforderlich.[331] Dem steht die am Wortlaut des § 304 Abs. 1 HGB orientierte vermögensorientierte Zurechnung von Maßnahmen der Zwischenergebniseliminierung entgegen.[332]

Hier wird der h. M. gefolgt, daß eine Gewinnrealisierung bei upstream-Geschäften erst im Zeitpunkt des endgültigen Abgangs des Vermögensgegenstandes aus der Einflußsphäre des Konzerns erfolgen kann. Allerdings wird dann auch erst in diesem Zeitpunkt eine Identität der Totalerfolge in Einzel- und Konzernabschluß erreicht und nicht bereits im Zeitpunkt des Beteiligungsabganges.[333]

3.2.3.4 Aufwands- und Ertragskonsolidierung

Nach § 297 Abs. 3 Satz 1 HGB ist auch die Ertragslage der in den Konzernabschluß einbezogenen Unternehmen so darzustellen, als ob diese Unternehmen insgesamt ein einziges Unternehmen wären. Somit dürfen im Konzernabschluß nur die Erträge und Aufwendungen angesetzt werden, die aus dem Lieferungs- und Leistungsverkehr mit außenstehenden Dritten entstanden sind. Konzerninterne Aufwendungen und Erträge sind gem. § 305 HGB zu eliminieren. Besondere Konsolidierungsmaßnahmen im Rahmen der Ermittlung des Endkonsolidierungserfolges sind nicht erforderlich, da sich keine Auswirkungen auf die Bestimmung der Totalerfolgsbeiträge aus dem Beteiligungsengagement in Einzel- und Konzernabschluß ergeben.

---

328 Vgl. *Ebeling, R.M.* (1995), S. 267.
329 Vgl. *Hayn, B.* (1999), S. 255, 256.
330 Vgl. *Königsmaier, H.* (2000), S. 191.
331 Vgl. *Hayn, B.* (1999), S. 255, 258.
332 Vgl. *Königsmaier, H.* (2000), S. 191-196 mit einer kritischen Diskussion beider Auffassungen und dem Ergebnis, daß nur die vermögensorientierte Zurechnung eine sachgerechte Lösung des Problems der Zwischenergebniseliminierung im Rahmen der Endkonsolidierung zuläßt.
333 Vgl. *Königsmaier, H.* (2000), S. 195, 196 mit ausführlichem Fallbeispiel.

Beispiel: In Periode 01 erwirbt das Mutterunternehmen eine Beteiligung zu einem Kaufpreis von 150, bei einem Reinvermögen des Tochterunternehmens von ebenfalls 150. In den Perioden 02 und 03 entstehen bei dem Tochterunternehmen jeweils Jahresfehlbeträge von 50. Aufgrund der nachhaltigen Wertminderung wird die Beteiligung im Einzelabschluß des Mutterunternehmens einmalig in 03 in Höhe von 50 abgeschrieben. Im Konzernabschluß wird die Abschreibung unter dem Gesichtspunkt der fiktiven rechtlichen Einheit eliminiert, so daß die Erfolgswirkung im Konzernabschluß durch die aus der HB II übernommenen Jahresfehlbeträge bestimmt ist. In 04 wird das Tochterunternehmen zu 50 (dies entspricht dem noch vorhandenen Reinvermögen) veräußert. Die Totalerfolge in Einzel- und Konzernabschluß stimmen ohne zusätzliche Korrekturbuchungen überein und ergeben sich wie folgt:

Erfolgsbeitrag	Jahr 01	Jahr 02	Jahr 03	Jahr 04	Gesamt
Einzelabschluß MU	0	0	-50	-100; +50	-100
Konzernabschluß	0	-50	-50	-50; +50	-100

Die Aufwands- und Ertragskonsolidierung führt somit selbst schon zu einer korrekten Darstellung der Ertragslage im Konzernabschluß und bedarf keiner zusätzlichen Maßnahmen im Rahmen der Endkonsolidierung.[334]

3.2.4 Sonstige Einflußfaktoren

3.2.4.1 Eigenkapitalveränderungen des Tochterunternehmens

Fraglich ist, ob auch Eigenkapitalveränderungen des Tochterunternehmens bei der Ermittlung des Endkonsolidierungserfolges berücksichtigt werden müssen. Die Gewinnrücklagen des Konzerns unterliegen vielfach durch Maßnahmen der Zwischenergebniseliminierung, der Schuldenkonsolidierung und Währungsumrechnung, aber auch infolge von Gewinnthesaurierungen einer Veränderung. Solche Eigenkapitalveränderungen sind aber lediglich Wirkungen aus Tatbeständen, deren Ursachen bereits zu einer Beeinflussung des Konzernergebnisses geführt haben, d.h., sie spiegeln nur Veränderung des Nettoreinvermögens wider. Erfolgt die Ermittlung des Endkonsolidierungserfolges ausgehend vom Veräußerungserlös, so wird als Abgangswert das Nettoreinvermögen des Toch-

[334] Vgl. *Hayn, B.* (1999), S. 266-282 mit einer ausführlichen Analyse zur Erfolgsperiodisierung anhand von Fallbeispielen.

terunternehmens in Abzug gebracht. Die Kapitalveränderungen sind somit bereits zutreffend abgebildet. Etwas anderes gilt, wenn die Ermittlung des Konzernerfolges ausgehend vom Veräußerungserfolg aus dem Einzelabschluß des Mutterunternehmens durchgeführt wird, da sich in diesem Fall die Vermögensänderungen noch nicht im Abgangswert niedergeschlagen haben.[335]

Als Einflußfaktor auf die Ermittlung des Endkonsolidierungserfolges können die Kapitalveränderungen beim Tochterunternehmen somit nicht klassifiziert werden, was allerdings nicht darüber hinwegtäuschen darf, daß Kapitalveränderungen des Tochterunternehmens, insbesondere Kapitalerhöhungen und -herabsetzungen, je nach Teilnahme des Mutterunternehmens an diesen Veränderungen selbst Ursache einer Endkonsolidierung sein können.[336]

3.2.4.2 Eigene Anteile des Tochterunternehmens

Eigene Anteile des Tochterunternehmens können je nach ihrem primären Verwendungszweck im Rahmen der Erstkonsolidierung entweder als Vermögensgegenstände oder als Korrekturposten zum Eigenkapital angesehen werden.[337] Entsprechend dieser Klassifizierung ist eine Übernahme der eigenen Anteile in die Konzernbilanz oder eine Saldierung mit dem Eigenkapital des Tochterunternehmens geboten.[338]

Bei Aktivierung der eigenen Anteile des Tochterunternehmens in der Konzernbilanz ist die im Jahresabschluß gem. § 272 Abs. 4 Satz 1 HGB gebildete Rücklage für eigene Anteile auch im Konzernabschluß zu passivieren. Bei Veräußerung des Tochterunternehmens werden die Anteile automatisch als Bestandteil des Abgangswertes erfaßt, so daß eine gesonderte Berücksichtigung zur Ermittlung des Endkonsolidierungserfolges nicht notwendig ist.

Fraglich ist dagegen, wie mit der Rücklage für eigene Anteile zu verfahren ist. Unter Beachtung des Totalerfolgskonzepts muß die Rücklage aus Konzernsicht zwingend eine positive Erfolgswirkung entfalten, da der Konzernerfolg ansonsten in Höhe der Rücklage niedriger als der Erfolg im Einzelabschluß ausgewiesen werden würde. Die Rücklage ist somit entweder erfolgswirksam über die Konzern- Gewinn- und Verlustrechnung aufzulösen oder ebenfalls in den Ab-

---

335 Vgl. Kapitel 3.3.3.

336 Vgl. Kapitel 4.5 „Endkonsolidierung in Sonderfällen".

337 Vgl. zur Abgrenzung *Adler/Düring/Schmaltz* (1996), § 301 HGB Tz. 23-25; zur Rücklage für eigene Anteile im Einzelabschluß: *Adler/Düring/Schmaltz* (1996), § 272 HGB Tz. 183-205; *Förschle, G./Kofahl, G.*, in: Beck Bil.-Komm. (1999), § 272 Anm. 117-125.

338 Vgl. *Adler/Düring/Schmaltz* (1996), § 301 HGB Tz. 214; *Ordelheide, D.*, in: BHdR (1987), C 401 Anm. 12; *WP-Handbuch* (1996), Bd. I, M Anm. 403.

gangswert des Tochterunternehmens einzubeziehen. Der zweiten Variante ist dabei der Vorzug zu geben, da die Rücklage aus Konzernsicht nicht erfolgswirksam gebildet wurde und in Analogie zur Regelung im Einzelabschluß auch nicht erfolgswirksam aufzulösen ist. Dagegen führt die Einbeziehung der Rücklage für eigene Anteile in den Abgangswert zu einer nachvollziehbaren Lösung hinsichtlich des Zusammenhangs zwischen Totalerfolg im Einzelabschluß und Konzerntotalerfolg. Ein stark vereinfachtes Beispiel soll der Veranschaulichung dienen.

Beispiel: Das Mutterunternehmen erwirbt in 01 eine Beteiligung (90%) zu 100. Das Tochterunternehmen hält 10% eigene Anteile (10) und andere Vermögensgegenstände (90). Das gezeichnete Kapital beträgt 90, die Rücklage für eigene Anteile 10. Im Rahmen der Kapitalkonsolidierung werden die Anschaffungskosten (100) mit dem gezeichneten Kapital (90) verrechnet, der entstehende aktivische Unterschiedsbetrag (10) wird sofort als Geschäfts- oder Firmenwert ergebniswirksam abgeschrieben.

In 02 veräußert das Mutterunternehmen die Beteiligung zu 150. Der Veräußerungserfolg (=Totalerfolg) aus Sicht der Einzelgesellschaft beträgt somit: Erlös (150) ./. AK (100) = 50. Aus Sicht des Konzerns beträgt der Endkonsolidierungserfolg: Erlös (150) ./. eigene Anteile (10) ./. andere VG (90) + Rücklage für eigene Anteile (10) = 60. Durch die Abschreibung des GoF sind bereits 10 aufwandswirksam geworden. Der Totalerfolg beträgt somit ebenfalls 50.

Würde die Rücklage für eigene Anteile nicht in die Ermittlung des Endkonsolidierungserfolges einbezogen, käme es im Konzernabschluß nur zu einem Totalerfolg aus der Beteiligung i.H.v. 40 statt der mit dem Einzelabschluß korrespondierenden 50. Zur Erreichung des erwarteten Erfolgsausweises bliebe dann nur die erfolgswirksame Auflösung über die Konzern- Gewinn- und Verlustrechnung.

Werden die eigenen Anteile als Korrekturposten zum Eigenkapital betrachtet, ist zu prüfen, ob die vormals im Rahmen der Kapitalkonsolidierung mit der Rücklage für eigene Anteile verrechneten Anteile zu einer Erhöhung des Abgangswertes und damit zu einer Verringerung des Endkonsolidierungserfolges führen müssen.[339] Folgt man dieser Methode uneingeschränkt ohne auch die Rücklage für eigene Anteile gesondert zu berücksichtigen, würden die Totalerfolgsbeiträge der Beteiligung in Einzel- und Konzernabschluß auseinander fal-

---

339 Dies fordert *Warnbold, S.* (1995), S. 181, mit der Begründung, daß ansonsten bei Ermittlung eines Veräußerungserfolges nicht alle Aufwendungen erfaßt würden.

len, wie aus vorangegangenen Beispiel ersichtlich ist. Aus diesem Grund wird hier die Ansicht vertreten, daß bei vorheriger Verrechnung sowohl die eigenen Anteile als auch die entsprechende Rücklage für eigene Anteile in den Abgangswert einzubeziehen sind, mithin sind beide Positionen zunächst im Konzernabschluß zu reaktivieren und anschließend dem Veräußerungserlös als Bestandteile des Abgangswertes gegen zubuchen.

Gleiches gilt auch für Rückbeteiligungen des Tochterunternehmens am Mutterunternehmen, sofern bereits bei dem Tochterunternehmen eine Rücklage für Anteile an einem herrschenden Unternehmen gebildet wurde.

3.2.4.3 Ausstehende Einlagen des Tochterunternehmens

Die ausstehenden Einlagen auf das gezeichnete Kapital stellen ähnlich den eigenen Anteilen aufgrund ihrer Doppelnatur einen besonderen Posten im Rahmen der Konsolidierung dar.[340] Rechtlich sind die ausstehenden Einlagen auf das gezeichnete Kapital als Forderungen der Gesellschaft an die Gesellschafter, die das Kapital gezeichnet haben, anzusehen. Dies gilt unabhängig davon, ob die Einlagen eingefordert sind oder nicht. Aus wirtschaftlicher Sichtweise werden die ausstehenden Einlagen vor der Einforderung dagegen als Korrekturposten zum gezeichneten Kapital betrachtet.[341]

Besteht die Forderung aus eingeforderten ausstehenden Einlagen gegenüber nicht in den Konzernabschluß einbezogenen Dritten, so ist der Betrag aus dem Einzelabschluß des Tochterunternehmens in den Konzernabschluß zu übernehmen.[342] Eine Verrechnung mit dem Ausgleichsposten für Anteile anderer Gesellschafter wird im Hinblick auf das Saldierungsverbot sowie das Vollständigkeitsgebot als unzulässig angesehen.[343]

Besteht die Forderung gegenüber einem in den Konzernabschluß einbezogenen Unternehmen, so sind die eingeforderten ausstehenden Einlagen im Rahmen der Schuldenkonsolidierung mit den entsprechend passivierten Einzahlungsverpflichtungen zu verrechnen.[344]

---

340 Vgl. *Förschle, G./Kofahl, G.*, in: Beck Bil.-Komm. (1999), § 272 Anm. 14,15.

341 Vgl. *Adler/Düring/Schmaltz* (1996), § 301 HGB Tz. 241-249; *Förschle, G./Deubert, M.*, in: Beck Bil.-Komm. (1999), § 301 Anm. 36.

342 Vgl. *Adler/Düring/Schmaltz* (1996), § 301 HGB Tz. 246.

343 Vgl. *Förschle, G./Deubert, M.*, in: Beck Bil.-Komm. (1999), § 301 Anm. 36; *Dusemond, M./Weber, C.-P/Zündorf, H.*, in: HdK (1998), § 301 Rn. 52.

344 Vgl. *Adler/Düring/Schmaltz* (1996), § 301 HGB Tz. 246.

Nicht eingeforderte ausstehende Einlagen führen dagegen zu keiner Einzahlungsverpflichtung, so daß dem Aktivposten in der Konsolidierung kein entsprechender Passivposten gegenübersteht. Bei ihnen überwiegt der Charakter eines Korrekturpostens zum gezeichneten Kapital. Eine Saldierung mit dem Eigenkapital des Tochterunternehmens wird daher als zweckmäßigste Behandlung in der Konzernbilanz angesehen.[345] Strittig ist hierbei, ob bei Existenz konzernfremder Gesellschafter eine Verrechnung nur in Höhe des auf die Konzerngesellschaften entfallenden Anteils der ausstehenden Einlagen oder in voller Höhe erfolgen soll.[346]

Aus Sicht der Endkonsolidierung ist die Frage relevant, ob sich in Abhängigkeit von der Behandlung in Erst- und Folgekonsolidierung unterschiedliche Auswirkungen auf den Totalerfolg ergeben können. Den nicht eingeforderten ausstehenden Einlagen stehen keine Einzahlungsverpflichtungen gegenüber, so daß sie als Korrekturposten mit dem Eigenkapital des Tochterunternehmens verrechnet werden müssen. Solange es keine Passivierungspflicht gibt, können die Anschaffungskosten für die Anteile auch nur in Höhe der geleisteten Zahlungen aktiviert werden. Bei der Veräußerung der Anteile ist es daher sachgerecht, die ausstehenden Einlagen auch nicht in den Abgangswert einzubeziehen, da die Erfolgsbeiträge ansonsten auseinanderfallen würden, wie nachfolgendes Beispiel verdeutlicht.

Beispiel: Das Mutterunternehmen erwirbt in 01 nur zu 80% eingezahlte Anteile an einem Tochterunternehmen (100%) zu 100. Das Tochterunternehmen hält Vermögenswerte i.H.v. 100 und weist ausstehende Einlagen i.H.v. 25 aus. Die ausstehenden Einlagen werden mit dem Eigenkapital verrechnet, so daß sich im Rahmen der Kapitalkonsolidierung keine Aufrechnungsdifferenz ergibt.

In 02 veräußert das Mutterunternehmen die Beteiligung zu 125. Der Veräußerungserfolg (= Totalerfolg) aus Sicht der Einzelgesellschaft beträgt somit: Erlös (125) ./. AK der Beteiligung (100) = 25. Der Totalerfolg der Beteiligung im Konzernabschluß ergibt sich wie folgt: Erlös (125) ./. Vermögensgegen-stände (100) = 25. Bei erfolgswirksamer Berücksichtigung der ausstehenden Einlagen würden die Totalerfolge nicht mehr übereinstimmen.

345 Vgl. *WP-Handbuch* (1996), Bd. I, M Anm. 397.

346 Vgl. *Scherrer, G.* (1994), S. 290 (Darstellung beider Varianten mit ihren Auswirkungen auf die Konzernbilanz).

Werden die ausstehenden Einlagen eingefordert und somit im Rahmen der Schuldenkonsolidierung mit den entsprechenden Passivposten aufgerechnet, so stellen diese eine Forderungsposition dar, die auch im Endkonsolidierungszeitpunkt durch Aufnahme in den Abgangswert Berücksichtigung finden muß, denn aus Konzernsicht geht mit der Veräußerung der Anteile die Forderung unter. Die Einzahlungsverpflichtung erlischt ebenfalls, wird aber im Konzern über den Einzel- und Summenabschluß der haltenden Gesellschaft erfolgswirksam. Nachfolgendes Beispiel veranschaulicht den Sachverhalt.

Beispiel: Das Mutterunternehmen erwirbt in 01 nur zu 80% eingezahlte Anteile an einem Tochterunternehmen (100%) zu 100. Das Tochterunternehmen hält Vermögenswerte i.H.v. 100 und weist ausstehende Einlagen i.H.v. 25 aus. Die ausstehenden Einlagen werden eingefordert, d.h., das Mutterunternehmen passiviert eine Einzahlungsverpflichtung bei gleichzeitiger Aktivierung nachträglicher Anschaffungskosten. Die ausstehenden Einlagen werden im Rahmen der Schuldenkonsolidierung mit der Einzahlungsverpflichtung verrechnet. Aufgrund der Verrechnung des erhöhten Beteiligungsbuchwertes (125) mit dem Eigenkapital (125) ergibt sich im Rahmen der Kapitalkonsolidierung keine Aufrechnungsdifferenz.

In 02 veräußert das Mutterunternehmen die Beteiligung zu 125. Der Veräußerungserfolg aus Sicht der Einzelgesellschaft beträgt somit: Erlös (125) ./. AK der Beteiligung (125) = 0. Die Einzahlungsverpflichtung muß ebenfalls erfolgswirksam aufgelöst werden, so daß sich wieder ein Totalerfolg von 25 ergibt. Aus Konzernsicht beträgt der Endkonsolidierungserfolg: Erlös (125) ./. Vermögensgegenstände (100) ./. ausstehende Einlagen (25) = 0. Der Ertrag aus der Auflösung der Einzahlungsverpflichtung wird über den Summenabschluß im Konzern erfolgswirksam, so daß auch hier der Totalerfolg 25 beträgt.

Als Regel kann somit festgehalten werden: Wurden die ausstehenden Einlagen in den Vorperioden mit dem Eigenkapital verrechnet, so bleibt dies auch im Endkonsolidierungszeitpunkt maßgeblich; der Abgangswert wird nicht tangiert. Wurden die ausstehenden Einlagen dagegen in Vorperioden aktiviert und im Rahmen der Schuldenkonsolidierung eliminiert, so ist eine Berücksichtigung im Abgangswert wie andere zuvor eliminierte Forderungen und Verbindlichkeiten erforderlich.

3.2.4.4 Beteiligungsabschreibungen im Einzelabschluß

Im Einzelabschluß können gem. § 253 Abs. 2 Satz 3 i.V.m. § 279 Abs. 1 HGB außerplanmäßige Abschreibungen auf Beteiligungen vorgenommen werden, um diese mit dem niedrigeren beizulegenden Wert anzusetzen. Eine Pflicht zur Abschreibung besteht bei voraussichtlich dauernder Wertminderung. Steuerrechtliche Abschreibungen sind gem. § 254 HGB zulässig.[347]

Aus Sicht der wirtschaftlichen und fiktiven rechtlichen Einheit sind diese Abschreibungen im Konzernabschluß rückgängig zu machen, da die Einheit „Unternehmen" nicht auf sich selbst abschreiben kann.[348] Dies wird durch eine erfolgswirksame Stornierung in der Periode der Abschreibung erreicht, während in den Folgeperioden erfolgsneutral gegen einen Rücklagenposten oder den Ergebnisvortrag gebucht wird.[349] Nach der vorgenommenen Neutralisierung der Abschreibung ist im Konzernabschluß aber zu prüfen, ob eine außerplanmäßige Abschreibung in Betracht kommt. Diese kann sich in erster Linie auf einen noch vorhandenen Geschäfts- oder Firmenwert oder auf im Rahmen der Erstkonsolidierung zugeordnete stille Reserven beziehen. Darüber hinaus sind eventuell aber auch weitere Abschreibungen auf die Vermögensgegenstände geboten, welche die Beteiligung im Konzernabschluß repräsentieren. Gegebenenfalls können auch zusätzliche Rückstellungen zu bilden sein.[350]

Hinsichtlich der Erfolgswirkung im Konzernabschluß und damit der Frage nach einer Berücksichtigung im Endkonsolidierungszeitpunkt sind verschiedene Fallkonstellationen im Zusammenhang mit der Beteiligungsabschreibung denkbar, namentlich können drei Grundfälle unterschieden werden.

In einem ersten Fall soll unterstellt werden, daß die Beteiligungsabschreibung im Einzelabschluß des Mutterunternehmens aus bilanzpolitischen Gründen vorgenommen wurde, ohne daß bei den Vermögensgegenständen des Tochterunternehmens ein Werteverzehr eingetreten ist. Werden in diesem Fall im Konzernabschluß keine zusätzlichen Abschreibungen auf die Vermögensgegenstände vorgenommen, so sind bis zum Veräußerungszeitpunkt die Periodenergebnisse des Mutterunternehmens durch die Abschreibung belastet, während in der Konzernerfolgsrechnung noch keine Ergebnisbeeinflussung zu verzeichnen ist. Dem Veräußerungserlös stehen im Einzelabschluß die fortgeführten, niedrige-

---

[347] Vgl. *Dusemond, M./Weber, C.-P./Zündorf, H.*, in: HdK (1998), § 301 Rn. 222.

[348] Vgl. *Adler/Düring/Schmaltz* (1996), § 301 HGB Tz. 194; *Dreger, K.-M.* (1969), S. 92; *Dusemond, M./Weber, C.-P./Zündorf, H.*, in: HdK (1998), § 301 Rn. 222; *Förschle, G./Deubert, M.*, in: Beck Bil.-Komm. (1999), § 301 Anm. 200; *Jonas, H.H.* (1973), S. 3; *Schindler, J.* (1986), S. 172; *WP-Handbuch* (1996), Bd. I, M Anm. 383.

[349] Vgl. *Weber, C.-P./Zündorf, H.* (1989), S. 1864.

[350] Vgl. *WP-Handbuch* (1996), Bd. I, M Anm. 383.

ren Anschaffungskosten der Beteiligung gegenüber, im Konzernabschluß ist als Abgangswert dagegen das Nettoreinvermögen, also die ursprünglichen Anschaffungskosten anzusetzen. Damit fällt das Endkonsolidierungsergebnis genau um den Betrag der Beteiligungsabschreibung niedriger aus als das Veräußerungsergebnis im Einzelabschluß; die Totalerfolge stimmen überein.

Im zweiten denkbaren Fall beruht die Beteiligungsabschreibung auf einem eingetretenen Werteverzehr bei dem Tochterunternehmen. Hier tritt bereits in der Periode der Beteiligungsabschreibung auch im Konzernabschluß eine Ergebnisminderung über die Handelsbilanz II des Tochterunternehmens und damit dem Summenabschluß ein. Im Veräußerungszeitpunkt kommt das, zum niedrigeren Beteiligungsbuchwert korrespondierende, fortgeschriebene Nettoreinvermögen zum Abzug. Das Veräußerungsergebnis im Einzelabschluß ist somit identisch dem Endkonsolidierungserfolg, sofern die Abschreibung im Einzelabschluß des Mutterunternehmens betragsgleich dem Werteverzehr bei dem Tochterunternehmen war. Anderenfalls reguliert die Differenz in den Veräußerungsergebnissen die Totalerfolgsbeiträge wie im ersten Fall automatisch. Die Totalerfolge stimmen auch in dieser Situation überein.

In einer dritten Variante könnten im Konzernabschluß neben dem Werteverzehr bei dem Tochterunternehmen weitere Abschreibungen, beispielsweise auf einen noch vorhandenen Geschäfts- oder Firmenwert, vorgenommen worden sein. Damit wäre das Periodenergebnis im Konzernabschluß niedriger als im Einzelabschluß, in welchem lediglich die Beteiligung abgewertet wurde. Im Endkonsolidierungszeitpunkt ist der Abgangswert hingegen um den Betrag der zusätzlich vorgenommenen Abschreibungen niedriger als die fortgeführten Anschaffungskosten der Beteiligung, so daß sich ein höherer Endkonsolidierungserfolg ergibt. Auch in diesem Fall stimmen die Totalerfolge in Einzel- und Konzernabschluß wieder überein.

Es wird deutlich, daß trotz der Neutralisierung des Aufwandes aus der Beteiligungsabschreibung auch im Konzernabschluß eine betragsgleiche Ergebnisbeeinflussung stattfindet, lediglich nicht in jedem Fall periodengleich. Eine spezielle Anpassungsbuchung im Rahmen der Endkonsolidierung ist nicht erforderlich. Eine einfache Übernahme der Abschreibung in den Konzernabschluß würde dagegen zu einer nicht gerechtfertigten Doppelerfassung des Aufwandes und damit zu einem Auseinanderfallen der Totalerfolgsbeiträge führen.

3.2.5 Zwischenergebnis

Zusammenfassend läßt sich festhalten, daß neben den direkten abgangsbezogenen Einflußfaktoren alle Sachverhalte im Rahmen der Endkonsolidierung Berücksichtigung finden müssen, die während Erst- und Folgekonsolidierungen zu Ergebniswirkungen derart geführt haben, daß die summierten Periodenergebnisse im Einzelabschluß des die Beteiligung haltenden Unternehmens aus ihrem Beteiligungsengagement in das den Konsolidierungskreis verlassende Tochterunternehmen vom Totalergebnis im Konzernabschluß abweichen. Hierzu zählen sowohl Maßnahmen der Vereinheitlichung von Bilanzansatz und Bewertung, der Währungsumrechnung und Steuerabgrenzung, als auch konsolidierungsspezifische Faktoren, die insbesondere aus der Kapitalkonsolidierung, der Schuldenkonsolidierung sowie der Zwischenerfolgseliminierung resultieren, sowie spezielle Einflußfaktoren, die auf der Besonderheit einzelner Konsolidierungsposten beruhen. Auf diese Weise werden die Totalerfolgsbeiträge einer Beteiligung in Einzel- und Konzernabschluß angeglichen.

Diese hier gewählte Vorgehensweise mit konsequenter Ausrichtung an der Einhaltung des Totalerfolgskonzeptes hat den Vorteil, daß alle Probleme und Fragestellungen unter einem einheitlichen Gesichtspunkt gelöst werden und damit eine klar nachvollziehbare Verbindung zwischen Veräußerungserfolg im Einzelabschluß des die Beteiligung haltenden Unternehmens einerseits und Endkonsolidierungserfolg im Konzernabschluß andererseits aufgezeigt wird. Im nachfolgenden Abschnitt sollen die in der vorangegangenen Analyse identifizierten maßgeblichen Einflußfaktoren so zusammengefügt werden, daß sich allgemeingültige Schemata zur Ermittlung des Endkonsolidierungserfolges aus Konzernsicht ergeben.

3.3 Verfahren zur Ermittlung des Endkonsolidierungserfolges

3.3.1 Grundsätzliche Überlegungen

Für die Ermittlung des Endkonsolidierungserfolges stehen grundsätzlich zwei Verfahren zur Verfügung, die zum gleichen Konzernergebnis führen müssen, sich aber insbesondere hinsichtlich der Buchungstechnik in beträchtlicher Weise unterscheiden.[351] Zum einen kann der Endkonsolidierungserfolg ausgehend von einer fortgeführten Konzernbilanz direkt ermittelt werden, indem dem Veräußerungserlös für die abgegangenen Anteile die im Endkonsolidierungszeitpunkt vorhandenen Aktiva und Passiva sowie alle zusätzlichen Einflußfaktoren erfolgswirksam gegenübergestellt werden.[352] Zum anderen kann ausgehend vom Veräußerungserfolg aus dem Einzelabschluß des die Beteiligung vormals haltenden Unternehmens indirekt vorgegangen werden, indem alle im Konzernabschluß während Erst- und Folgekonsolidierungen bereits erfolgswirksam berücksichtigten Faktoren korrigiert werden.[353]

Des weiteren wird die Ermittlung des Konzernerfolges von der gewählten Kapitalkonsolidierungsmethode beeinflußt, denn in Abhängigkeit vom angewandten Konsolidierungsverfahren wurden die ursprünglichen Anschaffungskosten während der Konzernzugehörigkeit bereits teilweise, aber in unterschiedlicher Höhe erfaßt.[354] Zunächst sollen die beiden Ermittlungswege für die Erwerbsmethode dargestellt werden. Im Anschluß wird die Methode der Interessenzusammenführung als Spezialfall betrachtet.

3.3.2 Ermittlung ausgehend vom Veräußerungserlös

Die Ermittlung des Endkonsolidierungserfolges ausgehend von einer fortgeführten Konzernbilanz ist grundsätzlich in drei Schritten vorzunehmen:

- Ermittlung des Veräußerungserlöses,
- Ermittlung des Abgangswertes des Nettoreinvermögens und
- Ermittlung des Endkonsolidierungsergebnisses unter Berücksichtigung aller zusätzlich relevanten Einflußfaktoren.

---

[351] Vgl. *Baetge, J.* (2000), S. 487; *Küting, K./Weber, C.-P.* (1997), S. 245, 246.
[352] Vgl. *Ordelheide, D.*, in: BHdR (1987), C 403 Anm. 16, 19.
[353] Vgl. *Herrmann, D.* (1994), S. 231.
[354] Vgl. *Herrmann, D.* (1994), S. 230.

Im Hinblick auf die Ermittlung des Veräußerungserlöses ist zu berücksichtigen, daß sich dieser, wie nachfolgende Übersicht zeigt, aus mehreren Komponenten zusammensetzen kann.[355]

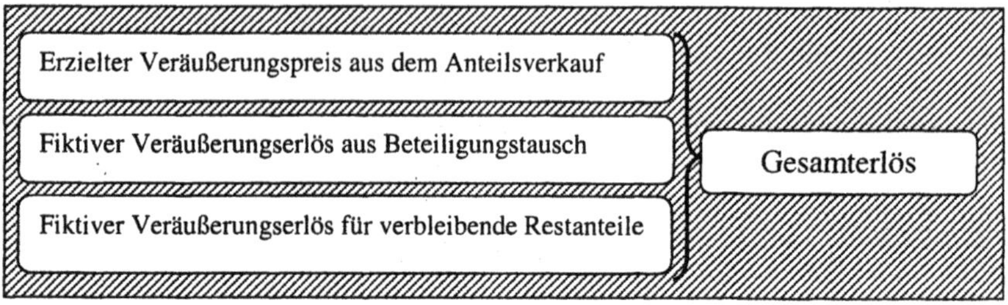

Der dem Veräußerungserlös erfolgswirksam gegenüberzustellende Abgangswert des Nettoreinvermögens stellt sich im Konzernabschluß zum Zeitpunkt der Endkonsolidierung bzw. einem unter dem Aspekt der Praktikabilität alternativen Zeitpunkt[356] folgendermaßen dar:

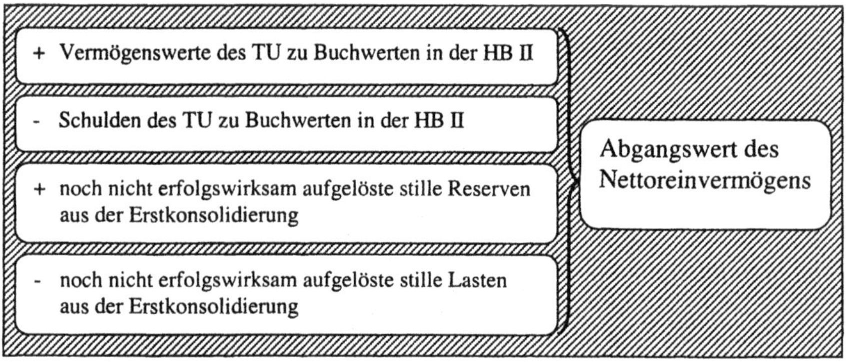

Unter Berücksichtigung der im vorherigen Kapitel aufgrund ihrer Konzernerfolgswirkung identifizierten Einflußfaktoren läßt sich der Veräußerungserfolg aus Konzernsicht somit wie folgt darstellen:[357]

---

[355] In der Praxis treten nicht selten Fälle des Beteiligungsabganges auf, die sich als eine Kombination aus Tausch mit finanziellem Spitzenausgleich, teilweisem Verkauf sowie Aktivierung verbleibender Restanteile darstellen. Vgl. Kapitel 3.2.1.1.

[356] Vgl. Kapitel 2.3.

[357] Vgl. auch *Baetge, J.* (1994), S. 537; *Busse von Colbe, W./Ordelheide, D.* (1993), S. 252; *Hayn, B.* (1999), S. 292f.; *Herrmann, D.* (1994), S. 247; *Warmbold, S.* (1995), S. 190.

+ Veräußerungserlös für die Beteiligung
- Abgangswert des Nettoreinvermögens

= Endkonsolidierungserfolg (vorläufig)

- noch nicht erfolgswirksam verrechneter Geschäfts- oder Firmenwert aus der Erstkonsolidierung
+ noch nicht erfolgswirksam verrechneter passivischer Unterschiedsbetrag aus der Erstkonsolidierung
- aktivische Unterschiedsbeträge aus der Währungsumrechnung
+ passivische Unterschiedsbeträge aus der Währungsumrechnung
- in der Schuldenkonsolidierung verrechnete Forderungen des ausscheidenden Unternehmens
+ in der Schuldenkonsolidierung verrechnete Verbindlichkeiten des ausscheidenden Unternehmens
- aktivische Aufrechnungsdifferenz aus der Schuldenkonsolidierung, wenn das Beteiligungsunternehmen in der Gläubigerposition war
- eigene Anteile des Tochterunternehmens, die als Korrekturposten zum Eigenkapital vor der Kapitalkonsolidierung verrechnet wurden
+ Rücklage für eigene Anteile, die mit den eigenen Anteilen aufgerechnet wurde

= Endkonsolidierungserfolg ausgehend vom Veräußerungserlös

Abb. 3-10: Ermittlungsschema zur Bestimmung des Endkonsolidierungserfolges ausgehend vom Veräußerungserlös bei Anwendung der Erwerbsmethode

Bei der Veräußerung einer Beteiligung ohne Anteile anderer Gesellschafter führen die Buchwertmethode und die Neubewertungsmethode aufgrund ihrer Konzeption zu gleichen Ergebnissen, so daß eine Differenzierung im Ermittlungsschema nicht erforderlich ist. Waren an dem Tochterunternehmen auch Minderheitsgesellschafter beteiligt, so errechnet sich der Konzernerfolg aus dem Veräußerungserlös abzüglich anteiligem Abgangswert des Eigenkapitals und nur anteiliger Berücksichtigung der einzelnen Einflußfaktoren.

Hierbei ist zu beachten, daß die aufgelösten stillen Reserven/stillen Lasten bei Anwendung der Buchwertmethode den Mehrheitsgesellschaftern voll zuzurechnen sind, während bei Konsolidierung nach der Neubewertungsmethode auch die Minderheitsgesellschafter quotal an diesen Wertänderungen partizipieren.[358]

[358] Vgl. *Ordelheide, D.* (1986), S. 768, 769.

Der Ausgleichsposten für Anteile anderer Gesellschafter ist des weiteren anteilig um die Einflußfaktoren „eigene Anteile“ und „Rücklage für eigene Anteile“ sowie „Forderungen und Verbindlichkeiten aus der Schuldenkonsolidierung“ zu korrigieren, da die Fremdanteile auf Basis des Eigenkapitals der Handelsbilanz II berechnet werden, und sich ohne diese Berücksichtigung der Ausgleichsposten und anteilige Abgangswert nicht in gleicher Höhe gegenüberstehen würden, so daß es zu einem Endkonsolidierungserfolg für Minderheiten kommen würde.

Grundsätzlich sind alle Wertänderungen, welche in Erst- oder Folgekonsolidierungen die Höhe des Ausgleichspostens für Anteile anderer Gesellschafter beeinflußt haben, im Endkonsolidierungszeitpunkt auch quotal zu berücksichtigen. Nur so ist gewährleistet, daß die Endkonsolidierung der Anteile anderer Gesellschafter, da diese nicht an der Veräußerung beteiligt sind, erfolgsneutral durchgeführt wird.[359]

Nachfolgende Übersicht stellt zusammenfassend die in die Ermittlung des Endkonsolidierungserfolges einzubeziehenden Bestandteile getrennt nach Buchwert- und Neubewertungsmethode sowie Konzern- und Minderheitenanteilen dar.

[359] Vgl. *Adler/Düring/Schmaltz* (1996), § 301 HGB Tz. 273; *Warmbold, S.* (1995), S. 183; a.A.: *Schindler, J.* (1986), S. 233-238.

Endkonsolidierungsparameter	**Buchwertmethode**		**Neubewertungsmethode**	
	Konzern	**Minderh.**	**Konzern**	**Minderh.**
Veräußerungserlös aus der Beteiligung	voll	/	voll	/
Vermögensgegenstände des TU zu Buchwerten in der HB II	quotal	quotal	quotal	quotal
Schulden des TU zu Buchwerten in der HB II	quotal	quotal	quotal	quotal
Noch nicht erfolgsw. verrechnete stille Reserven/stille Lasten	voll	/	quotal	quotal
Noch nicht erfolgsw. verrechneter Geschäfts- oder Firmenwert	voll	/	voll	/
Noch nicht erfolgsw. Verrechneter passivischer Unterschiedsbetrag	voll	/	voll	/
Akt./pass. Unterschiedsbeträge aus der Währungsumrechnung	voll	/	voll	/
In der Schuldenkonsolidierung verrechnete Ford./ Verbindl.	quotal	quotal	quotal	quotal
Aufrechnungsdifferenzen aus der Schuldenkonsolidierung	voll	/	voll	/
Eigene Anteile/Rücklage für eigene Anteile	quotal	quotal	quotal	quotal

Abb. 3-11: In die Berechnung des Endkonsolidierungserfolges einzubeziehende Bestandteile bei Vorhandensein von Minderheiten und Anwendung der Erwerbsmethode

3.3.3 Ermittlung ausgehend vom Veräußerungserfolg im Einzelabschluß

Die zweite Alternative zur Bestimmung des Endkonsolidierungserfolges besteht darin, daß, ausgehend vom Veräußerungserfolg aus dem Einzelabschluß der die Beteiligung vormals haltenden Konzerngesellschaft, eine Korrektur aller bereits im Konzernabschluß erfolgswirksam erfaßten Komponenten vorgenommen wird. Das Ermittlungsschema stellt sich wie folgt dar:[360]

+	Veräußerungserlös für die Beteiligung
-	Beteiligungsbuchwert aus dem Einzelabschluß
=	Veräußerungserfolg im Einzelabschluß
+	bereits erfolgswirksam verrechnete aufgelöste stille Reserven aus der Erstkonsolidierung
-	bereits erfolgswirksam verrechnete aufgelöste stille Lasten aus der Erstkonsolidierung
+	bereits erfolgswirksam verrechneter Geschäfts- oder Firmenwert aus der Erstkonsolidierung
-	bereits erfolgswirksam verrechneter passivischer Unterschiedsbetrag aus der Erstkonsolidierung
-	im Konzernabschluß eliminierte außerplanmäßige Abschreibungen auf den Beteiligungsbuchwert des ausscheidenden Unternehmens
-	Rücklagenzuführungen im TU seit Beteiligungserwerb (insbesondere thesaurierte Gewinne)
+	Rücklagenminderungen im TU seit Beteiligungserwerb (insbesondere entstandene Verluste)
+/-	Jahresfehlbetrag/Jahresüberschuß des TU im Veräußerungszeitpunkt
+/-	Zwischengewinne/Zwischenverluste aus downstream-Lieferungen
+/-	erfolgswirksam behandelte Aufrechnungsdifferenzen aus der Schuldenkonsolidierung
-	erfolgswirksam verrechn. Erträge aus der Währungsumrechnung
+	erfolgswirksam verrechn. Aufwendungen aus der Währungsumrechnung
=	Endkonsolidierungserfolg ausgehend vom Veräußerungserfolg

Abb. 3-12: Ermittlungsschema zur Bestimmung des Endkonsolidierungserfolges ausgehend vom Veräußerungserfolg des Einzelabschlusses bei Anwendung der Erwerbsmethode

360 Vgl. auch *Baetge, J.* (1994), S. 536; *Busse von Colbe, W./Ordelheide, D.* (1993), S. 253; *Hayn, B.* (1999), S. 313; *Herrmann, D.* (1994), S. 233; *Schindler, J.* (1986), S. 230, 231.

3.3.4 Spezialfall Interessenzusammenführungsmethode

Die Konzeption der Interessenzusammenführungsmethode weist im Unterschied zur Erwerbsmethode einige Besonderheiten auf. Insbesondere ist zu beachten, daß nicht die Anschaffungskosten der Beteiligung, sondern nur das übernommene Reinvermögen des Tochterunternehmens erfolgswirksam wird. D.h., im Rahmen der Erstkonsolidierung werden keine stillen Reserven/stillen Lasten aufgedeckt und entstehende Unterschiedsbeträge aus der Kapitalkonsolidierung werden erfolgsneutral mit dem Eigenkapital verrechnet. Insoweit wird das Konzernergebnis in den Folgeperioden nicht durch Abschreibungen auf stille Reserven/stille Lasten bzw. einen Geschäfts- oder Firmenwert beeinflußt. Des weiteren ist zu beachten, daß die Aufrechnung der Anschaffungskosten der Beteiligung lediglich gegen das gezeichnete Kapital vorgenommen wird. Die Kapital- und Gewinnrücklagen sind somit im Konzernabschluß neben den Vermögensgegenständen und Schulden des Tochterunternehmens enthalten.

Wie bereits im Rahmen der Analyse der Totalerfolgswirkung eines Tochterunternehmens im Konzernabschluß dargestellt wurde, werden vom Schrifttum sowohl eine erfolgsneutrale als auch eine erfolgswirksame Endkonsolidierung für zulässig erachtet. Als Resultat der Untersuchung konnte festgestellt werden, daß nur die erfolgswirksame Endkonsolidierung zu einem Totalerfolgsbeitrag im Konzernabschluß führt, der mit dem Totalerfolg aus der Beteiligung im Einzelabschluß des haltenden Unternehmens identisch ist.

Analog zur Erwerbsmethode sind dementsprechend auch bei der Interessenzusammenführungsmethode im Rahmen der Endkonsolidierung neben dem Veräußerungserlös alle während der Konzernzugehörigkeit wirksam gewordenen Einflußfaktoren zu berücksichtigen, die zu einer Abweichung zwischen Erfolgsbeitrag im Einzel- und Konzernabschluß geführt haben. Insbesondere ist hierbei auch zu beachten, daß die im Rahmen der Erstkonsolidierung nicht mit den Anschaffungskosten verrechneten Kapital- und Gewinnrücklagen des Tochterunternehmens in den Abgangswert einzubeziehen sind. Das Ermittlungsschema stellt sich somit folgendermaßen dar:[361]

[361] Vgl. auch ähnlich *Herrmann, D.* (1994), S. 250; *Warmbold, S.* (1995), S. 192.

+ Veräußerungserlös für die Beteiligung
- Abgangswert des Nettoreinvermögens
+ nicht verrechnete Kapital- und Gewinnrücklagen der Tochter
= Endkonsolidierungserfolg (vorläufig)
- erfolgsneutral verrechneter aktivischer Unterschiedsbetrag aus der Erstkonsolidierung
+ erfolgsneutral verrechneter passivischer Unterschiedsbetrag aus der Erstkonsolidierung
- aktivische Unterschiedsbeträge aus der Währungsumrechnung
+ passivische Unterschiedsbeträge aus der Währungsumrechnung
- i.R.d. Schuldenkonsolidierung verrechnete Forderungen des ausscheidenden Unternehmens
+ i.R.d. Schuldenkonsolidierung verrechnete Verbindlichkeiten des ausscheidenden Unternehmens
- aktivische Aufrechnungsdifferenz aus der Schuldenkonsolidierung, wenn das Beteiligungsunternehmen in der Gläubigerposition war
= Endkonsolidierungserfolg ausgehend vom Veräußerungserlös

Abb. 3-13: Ermittlungsschema zur Bestimmung des Endkonsolidierungserfolges bei Anwendung der Interessenzusammenführungsmethode

Bei Beteiligung von konzernfremden Gesellschaftern an dem veräußerten Tochterunternehmen ergibt sich die Aufteilung des Abgangswertes grundsätzlich wie bei Anwendung der Erwerbsmethode/Buchwertmethode. Auch bei der Interessenzusammenführungsmethode ist eine erfolgsneutrale Aufrechnung des anteiligen Abgangswertes gegen den Ausgleichsposten für Anteile anderer Gesellschafter vorzunehmen.[362]

---

[362] Vgl. *Pfaff, D.*, in: BHdR (1989), C 410 Anm. 155; *Warmbold, S.* (1995), S. 192.

4 Durchführung der Endkonsolidierung

4.1 Vorbemerkungen

Im vorangegangenen Kapitel wurde untersucht, was den Erfolgsbeitrag eines Unternehmens im Konzernabschluß ausmacht und wie dieser zu ermitteln ist. Vor dem theoretischen Hintergrund des Totalerfolgskonzeptes wurden hieraus die maßgeblichen Einflußfaktoren zur Bestimmung des Endkonsolidierungserfolges bei Ausscheiden eines Unternehmens aus dem Konsolidierungskreis bestimmt und unter Beachtung der verschiedenen Kapitalkonsolidierungsmethoden allgemeingültige Ermittlungsschemata vorgestellt.

In diesem Kapitel soll nun dargestellt werden, wie die Endkonsolidierung für die einzelnen im Handelsrecht zulässigen Konsolidierungsmethoden buchungstechnisch vorzunehmen ist.[363] Die Betrachtung umfaßt dabei neben den für die Tochterunternehmen maßgebenden Kapitalkonsolidierungsmethoden der Vollkonsolidierung auch die Quotenkonsolidierung hinsichtlich einbezogener Gemeinschaftsunternehmen und die für assoziierte Unternehmen anzuwendende Equity-Methode. Hierbei werden die sich aus der Anwendung der unterschiedlichen Konsolidierungsmethoden ergebenden verfahrenstechnischen Besonderheiten herausgearbeitet und alternative Lösungsmöglichkeiten dargestellt. Insbesondere im Rahmen der Vollkonsolidierung wird auch die Durchführung einer nur partiellen Endkonsolidierung untersucht. Schließlich werden einige Sonderfälle des Abgangs von Unternehmen betrachtet, die ebenfalls zu erfolgswirksamen Maßnahmen der Endkonsolidierung führen können. Hierunter fallen im wesentlichen Veränderungen in der Beteiligungsstruktur des Konzerns aufgrund von Veränderungen im konsolidierungspflichtigen Kapital sowie konzerninterner Verschmelzungen und Spaltungen.

---

[363] Im Fokus der Betrachtungen stehen dabei die Maßnahmen der Kapital-Endkonsolidierung, wohingegen auf eine explizite buchungstechnische Darstellung der anderen erfolgsbestimmenden Einflußfaktoren verzichtet wird.

4.2 Vollkonsolidierung

4.2.1 Konsolidierung nach der Erwerbsmethode

4.2.1.1 Vollständige Anteilsveräußerung

4.2.1.1.1 Endkonsolidierung ohne Beteiligung Dritter

Die vollständige Veräußerung eines bisher nach der Erwerbsmethode einbezogenen Tochterunternehmens stellt den Grundfall der Endkonsolidierung dar. Hinsichtlich der Buchungstechnik lassen sich zwei Verfahren unterscheiden, die sich auch in den Ermittlungsschemata zur Bestimmung des Endkonsolidierungserfolges niedergeschlagen haben.[364] Zum einen kann der Endkonsolidierungserfolg direkt, ausgehend von einer fortgeführten Konzernbilanz ermittelt werden. Das Grundprinzip besteht darin, daß ausgehend vom Konzernsummenabschluß die Anschaffungskosten der veräußerten Anteile wieder eingebucht sowie die Maßnahmen der Erst- und Folgekonsolidierungen wiederholt werden. Von diesem fortgeführten Konzernabschluß ausgehend werden dann die Maßnahmen der Endkonsolidierung buchungstechnisch verarbeitet.[365] Zum anderen kann der Endkonsolidierungserfolg indirekt ermittelt werden, indem der Veräußerungserfolg aus dem Einzelabschluß um die im Konzernabschluß bereits erfolgswirksam gewordenen Komponenten korrigiert wird.[366] Die Einbuchung der veräußerten Anteile und Wiederholung aller Konsolidierungsmaßnahmen entfällt insofern bei der indirekten Methode, es wird lediglich eine Abschlußbuchung zur Anpassung des Veräußerungserfolges notwendig. Ein stark vereinfachtes Beispiel soll die Vorgehensweise der Endkonsolidierung bei Anwendung der Buchwertmethode ohne Beteiligung konzernfremder Gesellschafter veranschaulichen:

Beispiel: Das Mutterunternehmen (MU) erwirbt im Jahr 01 ein Tochterunternehmen (TU) zu 100 %. In den Vermögensgegenständen (VG) des TU sind stille Reserven auf abnutzbares Anlagevermögen (Nutzungsdauer fünf Jahre) i.H.v. 100 enthalten, ein verbleibender Geschäfts- oder Firmenwert wird über vier Jahre, beginnend im ersten Jahr der Folgekonsolidierung, abgeschrieben. Zur Vereinfachung wird als Basis für die Folgekonsolidierung die Konzernbilanz 01 herangezogen, d.h., es wir unterstellt, daß sich die Einzelbilanzen von Jahr 01 zu Jahr 02 nicht geändert haben. Die Bilanzen stellen sich wie folgt dar:

---

364 Vgl. Kapitel 3.2.3.

365 Vgl. zur Buchungstechnik beispielsweise *Dusemond, M./Weber, C.-P./Zündorf, H.*, in: HdK (1998), § 301 Rn. 370, Übersicht 111.

366 Vgl. *Herrmann, D.* (1994), S. 231.

MU Handelsbilanz II Jahr 01/Jahr 02			
Anteile an TU	1000	gez. Kapital	1500
übrige VG	2000	Rücklagen	500
		Bilanzgewinn	200
		Verbindl.	800
	3000		3000

TU Handelsbilanz II Jahr 01/Jahr 02			
übrige VG	1000	gez. Kapital	700
		Rücklagen	100
		Bilanzgewinn	0
		Verbindl.	200
	1000		1000

Die Erst- und Folgekonsolidierung (Jahr 01 und Jahr 02) stellt sich folgendermaßen dar:

Posten	**Summenbilanz**		**Erstkonsolidierung**		**Konzernbilanz 01**		**Folgekonsolidierung**		**Konzernbilanz 02**	
	Soll	Haben	Soll	Haben	A	P	Soll	Haben	A	P
Ant. an TU	1000			1)1000						
übrige VG	3000		2) 100		3100			3) 20	3080	
GoF			2) 100		100			4) 25	75	
akt. UB			1) 200	2) 200						
gez. Kap.		2200	1) 700			1500				1500
Rücklagen		600	1) 100			500				500
Bilanzgew.		200				200	3) 20			155
							4) 25			
Verbindl.		1000				1000				1000
	4000	4000	1200	1200	3200	3200	45	45	3155	3155

Tab. 4-1: Erst- und Folgekonsolidierung nach der Erwerbsmethode bei 100 %igem Anteilsbesitz

Mit Buchung 1) werden die Anteile am Tochterunternehmen mit dem auf diese Anteile entfallenden Eigenkapital verrechnet. Der entstehende aktivische Unterschiedsbetrag wird mit Buchung 2) den abnutzbaren Vermögensgegenständen zugerechnet und der Restbetrag als Geschäfts- oder Firmenwert ausgewiesen. Mit Buchung 3) werden die im Rahmen der Erstkonsolidierung zugeordneten stillen Reserven, mit Buchung 4) der Geschäfts- oder Firmenwert abgeschrieben.

Am Ende des Jahres 03 veräußert das Mutterunternehmen die gesamten Anteile zu einem Veräußerungspreis von 1500. Der Bilanzgewinn aus den Vorperioden wurde den Rücklagen zugeführt, der Veräußerungsgewinn entspricht dem Bilanzgewinn in 03, alle anderen Daten bleiben unverändert. Die Einzelbilanzen stellen sich wie folgt dar:

MU Handelsbilanz II Jahr 03			
Anteile an TU	0	gez. Kapital	1500
übrige VG	3500	Rücklagen	700
		Bilanzgewinn	500
		Verbindl.	800
	3500		3500

TU Handelsbilanz II Jahr 03			
übrige VG	1000	gez. Kapital	700
		Rücklagen	100
		Bilanzgewinn	0
		Verbindl.	200
	1000		1000

Die Endkonsolidierung wird folgendermaßen durchgeführt:

Posten	Summenbilanz		Erst-/Folge-konsol.		Endkonsol.		Konzern-bilanz 03	
	Soll	Haben	Soll	Haben	Soll	Haben	A	P
Ant. an TU	0		1) 1000	2) 1000				
übrige VG	4500		2) 80			3) 20 5) 1060	3500	
GoF			2) 75			4) 25 5) 50		
gez. Kap.		2200	2) 700					1500
Rücklagen		800	2) 100 2) 45					655
Bilanzgew.		500		1) 1000	3) 20 4) 25 5) 910			545
Verbindl.		1000			5) 200			800
	4500	4500	2000	2000	1155	1155	3500	3500

Tab. 4-2: Endkonsolidierung nach der Erwerbsmethode bei 100 %igem Anteilsbesitz

Mit Buchung 1) wird durch Einstellung der Anteile an dem Tochterunternehmen die Grundlage zur Durchführung der Kapitalkonsolidierung geschaffen. Mit Buchung 2) werden die Maßnahmen der Erst- und Folgekonsolidierung wiederholt. Mit Buchung 3) und 4) werden die stillen Reserven und der Geschäfts- oder Firmenwert für das Abgangsjahr 03 fortgeführt. Mit Buchung 5) erfolgt die Endkonsolidierung durch Buchung der Abgänge der Vermögenswerte und Schulden sowie der noch nicht verrechneten stillen Reserven und des verbleibenden Firmenwertes.

Der im Konzern ausgewiesene Bilanzgewinn (545) ist nicht identisch mit der Summe der Bilanzgewinne von Mutter- und Tochterunternehmen in 03 (500). Aufgrund der unterschiedlichen Periodisierung der Anschaffungskosten weichen die Erfolgsbeiträge in den Perioden 01-03 in Einzel- und Konzernabschluß voneinander ab. Die Totalerfolge müssen jedoch übereinstimmen.

Für das Buchungsbeispiel setzen sich die Erfolgsbeiträge wie folgt zusammen:

Erfolgsbeitrag	Jahr 01	Jahr 02	Jahr 03	Gesamt
Einzelabschluß MU	0	0	500	500
Konzernabschluß	0	-45	-45; -910; +1500	500

Im Einzelabschluß wurde das Tochterunternehmen im Jahr 01 erfolgsneutral für 1000 angeschafft, in 02 hat es keinen Erfolgsbeitrag geleistet, in 03 wurde es zu 1500 veräußert. Der Erfolg (Erlös 1500 ./. AK 1000 = 500) entspricht somit auch dem Totalerfolg. Im Konzernabschluß wurden Teile der Anschaffungskosten (45) bereits in 02 durch Abschreibung der stillen Reserven und des Geschäfts- oder Firmenwertes erfolgswirksam, in 03 wurden ebenfalls Abschreibungen (45) berücksichtigt. Dem Veräußerungserlös (1500) werden als Abgangswert (910) die Vermögenswerte (1000) zuzüglich noch nicht verrechneter stiller Reserven (60) sowie des noch nicht aufwandswirksam gewordenen Geschäfts- oder Firmenwertes (50) abzüglich der Schuldposten (200) gegenübergestellt. Insgesamt ergibt sich ein Erfolgsbeitrag der Beteiligung im Konzern von 500, die Totalerfolge stimmen somit in Einzel- und Konzernabschluß überein.

Diese direkte Vorgehensweise unterstellt zum einen, daß die Vermögensgegenstände und Schulden vollständig in einer Konzernbuchführung enthalten sind und zum anderen, daß das Tochterunternehmen unmittelbar vor dem Ausscheiden aus dem Konsolidierungskreis im Summenabschluß des Konzerns enthalten ist.[367] In der Praxis werden im Rahmen der Konsolidierungsdurchführung aber häufig nur die Vorgänge aus der Erstkonsolidierung und ihre Fortschreibung in den Folgeperioden aufgezeichnet. Der Konzernabschluß selbst wird jährlich neu aus den Jahresabschlüssen der einbezogenen Unternehmen und den zugehörigen Konsolidierungsvorgängen erstellt. Der Jahresabschluß des ausgeschiedenen Unternehmens wird dabei in der Regel nicht mehr berücksichtigt. In diesen Fällen ist die indirekte Ermittlungsmethode vorteilhafter, da lediglich die fortgeführten Unterschiedsbeträge abzuwickeln sind und die Differenz zwischen Endkonsolidierungserfolg und Veräußerungserfolg im Einzelabschluß durch eine Schlußbuchung zu Gunsten bzw. zu Lasten der sonstigen betrieblichen Erträge oder sonstigen betrieblichen Aufwendungen berücksichtigt wird.[368]

---

367 Vgl. *Elkart, W./Hundt, K.-H./Müller, K.* (1991), S. 71.

368 Vgl. *Herrmann, D.* (1994), S. 231; zur Ermittlungsmethode vgl. Kapitel 3.3.3.

Bei Anwendung der Neubewertungsmethode ergeben sich hinsichtlich der Buchungstechnik keine Unterschiede zu oben betrachteter Buchwertmethode, da keine Minderheiten an dem ausgeschiedenen Tochterunternehmen beteiligt waren und somit keine Differenzierung zwischen beiden Konsolidierungsverfahren erforderlich ist.

4.2.1.1.2 Endkonsolidierung mit Beteiligung Dritter

Sind am Kapital des Tochterunternehmens auch konzernfremde Dritte beteiligt, so entfällt nur ein anteiliger Abgangswert auf den Konzernabschluß. Daraus ergeben sich Auswirkungen hinsichtlich der Endkonsolidierung.

Bei Anwendung der Buchwertmethode sind die anteiligen auf die anderen Gesellschafter entfallenden Vermögensgegenstände und Schulden erfolgsneutral gegen den Ausgleichsposten für Anteile anderer Gesellschafter zu verrechnen. Die noch nicht verrechneten Unterschiedsbeträge (stille Reserven/stille Lasten; Geschäfts- oder Firmenwert) sind dagegen in voller Höhe vom Veräußerungserlös zu kürzen, da die anderen Gesellschafter nicht an den stillen Reserven bzw. einem Geschäfts- oder Firmenwert partizipieren.[369]

Das in diesem Kapitel eingeführte Beispiel[370] soll nun dahingehend abgewandelt werden, daß das Mutterunternehmen bei gleichen Anschaffungskosten nur 80 % der Anteile erworben hat, alle anderen Daten bleiben unverändert. Die Einzelbilanzen, die Summenbilanz sowie die Maßnahmen der Erst- und Folgekonsolidierung (Jahr 01 und Jahr 02) bei Anwendung der Buchwertmethode stellen sich damit wie folgt dar:

MU Handelsbilanz II Jahr 01/Jahr 02			
Anteile an TU	1000	gez. Kapital	1500
übrige VG	2000	Rücklagen	500
		Bilanzgewinn	200
		Verbindl.	800
	3000		3000

TU Handelsbilanz II Jahr 01/Jahr 02			
übrige VG	1000	gez. Kapital	700
		Rücklagen	100
		Bilanzgewinn	0
		Verbindl.	200
	1000		1000

369 Vgl. *Ordelheide, D.* (1986), S. 768.
370 Vgl. Beispiel (S.104).

Posten	Summen-bilanz		Erstkonsol.		Konzern-bilanz 01		Folgekonsol.		Konzern-bilanz 02	
	Soll	Haben	Soll	Haben	A	P	Soll	Haben	A	P
Ant. an TU	1000			1)1000						
übrige VG	3000		2) 80		3080			4) 16	3064	
GoF			2)280		280			5) 70	210	
akt. UB			1)360	2) 360						
gez. Kap.		2200	1)560 3)140			1500				1500
Rücklagen		600	1) 80 3) 20			500				500
Bilanzgew.		200				200	4) 16 5) 70			114
AfAaG				3) 160		160				160
Verbindl.		1000				1000				1000
	4000	4000	1520	1520	3360	3360	86	86	3274	3274

Tab. 4-3: Erst- und Folgekonsolidierung nach der Erwerbsmethode/ Buchwertmethode bei Anteilsbesitz kleiner 100 %

Mit Buchung 1) werden die Anteile am Tochterunternehmen mit dem auf diese Anteile entfallenden Eigenkapital verrechnet. Der entstehende aktivische Unterschiedsbetrag wird mit Buchung 2) entsprechend dem Konzernanteil den abnutzbaren Vermögensgegenständen zugerechnet und der Restbetrag als Geschäfts- oder Firmenwert ausgewiesen. Mit Buchung 3) werden die Anteile am Eigenkapital, die den konzernfremden Gesellschaftern zustehen, in den Ausgleichsposten für Anteile anderer Gesellschafter eingestellt. Mit Buchung 4) werden die im Rahmen der Erstkonsolidierung zugeordneten stillen Reserven, mit Buchung 5) der Geschäfts- oder Firmenwert abgeschrieben.
Nach vollständiger Veräußerung der Anteile am Ende der Periode 03 zu 1500 stellt sich die Endkonsolidierung wie folgt dar:

Posten	Summen-bilanz 03		Erst-/Folge-konsol.		Endkonsol.		Konzern-bilanz 03	
	Soll	Haben	Soll	Haben	Soll	Haben	A	P
Ant. an TU	0		1) 1000	2) 1000				
übrige VG	4500		2) 64			4) 16	3500	
						6) 848		
						7) 200		
GoF			2) 210			5) 70		
						6) 140		
gez. Kap.		2200	2) 560					1500
			3) 140					
Rücklagen		800	2) 80					614
			2) 86					
			3) 20					
Bilanzgew.		500		1) 1000	4) 16			586
					5) 70			
					6) 828			
AfAaG				3) 160	7) 160			
Verbindl.		1000			6) 160			800
					7) 40			
	4500	4500	2160	2160	1274	1274	3500	3500

Tab. 4-4: Endkonsolidierung nach der Erwerbsmethode/Buchwertmethode bei Anteilsbesitz kleiner 100 %

Mit Buchung 1) wird durch Einstellung der Anteile an dem Tochterunternehmen die Grundlage zur Durchführung der Kapitalkonsolidierung geschaffen. Mit Buchung 2) werden die Maßnahmen der Erst- und Folgekonsolidierung wiederholt. Mit Buchung 3) wird das anteilige Eigenkapital in den Ausgleichsposten für Anteile anderer Gesellschafter eingestellt. Mit Buchung 4) und 5) werden die stillen Reserven und der Geschäfts- oder Firmenwert für das Abgangsjahr 03 fortgeführt. Mit Buchung 6) erfolgt die Endkonsolidierung der Konzernanteile durch Buchung der Abgänge der anteiligen Vermögenswerte und anteiligen Schulden sowie der noch nicht verrechneten stillen Reserven und des Restfirmenwertes. Mit Buchung 7) wird die erfolgsneutrale Endkonsolidierung der Minderheitsgesellschafter durchgeführt.

Der im Konzern ausgewiesene Bilanzgewinn (586) ist nicht identisch mit der Summe der Bilanzgewinne von Mutter- und Tochterunternehmen in 03 (500). Aufgrund der unterschiedlichen Periodisierung der Anschaffungskosten weichen die Erfolgsbeiträge in den Perioden 01-03 in Einzel- und Konzernabschluß voneinander ab. Die Totalerfolge müssen jedoch übereinstimmen. Die Erfolgsbeiträge setzen sich wie folgt zusammen:

Erfolgsbeitrag	Jahr 01	Jahr 02	Jahr 03	Gesamt
Einzelabschluß MU	0	0	500	500
Konzernabschluß	0	-86	-86; -828; +1500	500

Im Einzelabschluß ergibt sich der Erfolgsbeitrag wie im Beispiel ohne Beteiligung Dritter. Im Konzernabschluß wurden Teile der Anschaffungskosten (86) bereits in 02 durch Abschreibung der stillen Reserven und des Geschäfts- oder Firmenwertes erfolgswirksam, in 03 wurden ebenfalls Abschreibungen bis zum Veräußerungszeitpunkt berücksichtigt (86). Dem Veräußerungserlös (1500) werden als Abgangswert (828) die anteiligen Vermögenswerte (800) zuzüglich noch nicht verrechneter stiller Reserven (48) sowie des noch nicht aufwandswirksam gewordenen Geschäfts- oder Firmenwertes (140) abzüglich der anteiligen Schuldposten (160) gegenübergestellt, es ergibt sich ein Totalerfolg von 500. Die Totalerfolge stimmen somit in Einzel- und Konzernabschluß überein.

Im Gegensatz zur Buchwertmethode sind bei Anwendung der Neubewertungsmethode ihrer Konzeption entsprechend die anderen Gesellschafter quotal an den stillen Reserven/stillen Lasten beteiligt, so daß diese auch bei der Ermittlung des auf die konzernfremden Gesellschafter entfallenden Abgangswertes berücksichtigt werden müssen. Ein noch nicht verrechneter Geschäfts- oder Firmenwert ist dagegen auch bei Anwendung der Neubewertungsmethode in voller Höhe in den Konzernabgangswert einzubeziehen, da eine Hochrechnung des Minderheitenanteils bei der Erstkonsolidierung um einen anteiligen Geschäftswert nicht zulässig ist.[371]

4.2.1.2 Teilweise Anteilsveräußerung

4.2.1.2.1 Beibehaltung der Konsolidierungsmethode

4.2.1.2.1.1 Grundsätzliche Überlegungen

Werden Anteile an einem bisher nach der Vollkonsolidierung einbezogenen Tochterunternehmen nur teilweise an konzernfremde Dritte veräußert, so ist einerseits zu entscheiden, ob und wie ein Endkonsolidierungserfolg für die veräußerten Anteile zu ermitteln ist. Andererseits ist für die verbleibenden Anteile zu beurteilen, ob die wirtschaftliche und fiktive rechtliche Einheit bestehen bleibt,

[371] Vgl. *Ordelheide, D.* (1986), S. 786.

oder die Veräußerung zu einer Statusänderung derart führt, daß die Mutter-Tochter-Beziehung untergeht. In letzterem Fall sind die Voraussetzungen für eine Einbeziehung als Gemeinschaftsunternehmen im Rahmen der Quotenkonsolidierung, als assoziiertes Unternehmen im Wege der Equity-Methode oder für einen Ansatz als Beteiligung mit ihren Anschaffungskosten zu prüfen.

Bleibt die wirtschaftliche Einheit Konzern nach Veräußerung von Anteilen an dem Tochterunternehmen bestehen, so sind die verbleibenden Anteile unverändert im Wege der Vollkonsolidierung in den Konzernabschluß einzubeziehen.[372] D.h., die Vermögensgegenstände und Schulden sind weiterhin vollständig zu erfassen und konzerninterne Beziehungen im Rahmen der Konsolidierungsmaßnahmen zu eliminieren.[373] Bezüglich der veräußerten Anteile sind dagegen im Rahmen der Folgekonsolidierung Anpassungsbuchungen erforderlich.[374] Zum einen ist die Höhe des Ausgleichspostens für Anteile anderer Gesellschafter aufgrund der veränderten Beteiligungsquote anzupassen, wobei sich die Frage nach der Berechnungsgrundlage für diesen Erhöhungsbetrag stellt. Zum anderen ist zu bestimmen, wie der Teilabgang, berechnet als Differenz aus dem Erlös für die veräußerten Anteile und der mit dieser Veräußerung verbundenen Erhöhung des Ausgleichspostens für Anteile anderer Gesellschafter, im Konzernabschluß zu erfassen ist. Hinsichtlich der Behandlung der teilweisen Anteilsveräußerung eines weiterhin vollkonsolidierten Tochterunternehmens werden im Schrifttum zwei sich grundlegend unterscheidende Auffassungen vertreten. Es wird sowohl eine erfolgsneutrale[375] als auch eine erfolgswirksame[376] Erfassung des Sachverhaltes der teilweisen Anteilsveräußerung vorgeschlagen. Unter diesen Grundauffassungen sind eine Reihe von im Schrifttum diskutierten Vorgehensweisen zu subsumieren[377], die sich zwar in der Höhe eines eventuell zu erfassenden Erfolgsbeitrages unterscheiden, letztlich aber alle in der Grundfrage einer Erfolgswirkung münden und daher implizit in der folgenden Diskussion Berücksichtigung finden.

---

372 Vgl. *Adler/Düring/Schmaltz* (1996), § 301 HGB Tz. 187.

373 Vgl. *Warmbold, S.* (1995), S. 193.

374 Vgl. *Scherrer, G.* (1994), S. 345; *WP-Handbuch* (1996), Bd. I, M Anm. 379.

375 Vgl. *Dusemond, M./Weber, C.-P./Zündorf, H.*, in: HdK (1998), § 301 Rn. 210, 222; *Förschle/Kropp/Wöste* (1990), S. 115.

376 Vgl. *Adler/Düring/Schmaltz* (1996), § 301 HGB Tz. 187-191; *Baetge, J.* (1994), S. 542; *Busse von Colbe, W./Ordelheide, D.* (1993), S. 302; *Hayn, B.* (1997), S. 59; *Schindler, J.* (1986), S. 166-169; *WP-Handbuch* (1996), Bd. I, M 379.

377 Vgl. *Hayn, B.* (1999), S. 352-357 (ausführlich zum Meinungsstand in der Literatur).

4.2.1.2.1.2 Erfolgsneutrale Erfassung des Veräußerungsvorgangs

Die Argumentation für eine erfolgsneutrale Erfassung des Endkonsolidierungsergebnisses setzt an der wirtschaftlichen und fiktiven rechtlichen Einheit Konzern an, wonach die Anteilsveräußerung als konzerninterner Vorgang zwischen zwei Gesellschaftergruppen des Konzerns interpretiert wird, welcher zu einer Erhöhung der Eigenkapitalbasis durch Mittelzufluß führt, so daß sich Auswirkungen lediglich im Eigenkapital des Konzerns, nicht jedoch im Konzernergebnis oder dem Konzernanlagespiegel ergeben.[378] Der gesamte Transaktionsvorgang ist als Kapitalerhöhung (Erhöhung der Anteile anderer Gesellschafter) darzustellen, bei der ein Veräußerungserfolg als entsprechendes Aufgeld klassifiziert wird.

Buchungstechnisch wird hierbei der Ausgleichsposten für Anteile anderer Gesellschafter um den entsprechenden Anteil am Eigenkapital des Tochterunternehmens lt. Handelsbilanz II zum Veräußerungsstichtag erhöht, während die Differenz zwischen dem Veräußerungserlös (= Kaufpreis der Anteile) und dem anteiligen Eigenkapital lt. Handelsbilanz II in die Kapitalrücklagen des Konzerns eingestellt wird.[379] Dieser Wert umfaßt die im Rahmen der Erstkonsolidierung zugeordneten stillen Reserven/stillen Lasten, einen Geschäfts- oder Firmenwert bzw. passivischen Unterschiedsbetrag aus der Kapitalkonsolidierung sowie einen verbleibenden Restbetrag, der den während der Konzernzugehörigkeit erwirtschafteten Erfolg darstellt. Somit tritt in Höhe des Veräußerungserlöses lediglich eine Bilanzverlängerung ein.[380] Die erfolgsneutrale Erfassung des Veräußerungsvorganges erscheint aber unter folgenden Gesichtspunkten nicht sachgerecht:

Obwohl dem Konzern durch die Veräußerung der Anteile neue Mittel zufließen und damit die Aktiva im Konzernabschluß um den Betrag des Veräußerungserlöses zu erhöhen sind, kann eine direkte Analogie zu einer Kapitalerhöhung, bei der die konzernfremden Gesellschafter sozusagen ein Aufgeld gezahlt haben, nicht gesehen werden. Nach den Regelungen des Aktiengesetzes[381] zählt zu den Voraussetzungen einer Kapitalerhöhung die Ausgabe neuer Aktien.[382] Im Falle der Veräußerung werden aber lediglich Aktien umgeschichtet, was nicht zu einer Erhöhung des Grundkapitals im Konzern führt. Weiterhin fehlt es aus Kon-

378 Vgl. *Dusemond, M./Weber, C.-P./Zündorf, H.*, in: HdK (1998), § 301 Rn. 210, 221.

379 Vgl. zur Buchungstechnik unter der Fiktion des Anteilsverkaufs als konzerninternem Kapitalvorgang: *Dusemond, M./Weber, C.-P./Zündorf, H.*, in: HdK (1998), § 301 Rn. 221, Übersicht 78 mit Erläuterungen.

380 Vgl. *Förschle/Kropp/Wöste* (1990), S. 115.

381 Die Maßnahmen der Kapitalbeschaffung sind im Ersten Buch, Sechster Teil, 2. Abschnitt des Aktiengesetzes geregelt.

382 Vgl. § 182 Abs. 1 Satz 4 AktG.

zernsicht am Kriterium der Zuzahlung von den Gesellschaftern des Mutterunternehmens.[383]

Ebenso ist kritisch anzumerken, daß ein Geschäfts- oder Firmenwert beibehalten wird, was letztlich einer Hochrechnung um den Minderheitenanteil gleichkommt. Dies ist aber nach deutschem Recht nicht zulässig, da der Geschäfts- oder Firmenwert ausschließlich eine Folge des Beteiligungserwerbs durch das Mutterunternehmen ist.[384]

Auch die buchungstechnische Fortführung der im Rahmen der Erstkonsolidierung aufgedeckten stillen Reserven/stillen Lasten steht im Widerspruch zur Anwendung der Buchwertmethode, da die Zuordnung solcher Beträge grundsätzlich auf den beteiligungsproportionalen Anteil der Konzerngesellschaften beschränkt ist.[385] Die durch eine Abschreibung der stillen Reserven in den Folgeperioden verursachte Beeinflussung des Konzernergebnisses steht in keiner Beziehung mehr zu den Anteilen des Mutterunternehmens, da diese bereits veräußert wurden.

Eine Lösung dieses Konflikts wird vermutlich darin gesehen, die Anteile anderer Gesellschafter sowohl rückwirkend als auch prospektiv mit den Abschreibungen auf die anteilig übernommenen stillen Reserven zu belasten.[386] Diese Vorgehensweise verstößt allerdings gegen den zutreffenden Ausweis der Anteile anderer Gesellschafter, da diese im Rahmen der Erstkonsolidierung nicht an den stillen Reserven beteiligt wurden, ihr Kapitalanteil jetzt aber durch nachträgliche Abschreibungen gemindert wird. Eine solche Zurechnung wäre nur bei Anwendung der Neubewertungsmethode zulässig, ihrer Konzeption entsprechend sogar geboten.[387]

Auch im Hinblick auf die Einhaltung des Totalerfolgskonzeptes ergeben sich Probleme aus der vorgeschlagenen Buchungstechnik, da die stillen Reserven als Teil der historischen Anschaffungskosten des Konzerns nicht vollständig über die Konzernerfolgsrechnung amortisiert werden, sondern den Ausgleichsposten für Anteile anderer Gesellschafter mindern.

---

383 Vgl. *Adler/Düring/Schmaltz* (1996), § 301 HGB Tz. 192.

384 Vgl. *Adler/Düring/Schmaltz* (1996), § 307 HGB Tz. 32; *Arbeitskreis "Externe Unternehmensrechnung"* (1989), S. 81; *Förschle, G./Hoffmann, K.*, in: Beck Bil.-Komm. (1999), § 307 Anm. 20, 26; *Kommission Rechnungswesen im Verband der Hochschullehrer für Betriebswirtschaft e.V.* (1985), S. 273; *Ordelheide, D.*, in: BHdR (1987), C 401 Anm. 64; *WP-Handbuch* (1996), Bd. I, M Anm. 374.

385 Vgl. *Adler/Düring/Schmaltz* (1996), § 301 HGB Tz. 75-78.

386 Vgl. *Dusemond, M./Weber, C.-P./Zündorf, H.*, in: HdK (1998), § 301 Rn. 221.

387 Vgl. auch *Warmbold, S.* (1995), S 197.

Ein während der Konzernzugehörigkeit erwirtschaftetes Ergebnis, welches auf die veräußerten Anteile entfällt, wird dagegen im Konzern durch die erfolgsneutrale Einstellung in die Kapitalrücklagen nicht mehr erfolgswirksam.

Schließlich ist in der erfolgsneutralen Erfassung der verbleibenden Anteile auch ein Widerspruch zur Konzeption der Erwerbsmethode zu sehen, da im Hinblick auf eine Differenzierung zwischen erworbenem und erwirtschaftetem Eigenkapital jede Teilveräußerung als separater erfolgswirksamer Vorgang betrachtet werden muß.[388]

In Anbetracht der aufgeführten Probleme im Zusammenhang mit der erfolgsneutralen Erfassung einer teilweisen Anteilsveräußerung und im Hinblick auf die Darstellung eines den tatsächlichen Verhältnissen entsprechenden Bildes der Vermögens-, Finanz- und Ertragslage des Konzerns scheint diese Variante nicht geeignet zur Abbildung des Veräußerungsvorgangs.

Eine eher vermittelnde Position zwischen erfolgsneutraler und erfolgswirksamer Erfassung findet sich bei *Förschle*.[389] Auch hier wird eine erfolgsneutrale Umbuchung der stillen Reserven/stillen Lasten sowie vorhandener Unterschiedsbeträge befürwortet. Im Unterschied zur Einstellung der Differenzen in die Kapitalrücklagen wird die Auffassung vertreten, daß den neuen Gesellschaftern ein Ausgleichsposten in Höhe des Konzernbuchwertes der Vermögensgegenstände und Schulden einschließlich der anteiligen aufgedeckten stillen Reserven/stillen Lasten sowie der Unterschiedsbeträge einzuräumen ist. Er stellt dabei auf den Sinn der Buchwertmethode ab, nur die pagatorisch abgesicherten, somit zahlungswirksamen Konzernanschaffungskosten auszuweisen. Da die Beträge der stillen Reserven bzw. eines Geschäfts- oder Firmenwertes im Konzern bezahlt worden sind, wären diese auch weiterhin zu erfassen.[390] Zur buchungstechnischen Vereinfachung erachtet *Förschle* die sofortige Abschreibung der Beträge zu Lasten des Ausgleichspostens für Anteile anderer Gesellschafter für zulässig.[391] Aber auch diese Vorgehensweise würde zu einem Auseinanderfallen der Totalerfolgsbeiträge in Einzel- und Konzernabschluß führen. Ein Differenzbetrag zwischen Veräußerungserlös und dem neu einzubuchenden Ausgleichsposten wird hier dagegen erfolgswirksam als Konzernerfolg gezeigt.[392]

388 Vgl. *Warmbold, S.* (1995), S. 197.
389 Vgl. *Förschle, G./Hoffmann, K.*, in: Beck Bil.-Komm. (1999), § 307 Anm. 49-51.
390 Vgl. *Förschle, G./Hoffmann, K.*, in: Beck Bil.-Komm. (1999), § 307 Anm. 50; so auch *Schindler, J.* (1986), S. 189-193, 233-236.
391 Vgl. *Förschle, G./Hoffmann, K.*, in: Beck Bil.-Komm. (1999), § 307 Anm. 51.
392 Vgl. *Förschle, G./Hoffmann, K.*, in: Beck Bil.-Komm. (1999), § 307 Anm. 49.

4.2.1.2.1.3 Erfolgswirksame Erfassung des Veräußerungsvorgangs

Die im Schrifttum vorherrschende Auffassung geht entgegen den im vorangegangenen Abschnitt dargestellten Alternativen von einer erfolgswirksamen Erfassung des Endkonsolidierungsergebnisses aus, wobei dem Veräußerungserlös, wie im Falle der vollständigen Veräußerung, ein Abgangswert gegenüberzustellen ist.[393] Bei der teilweisen Veräußerung sind allerdings Modifikationen dahingehend erforderlich, daß lediglich ein anteiliger bilanzieller Abgangswert zu ermitteln ist und konzerninterne Geschäftsbeziehungen keiner gesonderten Berücksichtigung bedürfen, da diese weiterhin zu eliminieren sind.[394]

Bei Anwendung der Buchwertmethode sind die auf die veräußerten Anteile entfallenden stillen Reserven/stillen Lasten und ein anteiliger Geschäfts- oder Firmenwert bzw. anteiliger passivischer Unterschiedsbetrag in der Konzernbilanz als Abgang zu behandeln, soweit die entsprechenden Posten noch nicht abgeschrieben sind. Damit werden die Mehrwerte eliminiert, die nun auf Anteile anderer Gesellschafter entfallen und entsprechend den gesetzlichen Vorschriften der §§ 301 und 307 HGB nicht ausgewiesen werden dürfen.[395] Aus Konzernsicht können diese Kürzungen als nachträgliche Anschaffungspreisminderungen interpretiert werden.[396]

Unter Anwendung der Neubewertungsmethode ist in den Abgangswert lediglich ein anteiliger Geschäfts- oder Firmenwert bzw. passivischer Unterschiedsbetrag einzubeziehen, da der Konzeption dieser Methode entsprechend im Rahmen der Erstkonsolidierung eine volle Aufdeckung der stillen Reserven/stillen Lasten vorgenommen wurde.[397] Insofern steht der Fiktion des Abgangs der stillen Reserven eine Fiktion des Zugangs bei den Minderheitsgesellschaftern gegenüber, was zu einer Erhöhung des Ausgleichspostens für Anteile anderer Gesellschafter führt.

Unabhängig von der angewandten Konsolidierungsmethode sind die seit der Erstkonsolidierung bei dem Tochterunternehmen aus thesaurierten Gewinnen gebildeten Gewinnrücklagen, die auf die verkauften Anteile entfallen, in den Abgangswert einzubeziehen.[398] Nur so ist gewährleistet, daß ein Veräußerungs-

---

393 Vgl. *Adler/Düring/Schmaltz* (1996), § 301 HGB Tz. 188; *Baetge, J.* (1994), S. 542; *Busse von Colbe, W./Ordelheide, D.* (1993), S. 302; *Schindler, J.* (1986), S. 167; *WP-Handbuch* (1996), Bd. I, M Anm. 379.

394 Vgl. *Baetge, J.* (1994), S. 542.

395 Vgl. *Adler/Düring/Schmaltz* (1996), § 301 HGB Tz. 189.

396 Vgl. *Warmbold, S.* (1995), S. 199.

397 Vgl. *Adler/Düring/Schmaltz* (1996), § 301 HGB Tz. 190.

398 Vgl. *Adler/Düring/Schmaltz* (1996), § 301 HGB Tz. 191; *Schindler, J.* (1986), S. 167, 168; *WP-Handbuch* (1996), Bd. I, M Anm. 381.

erfolg ermittelt wird, der zu dem Ausweis eines mit dem Einzelabschluß übereinstimmenden Totalerfolgsbeitrages führt. Daneben ist auch ein evtl. erfolgsneutral mit den Rücklagen des Konzerns verrechneter Geschäfts- oder Firmenwert anteilig im Abgangswert zu erfassen. Da die konzerninternen Beziehungen weiter aufrechterhalten bleiben, ist zu beachten, daß Zwischenergebnisse im Zeitpunkt der Anteilsveräußerung nicht zu Ergebniswirkungen führen dürfen, da diese auch weiterhin im Konzernabschluß eliminiert werden. Gleiches gilt für konzerninterne Schuldbeziehungen, um Doppelerfassungen zu vermeiden.

Der Ausgleichsposten für Anteile anderer Gesellschafter ist um den auf die neuen Anteile entfallenden Eigenkapitalanteil des Tochterunternehmens zu erhöhen. Dieser Wert entspricht den anteiligen Werten der Vermögensgegenstände und Schulden des Tochterunternehmens, die jetzt auf die anderen Gesellschafter entfallen.[399] Gleichzeitig spiegeln sich hierin die Rücklagen wider, die zwischen Erstkonsolidierung und Veräußerung bei dem Tochterunternehmen gebildet worden sind.[400]

Zur Veranschaulichung soll oben eingeführtes Beispiel[401] fortgeführt werden. Die Einzelbilanzen stellen sich wie folgt dar:

MU Handelsbilanz II Jahr 01/Jahr 02			
Anteile an TU	1000	gez. Kapital	1500
übrige VG	2000	Rücklagen	500
		Bilanzgewinn	200
		Verbindl.	800
	3000		3000

TU Handelsbilanz II Jahr 01/Jahr 02			
übrige VG	1000	gez. Kapital	700
		Rücklagen	100
		Bilanzgewinn	0
		Verbindl.	200
	1000		1000

Die Erst- und Folgekonsolidierungen stimmen mit den Konsolidierungsmaßnahmen in Tab. 4-3[402] überein. Im Jahr 03 veräußert das Mutterunternehmen 20 % der Anteile an dem Tochterunternehmen (anteiliger Buchwert 250 = 1000/0,8*0,2) zu 300 an außenstehende Dritte. Im Einzelabschluß des Mutterunternehmens ergibt sich aus der Veräußerung der Anteile ein Bilanzgewinn von 50. Der Buchwert der Anteile in Höhe von 750 entspricht einer Anteilsquote von nunmehr 60 %. Die Einzelbilanzen sowie die Maßnahmen zur Durchführung einer erfolgswirksamen Endkonsolidierung der teilweisen Anteilsveräußerung stellen sich im Jahr 03 wie folgt dar:

399 Vgl. *Warmbold, S.* (1995), S. 199.
400 Vgl. *Adler/Düring/Schmaltz* (1996), § 307 HGB Tz. 58; *WP-Handbuch* (1996), Bd. I, M Anm. 381.
401 Vgl. Beispiel (S. 104).
402 Vgl. Tab. 4-3 (S. 109).

MU Handelsbilanz II Jahr 03			
Anteile an TU	750	gez. Kapital	1500
übrige VG	2300	Rücklagen	700
		Bilanzgewinn	50
		Verbindl.	800
	3050		3050

TU Handelsbilanz II Jahr 03			
übrige VG	1000	gez. Kapital	700
		Rücklagen	100
		Bilanzgewinn	0
		Verbindl.	200
	1000		1000

Posten	Summen-bilanz 03		Erst-/Folge-konsol.		Endkonsolidierung		Konzern-bilanz 03	
	Soll	Haben	Soll	Haben	Soll	Haben	A	P
Ant. an TU	750			1) 1000	5) 250			
übrige VG	3300		1) 64			3) 16 5) 12	3336	
GoF			1) 210			4) 70 5) 35	105	
gez. Kap.		2200	1) 560 2) 140		6) 140	5) 140		1500
Rücklagen		800	1) 80 1) 86 2) 20		6) 20	5) 20		614
Bilanzgew.		50			3) 16 4) 70	5) 43		7
AfAaG				2) 160		6) 160		320
Verbindl.		1000						1000
	4050	4050	1160	1160	496	496	3441	3441

Tab. 4-5: Teilweise Endkonsolidierung nach der Erwerbsmethode/Buchwertmethode

Mit Buchung 1) werden die Maßnahmen der Erst- und Folgekonsolidierung bei Zugrundelegung des ursprünglichen Anteilsbesitzes (80 %) des MU am TU wiederholt. Mit Buchung 2) wird das anteilige Eigenkapital (vor Veräußerung) in den Ausgleichsposten für Anteile anderer Gesellschafter eingestellt. Mit den Buchungen 3) und 4) werden die stillen Reserven (16) und der Geschäfts- oder Firmenwert (70) für das Abgangsjahr 03 fortgeführt. Mit Buchung 5) erfolgt die Korrektur der Anteilsveräußerung. Der Verminderung des Wertansatzes der Beteiligung (250) stehen die Abgänge der noch nicht verrechneten anteiligen stillen Reserven (12 = 48/0,8*0,2) und des anteiligen noch nicht verrechneten Firmenwertes (35 = 140/0,8*0,2) sowie die Berichtigung des Eigenkapitals (140 = 700*0,2; 20 = 100*0,2) gegenüber. Die entstehende Differenz in Höhe von 43 ist erfolgswirksam zu berichtigen und schlägt sich im Posten Bilanzgewinn nieder. Mit Buchung 6) wird der Ausgleichsposten für Anteile anderer Gesellschafter um 20 % des Eigenkapitals des Tochterunternehmens erhöht.

Diese Vorgehensweise führt, wie nachfolgende Übersicht zeigt, zu einem über die Gesamtperioden betrachtet, in Einzel- und Konzernabschluß identischen Erfolgsbeitrag der veräußerten 20 %igen Beteiligung an dem Tochterunternehmen.

Erfolgsbeitrag	**Jahr 01**	**Jahr 02**	**Jahr 03**	**Gesamt**
Einzelabschluß MU	0	0	50	50
Konzernabschluß	0	-21,5	-21,5; -207; +300	50

Im Einzelabschluß ergibt sich der Erfolgsbeitrag in Periode 03 aus dem Veräußerungserlös (300) abzüglich dem anteiligen Buchwert (250). Im Konzernabschluß wurden Teile der Anschaffungskosten (21,5 = 86/0,8*0,2) bereits in 02 durch Abschreibung der stillen Reserven und des Geschäfts- oder Firmenwertes erfolgswirksam, in 03 wurden ebenfalls Abschreibungen bis zum Veräußerungszeitpunkt berücksichtigt (21,5). Dem Veräußerungserlös (300) werden als Abgangswert (207) die anteiligen noch nicht verrechneten stillen Reserven (12) sowie der noch nicht aufwandswirksam gewordenen Geschäfts- oder Firmenwert (35) und das anteilige Eigenkapital (160) gegenübergestellt. Die Totalerfolge stimmen somit in Einzel- und Konzernabschluß überein.

Die erfolgswirksame Erfassung des Tatbestandes einer teilweisen Anteilsveräußerung geht konform mit dem Konzept der Erwerbsmethode ebenso wie mit dem Grundsatz der Identität der Totalerfolge aus einer Beteiligung in Einzel- und Konzernabschluß. Aus diesem Grund wird auch hier die erfolgswirksame Erfassung als zu präferierende Variante angesehen. Zu berücksichtigen ist allerdings, daß die Endkonsolidierung nur die Beendigung der Kapitalkonsolidierung der veräußerten Anteile umfaßt, die übrigen Konsolidierungsmaßnahmen aufgrund der Beibehaltung der Vollkonsolidierung dagegen unberührt bleiben.

4.2.1.2.2 Wechsel der Konsolidierungsmethode

4.2.1.2.2.1 Übergang zur Quotenkonsolidierung

Sind nach einer teilweisen Anteilsveräußerung die Voraussetzungen zur Klassifizierung der Beteiligung als Gemeinschaftsunternehmen gegeben, ist das ehemalige Tochterunternehmen in den Folgeperioden entweder gem. § 310 HGB quotal oder gem. § 311 HGB nach der Equity-Methode in den Konzernabschluß einzubeziehen. Wird die Quotenkonsolidierung gewählt, ist in einem ersten Schritt für die veräußerten Anteile eine erfolgswirksame Endkonsolidierung durchzuführen.[403] Die auf konzernfremde Gesellschafter entfallenden Werte der Vermögensgegenstände und Schulden sind erfolgsneutral gegen den Ausgleichsposten für Anteile anderer Gesellschafter auszubuchen.[404] Dagegen sind die im Konzernabschluß verbleibenden anteiligen Vermögens- und Schuldposten weiterhin im Konzernabschluß auszuweisen und analog der Anwendung der Vollkonsolidierung in den Folgeperioden fortzuführen.[405] In gleicher Weise sind die im Rahmen der Vollkonsolidierung begonnenen Fortschreibungen der stillen Reserven/stillen Lasten sowie eines Geschäfts- oder Firmenwertes quotal fortzusetzen.[406] Besondere Maßnahmen einer Übergangskonsolidierung sind insofern nicht erforderlich.[407] Der Übergang von der Vollkonsolidierung auf die Quotenkonsolidierung stellt damit für die verbleibenden Anteile einen erfolgsneutralen Vorgang dar.[408] Zur Darstellung der Buchungstechnik soll das bereits eingeführte Beispiel abgewandelt werden.

Beispiel: Das Mutterunternehmen (MU) erwirbt im Jahr 01 ein Tochterunternehmen (TU) zu 80 %. In den Vermögensgegenständen (VG) des TU sind stille Reserven auf abnutzbares Anlagevermögen (Nutzungsdauer fünf Jahre) i.H.v. 100 enthalten, ein verbleibender Geschäfts- oder Firmenwert wird über vier Jahre, beginnend im ersten Jahr der Folgekonsolidierung abgeschrieben. Die Bilanzen stellen sich wie folgt dar:

---

403 Vgl. *Busse von Colbe, W./Ordelheide, D.* (1993), S. 259; *Hayn, B.* (1997), S. 57.

404 Vgl. *Dusemond, M./Weber, C.-P./Zündorf, H.*, in: HdK (1998), § 301 Rn. 387.

405 Vgl. *Busse von Colbe, W./Ordelheide, D.* (1993), S. 259; *Dusemond, M./Weber, C.-P./Zündorf, H.*, in: HdK (1998), § 301 Rn. 387; *Elkart, W./Hundt, K.-H./Müller, K.* (1991), S. 76; *v. Wysocki, K./Wohlgemuth, M.* (1996), S. 153.

406 Vgl. *Busse von Colbe, W./Ordelheide, D.* (1993), S. 259.

407 Vgl. *Adler/Düring/Schmaltz* (1996), § 301 HGB Tz. 288.

408 Vgl. *Hayn, B.* (1997), S. 57.

MU Handelsbilanz II Jahr 01			
Anteile an T	1000	gez. Kapital	1500
übrige VG	2000	Rücklagen	500
		Bilanzgewinn	200
		Verbindl.	800
	3000		3000

TU Handelsbilanz II Jahr 01			
übrige VG	1000	gez. Kapital	700
		Rücklagen	100
		Bilanzgewinn	0
		Verbindl.	200
	1000		1000

Die Maßnahmen der Erst- und Folgekonsolidierung entsprechen den Buchungen in Tab. 4-3.[409]

Im Jahr 03 veräußert das Mutterunternehmen 30 % der Anteile an dem Tochterunternehmen (anteiliger Buchwert 375 = 1000/0,8*0,3) zu 450 an außenstehende Dritte. Im Einzelabschluß des Mutterunternehmens ergibt sich aus der Veräußerung der Anteile ein Gewinn von 75. Der Buchwert der Anteile in Höhe von 625 entspricht einer Anteilsquote von nunmehr 50 %, die ab Periode 04 quotal in den Konzernabschluß einbezogen werden. Die Einzelbilanzen stellen sich im Jahr 03 wie folgt dar:

MU Handelsbilanz II Jahr 03			
Anteile an TU	625	gez. Kapital	1500
übrige VG	2450	Rücklagen	700
		Bilanzgewinn	75
		Verbindl.	800
	3075		3075

TU Handelsbilanz II Jahr 03/quotal			
übrige VG	500	gez. Kapital	350
		Rücklagen	50
		Bilanzgewinn	0
		Verbindl.	100
	500		500

Da sich buchungstechnisch keine wesentlichen Unterschiede zu den vorangegangenen Beispielen ergeben, soll an dieser Stelle lediglich auf die Totalerfolgswirkung eingegangen werden. Zum Vergleich wird auf die Tab. 4-5[410] mit den entsprechenden Erläuterungen zur teilweisen Veräußerung unter Beibehaltung der Vollkonsolidierung verwiesen. Die Erfolgsbeiträge der veräußerten 30 %igen Beteiligung setzen sich in Einzel- und Konzernabschluß wie folgt zusammen:

Erfolgsbeitrag	**Jahr 01**	**Jahr 02**	**Jahr 03**	**Gesamt**
Einzelabschluß MU	0	0	75	75
Konzernabschluß	0	-32,25	-32,25; -310,5; +450	75

409 Vgl. Tab. 4-3 (S. 109).
410 Vgl. Tab. 4-5 (S. 118).

Im Einzelabschluß ergibt sich der Erfolgsbeitrag aus der Beteiligung in Periode 03 (= Totalerfolg) aus dem Veräußerungserlös (450) abzüglich dem anteiligen Buchwert (375). Im Konzernabschluß wurden Teile der Anschaffungskosten (32,25 = 86/0,8*0,3) bereits in 02 durch Abschreibung der stillen Reserven und des Geschäfts- oder Firmenwertes erfolgswirksam, in 03 wurden ebenfalls Abschreibungen bis zum Veräußerungszeitpunkt berücksichtigt (32,25). Dem Veräußerungserlös (450) werden als Abgangswert (310,5) die anteiligen noch nicht verrechneten stillen Reserven (18 = 48/0,8*0,3) sowie der anteilige noch nicht aufwandswirksam gewordenen Geschäfts- der Firmenwert (52,5 = 140/0,8*0,3) und das anteilige Eigenkapital (240 = 800*0,3) gegenübergestellt. Die Totalerfolge (75) stimmen somit in Einzel- und Konzernabschluß überein.

Im Gegensatz zur Buchwertmethode sind bei Anwendung der Neubewertungsmethode ihrer Konzeption entsprechend die anderen Gesellschafter quotal an den stillen Reserven/stillen Lasten beteiligt, so daß diese auch bei der Ermittlung des auf die konzernfremden Gesellschafter entfallenden Endkonsolidierungserfolges berücksichtigt werden müssen. Davon abgesehen bestehen keine wesentlichen Unterschiede zur konsolidierungstechnischen Erfassung nach der Buchwertmethode.

4.2.1.2.2.2 Übergang zur Equity-Methode

Hat das ehemals vollkonsolidierte Unternehmen nach einer teilweisen Anteilsveräußerung nun den Status eines assoziierten Unternehmens, so ist ein Übergang von der Vollkonsolidierung auf die Equity-Methode erforderlich. Dies gilt ebenso, wenn die Anteilsveräußerung dazu geführt hat, daß die Restanteile als Gemeinschaftsunternehmen zu klassifizieren sind, aber von dem Wahlrecht der Einbeziehung in Form der Equity-Methode an Stelle der Quotenkonsolidierung Gebrauch gemacht wird.[411]

Grundsätzlich ist in einem ersten Schritt die erfolgswirksame Endkonsolidierung des Tochterunternehmens durchzuführen. Die Abgänge der Vermögens- und Schuldposten sowie gegebenenfalls vorhandener Unterschiedsbeträge stellen die Beendigung des Mutter-Tochter-Verhältnisses dar.[412] Eventuell vorhandene Minderheitenanteile am Abgangswert werden erfolgsneutral gegen den Ausgleichsposten für Anteile anderer Gesellschafter ausgebucht.

---

411 Vgl. *Busse von Colbe, W./Ordelheide, D.* (1993), S. 261; *Dusemond, M./Weber, C.-P./Zündorf, H.*, in: HdK (1998), § 301 Rn. 386 (auch Darstellung anderer Gründe, die zu einer Übergangskonsolidierung führen können).

412 Vgl. *Förschle, G./Deubert, M.*, in: Beck Bil.-Komm. (1999), § 301 Anm. 261; *Hayn, B.* (1997), S. 57.

In einem zweiten Schritt wird die Beteiligung mit einem Equity-Wert in den Konzernabschluß eingestellt, der dem auf das Mutterunternehmen entfallenden anteiligen Abgangswert des Tochterunternehmens genau entspricht.[413] Dies wird als zulässig angesehen, da sowohl für den § 301 HGB als auch für den § 312 HGB dieselben Konsolidierungsmethoden anwendbar sind.[414] Die im Equity-Ansatz enthaltenen Unterschiedsbeträge sind in einer statistischen Nebenrechnung fortzuführen.[415] Insofern ergeben sich grundsätzlich Erfolgswirkungen nur aus der Endkonsolidierung der veräußerten Anteile, der Übergang der verbleibenden Beteiligung auf die Equity-Methode stellt sich dagegen ergebnisneutral dar.[416]

Aus mehreren Gründen kann es gleichwohl zum Erfordernis einer Erfolgswirkung beim Übergang auf die Equity-Methode kommen.[417] Zum einen kann sich eine Abweichung zwischen anteiligem Eigenkapital nach der Equity-Methode und dem anteiligen Reinvermögen zu bisherigen Konzernwerten daraus ergeben, daß gemäß § 312 Abs. 5 HGB auf die Anwendung der konzerneinheitlichen Ansatz- und Bewertungsmethoden gem. §§ 300, 308 HGB für den Einzelabschluß des assoziierten Unternehmens verzichtet werden darf.[418] Des weiteren ist bei Anwendung der Equity-Methode eine erfolgswirksame Schuldenkonsolidierung nicht vorgesehen und gem. § 312 Abs. 5 Satz 3 HGB kann auf die Durchführung der Zwischenergebniseliminierung verzichtet werden.[419] Ob die Befreiungsregelung für die Zwischenergebniseliminierung bereits im Übergangszeitpunkt gilt, ist im Schrifttum umstritten, da die notwendigen Informationen nach vorheriger Vollkonsolidierung im Regelfall noch vorliegen.[420] Spätestens in den Folgejahren greift aber das Wahlrecht auf den Verzicht zur Zwischenerfolgseliminierung auch für vormals vollkonsolidierte Tochterunternehmen.

Eine aus den genannten Gründen möglicherweise entstehende Differenz zwischen anteiligem Eigenkapital und anteiligem Reinvermögen zu bisherigen Konzernwerten sollte bereits im Übergangszeitpunkt als erfolgswirksame An-

---

413 Vgl. *Busse von Colbe, W./Ordelheide, D.* (1993), S. 261.

414 Vgl. *Förschle, G./Deubert, M.*, in: Beck Bil.-Komm. (1999), § 301 Anm. 261; *Ordelheide, D.* (1986), S. 770.

415 Vgl. *Hayn, B.* (1997), S 57.

416 Vgl. *Ordelheide, D.*, in: BHdR (1987), C 403 Anm. 38.

417 Vgl. *Busse von Colbe, W./Ordelheide, D.* (1993), S. 262; *Ordelheide, D./Pfaff, D.*, in: HWRev (1992), Sp. 444.

418 Vgl. *Adler/Düring/Schmaltz* (1996), § 301 HGB Tz. 287; *Förschle, G./Deubert, M.*, in: Beck Bil.-Komm. (1999), § 301 Anm. 262.

419 Vgl. *Busse von Colbe, W./Ordelheide, D.* (1993), S. 262, 263.

420 Vgl. *Ordelheide, D.* (1986), S. 770.

passung an den Wertansatz nach der Equity-Methode in der Konzern- Gewinn- und Verlustrechung erfaßt werden.[421]

Während für die veräußerten Anteile in jedem Fall das Endkonsolidierungsergebnis in der Konzernerfolgsrechnung gezeigt werden muß, werden hinsichtlich der Übergangskonsolidierung zwei Möglichkeiten des Ausweises in Betracht gezogen. Zum einen können zunächst die gesamten Vermögens- und Schuldposten des Tochterunternehmens als Abgang gezeigt werden, um dann in Höhe des Equity-Wertes eine Einbuchung als Beteiligung vorzunehmen.[422] Demnach sollte auch der Abgangswert vollständig als Aufwand und der Zugangswert als Ertrag aus der Zuschreibung ausgewiesen werden, da aus Konzernsicht das Ausscheiden eines Tochterunternehmens und die erstmalige Einbeziehung einer Beteiligung darzustellen sind.[423] Zum anderen besteht die Möglichkeit, für den im Konzern verbleibenden Anteil statt Ab- und Zugang eine Umbuchung vorzunehmen, um die Kontinuität der Beziehung zu dem Beteiligungsunternehmen zu dokumentieren.[424] Unter diesem Gesichtspunkt kann auf eine erfolgswirksame Behandlung der auf die Restanteile entfallenden Abgänge einerseits und die Darstellung des Zugangs der Equity-Beteiligung als erfolgswirksame Zuschreibung andererseits verzichtet werden.[425]

Die Anwendung beider sich lediglich in der Form des Ausweises unterscheidender Varianten, die materiell aber zum gleichen Ergebnis führen, erscheint auch unter dem Gesichtspunkt der Informationsvermittlung vertretbar. In dieser Arbeit wird dennoch der ersten, mithin der Bruttovariante der Vorzug gegeben, da sich unter hier vertretener Auffassung der Übergang von einer Konsolidierungsmethode zu einer anderen Form der Einbeziehung nicht als ein in sich geschlossener Vorgang darstellt, sondern der Abgang eines Tochterunternehmens aus dem Kreis der vollkonsolidierten Unternehmen als Endkonsolidierung einerseits und der Zugang zu dem Kreis der nach der Equity-Methode einzubeziehenden Unternehmen als Erstkonsolidierung andererseits zu zeigen ist. Im Hinblick auf die Buchungstechnik ergeben sich, abgesehen von den dargestellten Ausweismöglichkeiten, keine Besonderheiten.[426]

---

421 Vgl. *Adler/Düring/Schmaltz* (1996), § 301 HGB Tz. 287; *Hayn, B.* (1997), S. 56.

422 Vgl. *Ordelheide, D.* (1986), S. 770.

423 Vgl. *Busse von Colbe, W./Ordelheide, D.* (1993), S. 261; *Förschle, G./Deubert, M.*, in: Beck Bil.-Komm. (1999), § 301 Anm. 261.

424 Vgl. *Ordelheide, D.* (1986), S. 770.

425 Vgl. *Adler/Düring/Schmaltz* (1996), § 301 HGB Tz. 286; *Ordelheide, D.*, in: BHdR (1987), C 403 Anm. 39.

426 Vgl. *Hayn, B.* (1999), S. 374-391 mit einer umfassenden schematischen Darstellung der alternativen Ermittlungswege zur Bestimmung der Abgangs- und Zugangswerte und somit der End- bzw. Übergangserfolge.

4.2.1.2.2.3 Übergang zur Anschaffungskostenbewertung

Sind die Voraussetzungen für eine Einbeziehung der verbleibenden Anteile als weiterhin vollkonsolidiertes Tochterunternehmen, als quotenkonsolidiertes Gemeinschaftsunternehmen bzw. als assoziiertes Unternehmen nicht mehr gegeben, so ist die Beteiligung nach den Bilanzierungs- und Bewertungsgrundsätzen des Einzelabschlusses zu behandeln. D.h., die Anteile sind im Rahmen der Anschaffungskostenbewertung zu ihren Anschaffungskosten oder niedrigeren Tageswerten in den Konzernabschluß einzubeziehen.[427]

Einigkeit besteht im Schrifttum hinsichtlich der Notwendigkeit einer erfolgswirksamen Endkonsolidierung für die abgehenden Anteile.[428] Die hier erforderlichen konsolidierungstechnischen Maßnahmen unterscheiden sich nicht von den bereits diskutierten Vorgehensweisen bei der teilweisen Anteilsveräußerung mit Wechsel der Konsolidierungsmethode. Kontrovers diskutiert wird hingegen die Frage, ob bzgl. der im Konzernabschluß verbleibenden Anteile ein erfolgsneutraler oder ein erfolgswirksamer Übergang auf die Anschaffungskostenbewertung vorzunehmen ist.[429]

Das zentrale Kriterium ist hierbei die Entscheidungsfindung, ob für den zukünftigen Wertansatz der verbleibenden Anteile der Buchwert aus dem Einzelabschluß des haltenden Unternehmens, d.h. die fortgeführten ursprünglichen Anschaffungskosten der Anteile gem. Handelsbilanz II, oder ein aus Konzersicht fortgeschriebener Anschaffungswert maßgeblich ist. Im Hinblick auf die Bestimmung der Differenz zwischen Abgangswert und Zugangswert der Anteile sowie der Erfolgswirksamkeit dieser Differenz werden im Schrifttum eine Reihe von unterschiedlichen Vorgehensweisen diskutiert[430], die jedoch jeweils unter der Grundsatzentscheidung über die Erfolgswirksamkeit zu subsumieren sind, und daher in der folgenden Analyse implizit Berücksichtigung finden.

---

[427] Vgl. *Adler/Düring/Schmaltz* (1996), § 301 HGB Tz. 277; *Busse von Colbe, W./ Ordelheide, D.* (1993), S. 265.

[428] Vgl. *Adler/Düring/Schmaltz* (1996), § 301 HGB Tz. 278; *Busse von Colbe, W./Ordeheide, D.* (1993), S. 265; *Dusemond, M./Weber, C.-P./Zündorf, H.*, in: HdK (1998), § 301 Rn. 388; *Elkart, W./Hundt, K.-H./Müller, K.* (1991), S. 76; *Förschle, G./ Deubert, M.*, in: Beck Bil.-Komm. (1999), § 301 Anm. 263; *v. Wysocki, K./Wohlgemuth, M.* (1996), S. 154.

[429] Vgl. für die erfolgsneutrale Erfassung: *Baetge, J.* (1994), S. 549; *Dusemond, M./Weber, C.-P./Zündorf, H.*, in: HdK (1998), § 301 Rn. 388; *Hayn, B.* (1997), S. 58; *Herrmann, D.* (1994), S. 215; *Lehertshuber, B.* (1986), S. 195; *Warmbold, S.* (1995), S. 204, 205; dagegen für eine erfolgswirksame Erfassung: *Adler/Düring/ Schmaltz* (1996), § 301 HGB Tz. 283; *Busse von Colbe, W./Ordelheide, D.* (1993), S. 265; *Elkart, W./Hundt, K.-H./Müller, K.* (1991), S. 76; *Förschle, G./Deubert, M.*, in: Beck Bil.-Komm. (1999), § 301 Anm. 263; *Ordelheide, D.* (1986), S. 771.

[430] Vgl. *Hayn, B.* (1999), S. 392-395 (ausführlich zum Meinungsstand in der Literatur).

Im Rahmen des erfolgswirksamen Übergangs auf die Anschaffungskostenmethode sind die verbleibenden Anteile mit den historischen bzw. fortgeführten Anschaffungskosten aus dem Einzelabschluß des die Beteiligung haltenden Unternehmens anzusetzen.[431] Die Erfolgswirkung ergibt sich aus der Differenz zwischen dem angesetzten Beteiligungswert und dem auf diese Anteile entfallenden Abgangswert der Vermögens- und Schuldposten des Tochterunternehmens zu Konzernwerten.[432] Die Unterschiede resultieren dabei im wesentlichen aus bereits erfolgswirksam aufgelösten oder abgeschriebenen stillen Reserven/stillen Lasten bzw. eines Geschäfts- oder Firmenwertes sowie aus Gewinnthesaurierungen des Tochterunternehmens, die zu Erhöhungen der Konzernrücklagen geführt haben.[433] Nach überwiegender Meinung ist diese Differenz im Zeitpunkt des Übergangs erfolgswirksam im Konzernabschluß zu erfassen.[434] Buchungstechnisch wird dabei zunächst eine erfolgswirksame Endkonsolidierung für sämtliche Anteile vorgenommen und in einem zweiten Schritt werden die verbleibenden Anteile erfolgswirksam im Wege einer Zuschreibung in Höhe der Anschaffungskosten wieder eingebucht.[435]

Dagegen werden bei der erfolgsneutralen Übergangskonsolidierung die verbleibenden Anteile mit einem fortgeschriebenen Wert angesetzt, der dem im Veräußerungszeitpunkt anteiligem Eigenkapital entspricht.[436] Die Anteile werden somit zu einem Wert, der auch über die ursprünglichen Anschaffungskosten hinaus gehen kann, ausgewiesen[437], zu dem sie angesetzt würden, wenn sie von Anfang an nach der Equity-Methode bewertet worden wären.[438] Dieser Wert stellt in nachfolgenden Konzernabschlüssen die Wertobergrenze der Anteile dar. Eine Erfolgswirkung würde im Konzern erst durch Beteiligungsabschreibungen im Einzelabschluß oder eine spätere Veräußerung der Anteile eintreten.[439]

---

431 Vgl. *Ordelheide, D.* (1986), S. 771.

432 Vgl. *Förschle, G./Deubert, M.*, in: Beck Bil.-Komm. (1999), § 301 Anm. 263; *Ordelheide, D.*, in: BHdR (1987), C 403 Anm. 49; *Warmbold, S.* (1995), S. 203.

433 Vgl. *Adler/Düring/Schmaltz* (1996), § 301 HGB Tz. 282.

434 Vgl. *Adler/Düring/Schmaltz* (1996), § 301 HGB Tz. 283; *Elkart, W./Hundt, K.-H./ Müller, K.* (1991), S. 76; *Förschle, G./Deubert, M.*, in: Beck Bil.-Komm. (1999), § 301 Anm. 263; *Ordelheide, D.*, in: BHdR (1987), C 403 Anm. 47-49; *v. Wysocki, K./Wohlgemuth, M.* (1996), S. 154.

435 Vgl. *Förschle, G./Deubert, M.*, in: Beck Bil.-Komm. (1999), § 301 Anm. 263; *Ordelheide, D.*, in: BHdR (1987), C 403 Anm. 47-49.

436 Vgl. *Dusemond, M./Weber, C.-P./Zündorf, H.*, in: HdK (1998), § 301 Rn. 388; *Hayn, B.* (1997), S. 58; *Lehertshuber, B.* (1986), S. 195.

437 Vgl. *Warmbold, S.* (1995), S. 203.

438 Vgl. *Dusemond, M./Weber, C.-P./Zündorf, H.*, in: HdK (1998), § 301 Rn. 388.

439 Vgl. *Warmbold, S.* (1995), S. 204.

Nachdem es offensichtlich keine unterschiedlichen Auffassungen hinsichtlich der erfolgswirksamen Endkonsolidierung der veräußerten Anteile und bezüglich des Ausweises der verbleibenden Anteile gibt, besteht noch das Problem der Bewertung der anzusetzenden Anteile. Mithin ist zu prüfen, wie die Anschaffungskosten für die verbleibenden Anteile im Zeitpunkt des Übergangs von der Vollkonsolidierung auf die Anschaffungskostenbewertung zu bemessen sind, um den definierten Zielsetzungen der Endkonsolidierung gerecht zu werden und eine sachgerechte Darstellung des Bildes der Vermögens-, Finanz- und Ertragslage des Konzerns zu gewährleisten.

Zunächst ist anzumerken, daß durch den Untergang der wirtschaftlichen Einheit entsprechend der Fiktion des Einzelabgangs die einzelnen Vermögens- und Schuldposten des aus dem Konsolidierungskreis ausgeschiedenen Tochterunternehmens mit den Konzernwerten im Zeitpunkt des Ausscheidens als Abgang darzustellen sind.[440] Die Existenz von Restanteilen im Konzern ändert nichts an der Tatsache, daß die einheitstheoretische Konzernsichtweise beendet wurde. An die Stelle der Vermögensgegenstände und Schulden sollten somit als Bilanzwert die Anschaffungskosten der Anteile bzw. ihr fortgeschriebener Buchwert aus dem Einzelabschluß des Mutterunternehmens treten. Das Tochterunternehmen existiert nicht mehr, und für die Einbeziehung von Beteiligungsunternehmen besteht in der Konzernbilanz lediglich eine Einbeziehungspflicht im Sinne einer Ansatzpflicht der Beteiligung als Vermögensgegenstand nach § 298 Abs. 1 i.V.m. § 246 Abs. 1 Satz 1 HGB. Die Bewertung richtet sich nach § 300 Abs. 2 i.V.m. § 253 Abs. 1 und 2 HGB.[441] Im Einzelabschluß wird die Equity-Bewertung von Beteiligungen als nicht zulässig angesehen.[442] Da die Voraussetzungen für die Bilanzierung nach der Equity-Methode im Konzernabschluß ebenfalls nicht gegeben sind, kann ein Ansatz der Anteile mit dem Equity-Wert im Zeitpunkt des Übergangs nicht vorgenommen werden.[443] Auch die Tatsache, daß Bewertungswahlrechte gem. § 308 HGB wieder aufleben[444], ändert nichts am Verbot der Equity-Bewertung. Sollte diese Vorgehensweise dennoch gewählt werden, so ist hierin ein Verstoß gegen das Anschaffungswertprinzip und somit auch gegen den Vorsichtsgedanken zu sehen.

440 Vgl. *Adler/Düring/Schmaltz* (1996), § 301 HGB Tz. 279.

441 Vgl. *Scherrer, G.* (1994), S. 92, 93.

442 Die Anwendung der Equity-Methode auch für die Bilanzierung von Beteiligungen im Einzelabschluß wurde und wird im Schrifttum diskutiert. Aber trotz möglicher Vorzüge für die Aussagefähigkeit von Jahresabschlüssen ist insbesondere ihre Vereinbarkeit mit den Grundsätzen ordnungsmäßiger Buchführung und gesetzlichen Rechnungslegungsnormen stark umstritten; vgl. bereits *Busse von Colbe, W.* (1972), S. 152f.; *Havermann, H.* (1975), S. 242; *Weber, E.* (1980), S. 88ff.

443 Vgl. *Ordelheide, D.*, in: BHdR (1987), C 403 Anm. 45.

444 Vgl. *Busse von Colbe, W./Ordelheide, D.* (1993), S. 265.

Einen weiteren zu prüfenden Aspekt stellt die Einhaltung des Totalerfolgskonzepts in Zusammenhang mit dem Grundsatz der Pagatorik dar.[445] Im Einzelabschluß des die Beteiligung haltenden Unternehmens werden bis zum Übergangszeitpunkt die Anschaffungskosten der anteilig abgehenden Beteiligung aufwandswirksam, der Veräußerungserlös ertragswirksam. Zusätzlich werden Gewinnausschüttungen und Verlustübernahmen bzw. Kapitaleinzahlungen und Kapitalauszahlungen für die gesamte Beteiligung ergebniswirksam. Es verbleiben die Anschaffungskosten der Restanteile, die bei einer späteren Veräußerung in die Erfolgsrechnung eingehen.

Ein identischer Erfolgsausweis im Konzernabschluß wird bei Anwendung der erfolgswirksamen Übergangskonsolidierung nur erreicht, indem im Veräußerungszeitpunkt eine Endkonsolidierung für die gesamten Anteile durchgeführt wird. Dadurch werden alle Güterverbräuche des Konzerns durch Erwerb, Halten und Veräußerung des Tochterunternehmens ergebniswirksam. Die verbleibenden Anteile werden dann neutralisierend zu den im haltenden Unternehmen fortgeführten Anschaffungskosten in die Konzernbilanz eingestellt. Damit wird gewährleistet, daß die Beteiligung bis zum Veräußerungsstichtag identische Erfolgsbeiträge geliefert hat und nach vollständiger Anteilsveräußerung auch der Totalerfolgsbeitrag übereinstimmt, da für die Restanteile in Einzel- und Konzernabschluß eine gleiche Wertbasis vorliegt.

Bei Durchführung einer erfolgsneutralen Übergangskonsolidierung können hingegen Probleme auftreten. Dies gilt insbesondere bei Ausschüttungen des Tochterunternehmens nach einem Wechsel zur Anschaffungskostenbewertung, sofern es sich um thesaurierte Gewinne handelt, die während der Konzernzugehörigkeit erwirtschaftet wurden. Diese Gewinne wurden bereits im Zeitpunkt ihrer Entstehung direkt in die Konzern- Gewinn- und Verlustrechnung übernommen. Über die Gewinnvereinnahmung des die Beteiligung ehemals haltenden Unternehmens werden diese noch einmal im Konzern erfolgswirksam. Die auf die Restbeteiligung entfallenden Gewinne würden somit im Konzern doppelt berücksichtigt, wohingegen die thesaurierten Gewinne im Rahmen der erfolgswirksamen Übergangskonsolidierung eliminiert werden. Um dem Totalerfolgskonzept gerecht zu werden, wären somit auch bei der erfolgsneutralen Methode Anpassungsbuchungen erforderlich.[446]

---

[445] Vgl. *Herrmann, D.* (1994), S. 40, 41 und S. 217.

[446] Während *Dusemond, M./Weber, C.-P./Zündorf, H.*, in: HdK (1998), § 301 Rn. 388 auf dieses Problem nicht eingehen, hat *Herrmann, D.* (1994), S. 217, diesen Aspekt erkannt, vertritt aber die Meinung, die erfolgsneutrale Variante unter Berücksichtigung solcher nachträglichen Anpassungen sei die einzig GoK-gerechte Vorgehensweise. *Hayn, B.* (1999), S. 400, sieht die Gefahr der Doppelerfassung nur für die Ausschüttungsbestandteile, die den Anteil am Jahreserfolg übersteigen, interpretiert diesen Betrag als Rückzahlung auf die Anschaffungskosten und setzt diesen folglich erfolgsmindernd ab.

Als Begründung für die erfolgsneutrale Variante des Übergangs der Anteile wird im Schrifttum angeführt, daß „allein diese Vorgehensweise die tatsächlichen Verhältnisse *der Vermögens-, Finanz- und Ertragslage des Konzerns (d. V.)* abbilden kann, da keine Negation der aus der Konsolidierung resultierenden Wertansätze erfolgt und damit eine aus Konzernsicht stetige Bewertung gewährleistet ist.“[447] Diese Aussage vermag jedoch nicht zu überzeugen, da mit der Veränderung des Konsolidierungskreises und damit zusammenhängend der Anwendungspflicht anderer Konsolidierungs- bzw. Bilanzierungsvorschriften die Reichweite des Stetigkeitsgrundsatzes[448] im Konzernabschluß begrenzt wird. Gerade der Bezug zur Bewertungsstetigkeit ist nicht gegeben, denn das im Fokus stehende Grundproblem bezieht sich auf die Festlegung eines neuen Wertansatzes für die im Konzernabschluß verbleibenden Anteile. Das Tochterunternehmen ist im Veräußerungszeitpunkt mit all seinen Vermögensgegenständen und Schuldposten aus dem Konzernabschluß ausgeschieden und nun stellt sich die Frage, in welcher Höhe dem Konzern Anschaffungskosten für die zu bilanzierende Beteiligung entstanden sind. Ein Bezug zur Thematik der Stetigkeit kann hierin aber nicht gesehen werden.

Als weitere Argumente für die erfolgsneutrale Variante werden angebracht, daß durch diese Vorgehensweise die Legung stiller Reserven vermieden und die Ertragslage des Konzerns nicht durch Aufwendungen verzerrt wird, die nicht auf Wertminderungen beruhen.[449] Auch dieses Argument kann nicht widerspruchslos hingenommen werden, denn bei der erfolgswirksamen Variante werden nicht bewußt stillen Reserven gelegt, sondern es handelt sich vielmehr um noch nicht realisierte Erfolgsbestandteile. In diesem Zusammenhang ist auch der Aspekt einer Verzerrung der Ertragslage zu sehen. Die Beeinflussung der Ertragslage durch einen höheren Abgangswert ist nur als Neutralisation bereits vereinnahmter Erträge zu sehen, wie am Beispiel der Gewinnentstehung- und -thesaurierung deutlich wird.

Schließlich wird der Aspekt der internationalen Vergleichbarkeit von Konzernabschlüssen angeführt.[450] Dieses Argument trägt allerdings ebenfalls nicht zu einer Problemlösung bei, da sich die Rechnungslegungssysteme in Deutschland, Großbritannien oder den USA in wesentlichen Bereichen unterscheiden, insbesondere auch im Hinblick auf das Anschaffungswertprinzip und damit zusam-

---

447 *Hayn, B.* (1997), S. 58; vgl. auch *Dusemond, M./Weber, C.-P./Zündorf, H.*, in: HdK (1998), § 301 Rn. 388.

448 Vgl. *Schulz, U.* (1990), S. 357-369.

449 Vgl. *Warmbold, S.* (1995), S. 204.

450 Vgl. *Dusemond, M./Weber, C.-P./Zündorf, H.*, in: HdK (1998), § 301 Rn. 388; *Warmbold, S.* (1995), S. 204, 205 mit Verweis auf die Vorgehensweisen in Großbritannien, den USA und den Vorschriften des IASC; vgl. hierzu auch Kapitel 6.

menhängend die Berücksichtigung des Vorsichtsgedankens in der Rechnungslegung.

Letztlich vermag die erfolgsneutrale Übergangskonsolidierung auch unter dem Gesichtspunkt der Einhaltung gesetzlicher Vorschriften nicht zu überzeugen. Die im Mutterunternehmen bilanzierte Restbeteiligung stellt lediglich einen Vermögensgegenstand dar, der gem. § 300 Abs. 2 Satz 1 HGB in den Konzernabschluß aufzunehmen ist und dessen Ansatz sich nach § 300 Abs. 2 Satz 2 HGB und Bewertung nach § 308 Abs. 1 HGB zu bemessen hat. Weitergehende Bilanzierungs- und Bewertungsspielräume sind nicht gegeben, vollkommen unabhängig davon, ob diese Anteile vormals selbst ein Tochterunternehmen repräsentiert haben oder nicht. Pagatorisch abgesicherte Anschaffungskosten sind im Einzelabschluß des Mutterunternehmens bilanziert, für ein Aufstocken dieses Wertes auf Basis fiktiver Konzernanschaffungskosten besteht kein Raum, da durch die Beteiligung eben keine Mutter-Tochter-Beziehungen mehr verkörpert wird.

Zusammenfassend ist in der erfolgsneutralen Behandlung des Übergangs von der Vollkonsolidierung auf die Anschaffungskostenbewertung durch Ansatz eines bis zum Übergangszeitpunkt fortgeschriebenen Equity-Wertes der verbleibenden Anteile ein Verstoß gegen die grundlegenden Vorschriften zur Einbeziehung von Beteiligungen sowie gegen das Anschaffungswertprinzip und das Kongruenzprinzip zu sehen. Des weiteren könnte es zu einer Verletzung des Vorsichtsprinzips kommen. Aus diesem Grund wird hier nur die erfolgswirksame Variante als zulässig angesehen.

Zur buchungstechnischen Durchführung der Übergangskonsolidierung ist auch in diesem Fall grundsätzlich zu beachten, daß im Rahmen der Erst- und Folgekonsolidierungen bereits Teile der Anschaffungskosten erfolgswirksam geworden sind oder erfolgsneutral verrechnet wurden. Demzufolge muß ein Verfahren gewählt werden[451], welches Mehrfacherfassungen von Erfolgsbeiträgen ebenso vermeidet wie Nicht-Verrechnungen von Güterverbräuchen.[452] Bei Beteiligung anderer Gesellschafter ist deren Anteil am Reinvermögen des ausgeschiedenen Tochterunternehmens zuzüglich noch nicht verrechneter stiller Reserven/stiller Lasten in Abhängigkeit von der Konsolidierungsmethode erfolgsneutral gegen den Ausgleichsposten für Anteile anderer Gesellschafter auszubuchen. Insofern ergeben sich keine besonderen Anpassungsbuchungen.[453]

451 Vgl. zur Buchungstechnik Ordelheide, D. (1986), S. 771, 772 (Bsp. 3).

452 Vgl. *Busse von Colbe, W./Ordelheide, D.* (1993), S. 265; *Ordelheide, D.*, in: BHdR (1987), C 403 Anm. 47.

453 Vgl. *Adler/Düring/Schmaltz* (1996), § 301 HGB Tz. 281.

4.2.2 Konsolidierung nach der Interessenzusammenführungsmethode

4.2.2.1 Vollständige Anteilsveräußerung

Wie bei der Erwerbsmethode ist auch bei Ausscheiden eines nach der Interessenzusammenführungsmethode konsolidierten Tochterunternehmens gesetzlich nicht geregelt, wie dieser Vorgang buchungstechnisch abzubilden und im Konzernabschluß auszuweisen ist. Unstrittig ist, daß die Vermögensgegenstände, Schulden, Aktivierungshilfen, Aufwandsrückstellungen sowie Sonderposten, die das Unternehmen in der Konzernbilanz repräsentiert haben, im Rahmen einer durchzuführenden Endkonsolidierung eliminiert werden müssen.[454] Zusätzlich sind die Rücklagen des Tochterunternehmens auszubuchen, da diese im Rahmen der Erstkonsolidierung im Gegensatz zur Erwerbsmethode nicht mit dem Buchwert der Anteile verrechnet worden sind.

Wird ein zuvor nach der Interessenzusammenführungsmethode konsolidiertes Tochterunternehmen nicht mehr als solches im Konzernabschluß abgebildet, so ist hinsichtlich der buchungstechnischen Vorgehensweise danach zu unterscheiden, ob die Ursache in der Auflösung des Unternehmensverbundes analog der Bildung im Erstkonsolidierungszeitpunkt oder in einem Veräußerungsvorgang liegt.[455]

Erfolgt die Auflösung spiegelbildlich zum Vorgehen beim Zusammenschluß, so sind die Anteile im Tausch gegen die ehemals hingegebenen Anteile des Mutterunternehmens an die ehemaligen Anteilseigner des Tochterunternehmens zurückzugeben und gegebenenfalls in Höhe der eigenen Anteile eine Kapitalherabsetzung als Stornierung der Kapitalerhöhung im Erstkonsolidierungszeitpunkt vorzunehmen.[456] Die zuvor addierten Einzelbilanzen müßten wieder separiert werden.[457] Da eine solche Form der Interessenauflösung konzeptionell nicht vorgesehen ist und in der Praxis zudem kaum vorkommen wird, soll hier nicht näher auf die einzelnen Buchungsschritte eingegangen werden. Relevanter ist hingegen der Fall einer Beteiligungsveräußerung. Wie bereits in Kapitel 3 ausführlich erörtert, werden in der Literatur für den Fall einer Anteilsveräußerung zwei Varianten der Endkonsolidierung eines zuvor nach der Interessenzusammenführungsmethode einbezogenen Unternehmens diskutiert, die erfolgsneutrale und die erfolgswirksame Endkonsolidierung.[458]

---

454 Vgl. *Förschle, G./Deubert, M.*, in: Beck Bil.-Komm. (1999), § 302 Anm. 42; *Pfaff, D.*, in: BHdR (1989), C 410 Anm. 147, 148.

455 Vgl. *Ordelheide, D./Pfaff, D.*, in: HWRev (1992), Sp. 439.

456 Vgl. *Eckes, B./Weber, C.-P.*, in: HdK (1998), § 302 Rn. 42; *Glinkemann, St.* (1991), S. 2481; *Ordelheide, D./Pfaff, D.*, in: HWRev (1992), Sp. 439.

457 Vgl. *Ordelheide, D./Pfaff, D.*, in: HWRev (1992), Sp. 439.

458 Vgl. Kapitel 3.2.1.2.2.

Bei Anwendung der erfolgsneutralen Methode ist der Abgangsgewinn aus dem Einzelabschluß buchungstechnisch zu eliminieren und direkt den Konzernrücklagen hinzuzufügen oder von diesen abzusetzen.[459] Ein Unterschiedsbetrag aus der Erstkonsolidierung ist ebenso erfolgsneutral zu stornieren.[460] Bei Existenz von Minderheitsgesellschaftern ist der Ausgleichsposten für Anteile anderer Gesellschafter gegen das auf diese Gesellschafter entfallende Reinvermögen auszubuchen. Da sich diese Positionen betragsmäßig in gleicher Höhe gegenüberstehen, stellt sich die Verrechnung auch hier wie bei der Erwerbsmethode erfolgsneutral dar.[461] In der Diskussion um die Totalerfolgswirkung wurde aber bereits herausgearbeitet, daß im Falle eines Veräußerungsvorganges nur die erfolgswirksame Endkonsolidierung zu einer Abbildung des den tatsächlichen Verhältnissen entsprechenden Bildes der Vermögens-, Finanz- und Ertragslage ebenso wie zu einer Übereinstimmung der Totalerfolgsbeiträge in Einzel- und Konzernabschluß führen kann. Im Sinne der Generalnorm und der diese konkretisierenden Einheitstheorie ist der Veräußerungsvorgang grundsätzlich erfolgswirksam abzubilden.[462] Konsolidierungstechnisch kann dabei analog zur Erwerbsmethode vorgegangen werden.

4.2.2.2 Teilweise Anteilsveräußerung

4.2.2.2.1 Beibehaltung der Konsolidierungsmethode

Werden Anteile an einem Tochterunternehmen veräußert, ohne daß eine Änderung der Anwendungsvoraussetzungen des § 302 Abs. 1 Nr. 1-3 HGB hervorgerufen wird, so ist die Beteiligung auch weiterhin im Rahmen der Interessenzusammenführungsmethode in den Konzernabschluß einzubeziehen. Wie bei der teilweisen Anteilsveräußerung unter Beibehaltung der Erwerbsmethode stellt sich die Frage nach der Erfolgswirksamkeit des Veräußerungsvorganges. Auch hier kann zwischen einer erfolgsneutralen und einer erfolgswirksamen Variante unterschieden werden.[463]

Während unabhängig von der gewählten Methode der Ausgleichsposten für Anteile anderer Gesellschafter um den auf die neuen Anteile entfallenden Eigenkapitalanteil erhöht wird, ist der aus Konzernsicht ermittelte Veräußerungserfolg bei erfolgsneutraler Endkonsolidierung mit den Konzernrücklagen zu ver-

---

459 Vgl *Ordelheide, D.* (1986a), S. 501; *Pfaff, D.*, in: BHdR (1989), C 410 Anm. 150.

460 Vgl. *Busse von Colbe, W./Ordelheide, D.* (1993), S. 320; *Eckes, B./Weber, C.-P.*, in: HdK (1998), § 302 Rn. 42.

461 Vgl. *Ordelheide, D./Pfaff, D.*, in: HWRev (1992), Sp. 439.

462 Vgl. *Busse von Colbe, W./Ordelheide, D.* (1993), S. 320; *Förschle, G./Deubert, M.*, in: Beck Bil.-Komm. (1999), § 302 Anm. 42; *Hoffmann, I.* (1992), S. 226.

463 Vgl. Kapitel 4.2.1.2.1.

rechnen, bei erfolgswirksamer Variante dagegen als Veräußerungserfolg auszuweisen.[464]

Wie bereits im Fall der Beibehaltung der Erwerbsmethode und der vollständigen Veräußerung vormals nach der Interessenzusammenführungsmethode konsolidierter Unternehmen kritisch angemerkt wurde, bestehen hinsichtlich der Zulässigkeit einer erfolgsneutralen Variante der Endkonsolidierung erhebliche Zweifel. Im Hinblick auf das Totalerfolgskonzept und die Generalnorm sollte auch hier die teilweise Beteiligungsveräußerung als erfolgswirksamer Vorgang im Konzernabschluß abgebildet werden.[465]

4.2.2.2.2 Wechsel der Konsolidierungsmethode

4.2.2.2.2.1 Zulässigkeit des Methodenwechsels

Sinkt der Beteiligungsbuchwert aufgrund einer teilweisen Anteilsveräußerung unter die Mindestbeteiligungsquote von 90 %, so ist im Schrifttum umstritten, ob die Interessenzusammenführungsmethode auch weiterhin anzuwenden ist, oder aufgrund des Wegfalls der Anwendungsvoraussetzung des § 302 Abs. 1 Nr. 1 HGB ein Methodenwechsel wie bei teilweiser Anteilsveräußerung nach der Erwerbsmethode konsolidierter Tochterunternehmen erforderlich wird.

Zum Teil wird die Auffassung vertreten, daß die Anwendungsvoraussetzungen des § 302 Abs. 1 Nr. 1-3 HGB nur im Zeitpunkt der erstmaligen Einbeziehung erfüllt sein müssen, so daß spätere Anteilsveräußerungen für die Anwendung des § 302 HGB unschädlich sind.[466] Argumentiert wird insbesondere mit dem Stetigkeitsgebot[467] des § 297 HGB und den negativen Auswirkungen eines Methodenwechsels auf die Darstellung der Vermögens-, Finanz- und Ertragslage des Konzerns, mithin einer Verletzung der Generalnorm.[468] Ein Wechsel von der Interessenzusammenführungsmethode zu einer anderen Form der Einbeziehung in den Konzernabschluß kommt dieser Meinung zufolge nur dann in Betracht, wenn aufgrund einer Anteilsveräußerung von der Vollkonsolidierung abgewichen werden muß.[469]

---

464 Vgl. schematisierte Darstellung bei *Warmbold, S.* (1995), S. 207.

465 Vgl. auch *Warmbold, S.* (1995), S. 208.

466 Vgl. *Adler/Düring/Schmaltz* (1996), § 302 HGB Tz. 60; *Eckes, B./Weber, C.-P.*, in: HdK (1998), § 302 Rn. 10; *Förschle, G./Deubert, M.*, in: Beck Bil.-Komm. (1999), § 302 Anm. 12 (abweichend in Vorauflage, § 302 Anm. 9).

467 Vgl. *Hoffmann, I.* (1992), S. 125, 126

468 Vgl. *Eckes, B./Weber, C.-P.*, in: HdK (1998), § 302 Rn. 20; *Hoffmann, I.* (1992), S. 125.

469 Vgl. *Adler/Düring/Schmaltz* (1996), § 302 HGB Tz. 60.

Nach anderer Auffassung darf die bisherige Konsolidierungsmethode nicht mehr genutzt werden, sobald die Anteilsquote unter die maßgebliche 90 %-Grenze fällt.[470] Begründet wird die Forderung des Methodenwechsels mit der Orientierung am Wortlaut des Gesetzes, der Gefahr des bilanzpolitischen Mißbrauchs des § 302 HGB sowie einer der Erwerbsfiktion entsprechenden Abbildung der Veräußerungsvorgänge.[471]

Unter Berücksichtigung der genannten Aspekte ist letzterer Auffassung zuzustimmen, denn die Veränderung der tatsächlichen Verhältnisse durch die Anteilsveräußerung erfordert eine entsprechende Darstellung im Konzernabschluß, so daß kein Verstoß gegen die Generalnorm gesehen werden kann. Im Gegenteil, gerade durch den Methodenwechsel wird der Generalnorm entsprochen. Aus gleichem Grunde ist auch eine Durchbrechung des Stetigkeitsgebotes zulässig, ja erforderlich. Zudem besteht kein Anlaß, von einer strengen Orientierung am Gesetzeswortlaut abzuweichen. Die Auswirkungen des Methodenwechsels sind gem. § 297 Abs. 3 Satz 4 HGB im Konzernanhang zu erläutern.[472]

4.2.2.2.2.2 Verfahrenstechnik des Methodenwechsels

Für den Methodenwechsel kommt wie bei einer teilweisen Anteilsveräußerung nach der Erwerbsmethode je nach Klassifizierung der verbleibenden Anteile ein Übergang auf die Quotenkonsolidierung gem. § 310 HGB, die Equity-Methode gem. § 312 HGB oder eine Bewertung zu Anschaffungskosten gem. § 253 HGB in Betracht. Daneben besteht die Möglichkeit, daß die Voraussetzungen des § 302 HGB zwar nicht mehr gegeben sind, aber die Beteiligung dennoch als Tochterunternehmen zu klassifizieren ist. In diesem Fall ist ein Übergang auf die Vollkonsolidierung nach der Erwerbsmethode gem. § 301 HGB erforderlich.[473]

Der Wechsel der Konsolidierungsmethode ist grundsätzlich in zwei Schritten vorzunehmen. Zunächst ist die Endkonsolidierung nach der Interessenzusammenführungsmethode entsprechend einer vollständigen Anteilsveräußerung durchzuführen. Hierbei ist es unerheblich, ob sich die Beteiligungsquote geändert hat oder ein Methodenwechsel bei unveränderter Beteiligungsquote erforderlich wird. In einem zweiten Schritt hat unter Berücksichtigung der neuen Beteiligungsverhältnisse eine Erstkonsolidierung bzw. ein Neuansatz nach der zukünftig anzuwendenden Einbeziehungsform zu erfolgen.

---

470 Vgl. *Glinkemann, St.* (1991), S. 2482; *Pfaff, D.*, in: BHdR (1989), C 410 Anm. 159.

471 Vgl. *Pfaff, D.*, in: BHdR (1989), C 410 Anm. 159.

472 Vgl. *Pfaff, D.*, in: BHdR (1989), C 410 Anm. 159.

473 Vgl. a.A. *Förschle, G./Deubert, M.*, in: Beck Bil.-Komm. (1999), § 302 Anm. 48.

Hinsichtlich des Übergangs zur Quotenkonsolidierung, Equity-Methode bzw. Anschaffungskostenbewertung kann auf die Ausführungen des Methodenwechsels bei der Erwerbsmethode verwiesen werden. Ist eine Erstkonsolidierung der Beteiligung gem. § 301 HGB durchzuführen, muß eine Entscheidung im Hinblick auf die Anwendung der Buchwertmethode oder der Neubewertungsmethode getroffen werden. Hierbei ist zumindest bei nicht 100 %igen Beteiligungen der Buchwertmethode der Vorzug zu geben, da eine Erstkonsolidierung nach der Neubewertungsmethode bei Existenz von Minderheitsgesellschaftern zu wesentlichen Veränderungen in der Vermögenslage des Konzerns führen würde, während Unterschiede in der Ermittlung des Ausgleichspostens für Anteile anderer Gesellschafter nach der Buchwertmethode nicht bestehen.[474]

4.3 Quotenkonsolidierung

4.3.1 Vollständige Anteilsveräußerung

Ein Beteiligungsunternehmen, welches die Voraussetzungen des § 310 Abs. 1 HGB erfüllt, kann wahlweise als Gemeinschaftsunternehmen in Höhe der Beteiligungsquote oder nach der Equity-Methode in den Konzernabschluß einbezogen werden.[475]

Werden die Anteile an einem Gemeinschaftsunternehmen vollständig veräußert, so ist eine Endkonsolidierung analog der Vorgehensweise bei vollständiger Anteilsveräußerung eines nach der Buchwertmethode einbezogenen Tochterunternehmens vorzunehmen. Unterschiede ergeben sich nur insofern, als das bei quotaler Konsolidierung keine Minderheiten zu berücksichtigen sind, da die Vermögensgegenstände und Schulden nur anteilig in die Konzernbilanz eingehen. Das Ermittlungsschema zur Bestimmung des Endkonsolidierungserfolges entspricht somit demjenigen bei Vollkonsolidierung nach der Buchwertmethode und 100 %igem Anteilsbesitz.[476] Hinsichtlich der Buchungstechnik ergeben sich keine zu berücksichtigenden Besonderheiten.

---

474 Vgl. zur buchungstechnischen Vorgehensweise *Pfaff, D.*, in: BHdR (1989), C 410 Anm. 159.

475 Vgl. zur Konzeption, den Anwendungsvoraussetzungen und der Konsolidierungs-technik nur *Adler/Düring/Schmaltz* (1996), § 310 HGB; *Budde, W.D./Suhrbier, H.*, in: Beck Bil.-Komm. (1999), § 310; *Scherrer, G.*, in: BHR (1986), § 310 HGB; *Sigle, H.*, in: HdK (1998), § 310 HGB.

476 Vgl. Abbildung 3-10 (S. 112).

4.3.2 Teilweise Anteilsveräußerung

4.3.2.1 Beibehaltung der Konsolidierungsmethode

Werden Anteile an einem Gemeinschaftsunternehmen nur teilweise veräußert, ohne daß es zu einer Durchbrechung der Anwendungsvoraussetzungen und somit zu einer Statusänderung kommt, ist für die veräußerte Anteilstranche eine erfolgswirksame Endkonsolidierung durchzuführen, indem die anteiligen Aktiva und Passiva als Abgangswert dem Veräußerungserlös gegenübergestellt werden. Für die verbleibenden Anteile wird die Quotenkonsolidierung unverändert fortgeführt. Konsolidierungstechnisch ist hierbei vorzugehen, wie bei dem Übergang von der Vollkonsolidierung auf die Quotenkonsolidierung, mit dem Unterschied, daß die Ausbuchung eines Ausgleichspostens für Anteile anderer Gesellschafter entfällt, da die Vermögenswerte und Schuldposten im Rahmen der Quotenkonsolidierung nur anteilmäßig in die Konzernbilanz übernommen werden.[477]

4.3.2.2 Wechsel der Konsolidierungsmethode

Sind infolge einer Anteilsveräußerung die Anwendungsvoraussetzungen, die kumulativ vorliegen müssen[478], nicht mehr gegeben, so ist zu prüfen, ob eine Einbeziehung als assoziiertes Unternehmen in Betracht kommt oder eine Bilanzierung der Beteiligung entsprechend dem Anschaffungskostenprinzip zu erfolgen hat.[479] In beiden Fällen ist eine erfolgswirksame Endkonsolidierung für die ehemals im Rahmen der Quotenkonsolidierung einbezogene Beteiligung durchzuführen. Da sich hier im Vergleich zur Endkonsolidierung ehemals vollkonsolidierter Tochterunternehmen ohne Minderheitenanteile keine wesentlichen Unterschiede ergeben, wird bezüglich der Vorgehensweise auf das entsprechende Kapitel verwiesen.[480] Die verbleibenden Restanteile sind nach der neuen Konsolidierungs- bzw. Bewertungsmethode in den Konzernabschluß zu übernehmen. Auch hier sei zu den grundsätzlichen Problemen bei der Bestimmung des neuen Wertansatzes auf den Übergang von der Vollkonsolidierung auf die Equity-Methode bzw. Anschaffungskostenbewertung verwiesen.[481]

---

477 Vgl. Kapitel 4.2.1.2.2.1.
478 Vgl. *Scherrer, G.* (1994), S. 482-490.
479 Vgl. *Busse von Colbe, W./Ordelheide, D.* (1993), S. 465.
480 Vgl. Kapitel 4.2.1.1.1; auch Ermittlungsschemata bei *Hayn, B.* (1999), S. 368-370.
481 Zum Übergang auf die Equity-Methode vgl. auch *Adler/Düring/Schmaltz* (1996), § 312 HGB Tz. 215-218.

4.4 Equity-Methode

4.4.1 Vollständige Anteilsveräußerung

Werden die Anteile an einem assoziierten Unternehmen vollständig veräußert, ist für die im Konzernabschluß bilanzierte Beteiligung an dem assoziierten Unternehmen eine Endkonsolidierung durchzuführen.[482] Wie bei der Voll- und Quotenkonsolidierung entspricht auch bei Anwendung der Equity-Methode[483] der Endkonsolidierungserfolg aus Konzernsicht in der Regel nicht dem Veräußerungsergebnis aus Sicht der Einzelgesellschaft, da der Equity-Wert des Konzernabschlusses grundsätzlich nicht mit dem gegebenenfalls fortgeschriebenen Anschaffungswert im Einzelabschluß des die Anteile haltenden Unternehmens übereinstimmt.[484]

Buchungstechnisch entfällt bei Beendigung der Equity-Bilanzierung im Vergleich zu den anderen Konsolidierungsmethoden das Ausbuchen der Vermögens- und Schuldposten. Vom Veräußerungspreis ist lediglich der Equity-Wert zum Veräußerungsstichtag als Konzernabgangswert abzuziehen.[485] Bei Anwendung der Kapitalanteilsmethode ist zusätzlich ein noch nicht ergebniswirksam verrechneter Geschäfts- oder Firmenwert bzw. passivischer Unterschiedsbetrag aus der Erstkonsolidierung zu berücksichtigen. Eine eventuell gem. § 309 Abs. 1 HGB durchgeführte erfolgsneutrale Verrechnung des Geschäfts- oder Firmenwertes gegen die Rücklagen ist im Zeitpunkt der Veräußerung zu stornieren, indem sowohl der Beteiligungsbuchwert als auch die Rücklagen erhöht werden. Diese Bestandteile sind anschließend in den Abgangswert einzubeziehen.[486]

Erfolgt die Anteilsveräußerung unterjährig, ist zu beachten, daß das erwirtschaftete Jahresergebnis anteilig bis zum Stichtag der Veräußerung berücksichtigt wird. Entsprechend sind die vorzunehmenden Jahresabschreibungen auf zuge-

---

482 Vgl. *Adler/Düring/Schmaltz* (1996), § 312 HGB Tz. 213; *Budde, W.D./Raff, I.*, in: Beck Bil.-Komm. (1999), § 312 Anm. 58; *Küting, K./Zündorf, H.*, in: HdK (1998), § 312 Rn. 120; *Müller, E./Lauer, Ch. E.*, in: BHdR (1992), C 511 Anm. 107; *Ordelheide, D./Pfaff, D.*, in: HWRev (1992), Sp. 441; *Scherrer, G.* (1994), S. 570; *Schindler, J.* (1986), S. 325.

483 Vgl. zur Konzeption und Anwendungsvoraussetzungen der Equity-Methode nur *Adler/Düring/Schmaltz* (1996), §§ 311; 312 HGB; *Budde, W.D./Raff, I.*, in: Beck Bil.-Komm. (1999), §§ 311, 312 HGB; *Küting, K./Zündorf, H.*, in: HdK (1998), §§ 311, 312 HGB; *WP-Handbuch* (1996), Bd. I, M Anm. 428-490.

484 Vgl. *Küting, K./Zündorf, H.*, in: HdK (1998), § 312 Rn. 121; *Müller, E./Lauer, Ch. E.*, in: BHdR (1992), C 511 Anm. 107.

485 Vgl. *Ordelheide, D./Pfaff, D.*, in: HWRev (1992), Sp. 441.

486 Vgl. *Adler/Düring/Schmaltz* (1996), § 312 HGB Tz. 213; *Müller, E./Lauer, Ch. E.* , in: BHdR (1992), C 511 Anm. 107.

schriebene stille Reserven bzw. einen Geschäfts- oder Firmenwert zeitanteilig zu berechnen.[487] Unter dem Aspekt der Informationsbeschaffung kann dies für den Fall problematisch sein, in dem das Assoziierungsverhältnis nicht zeitgleich mit dem Geschäftsjahr des assoziierten Unternehmens endet, da ein Zugang zu den erforderlichen Einzelinformationen, insbesondere über den anteilig angefallenen Jahreserfolg, in der Regel nicht gewährleistet ist.[488] Zur Ermittlung des anteiligen Eigenkapitals wird dann auf den Jahresabschluß des assoziierten Unternehmens bzw. das Ende des vorangegangenen Konzerngeschäftsjahres abzustellen sein.

Ähnlich der Vorgehensweise zur Ermittlung des Endkonsolidierungserfolges bei Ausscheiden eines zuvor im Wege der Vollkonsolidierung einbezogenen Tochterunternehmens[489] kann der Veräußerungserfolg bei Abgang eines assoziierten Unternehmens aus Konzernsicht wie folgt ermittelt werden:

487 Vgl. *Küting, K./Zündorf, H.*, in: HdK (1998), § 312 Rn. 123; *Scherrer, G.* (1994), S. 570; *Schmidt, G.* (1996), S. 401, 402.

488 Vgl. *Schmidt, G.* (1996), S. 402.

489 Vgl. Ermittlungsschemata in Kapitel 3.2.3.

+ Veräußerungserlös für die Beteiligung
- Equity-Ansatz zum Veräußerungszeitpunkt
  [=Ansatz der Beteiligung in der Konzernbilanz bei Erstkonsolidierung
  +/- anteilige Jahresergebnisse
  - vereinnahmte Gewinnausschüttungen
  - Abschreibungen zugeordneter Unterschiedsbeträge aus der Erstkonsolidierung
  - Abschreibung eines Geschäfts- oder Firmenwertes aus der Erstkonsolidierung
  +/- Ergebniswirkung aus der Vereinheitlichung von Bilanzansatz und Bewertung
  +/- Ergebniswirkung der Zwischenergebniseliminierung
  +/- ggf. außerplanmäßige Zu-/Abschreibungen auf die Beteiligung
  +/- Kapitaleinzahlungen/-rückzahlungen]
- noch nicht ergebniswirksam verrechneter Geschäfts- oder Firmenwert aus der Erstkonsolidierung (bei Kapitalanteilsmethode)
+ noch nicht verrechneter passivischer Unterschiedsbetrag aus der Erstkonsolidierung (bei Kapitalanteilsmethode)
- erfolgsneutral gegen die Rücklagen verrechneter Geschäfts- oder Firmenwert (bei Buchwert- und Kapitalanteilsmethode möglich)

= Endkonsolidierungserfolg ausgehend vom Veräußerungserlös

Abb. 4-1: Ermittlungsschema zur Bestimmung des Endkonsolidierungserfolges bei Veräußerung einer Beteiligung an einem assoziierten Unternehmen[490]

[490] In Anlehnung an *Ordelheide, D./Pfaff, D.*, in: HWRev (1992), Sp. 441, 442; zusätzlich berücksichtigend Aufrechnungsdifferenzen aus einer wahlweise durchgeführten Schuldenkonsolidierung sowie bislang eliminierter Zwischengewinne: *Hayn, B.* (1999), S. 338. Zur Ermittlung ausgehend vom Veräußerungserfolg des Mutterunternehmens vgl. *Hayn, B.* (1999), S. 343, 346 sowie *Herrmann, D.* (1994), S. 245.

4.4.2 Teilweise Anteilsveräußerung

4.4.2.1 Beibehaltung der Konsolidierungsmethode

Ändert sich der Status des assoziierten Unternehmens infolge einer teilweisen Anteilsveräußerung nicht, werden die verbleibenden Anteile von dem Veräußerungsvorgang nicht berührt. Für die abgehende Anteilstranche ist eine Endkonsolidierung vorzunehmen. Der Wert des Abgangs bemißt sich hierbei nach dem anteiligen Eigenkapital im Veräußerungszeitpunkt, das auf die verkauften Anteile entfällt.[491] Ein noch aktivierter oder erfolgsneutral mit den Rücklagen verrechneter Geschäfts- oder Firmenwert ist anteilig in den Abgangswert einzubeziehen.[492] Buchungstechnisch ergeben sich hieraus keine Besonderheiten.

4.4.2.2 Übergang zur Anschaffungskostenbewertung

4.4.2.2.1 Überlegungen zur Erfolgswirksamkeit des Übergangs

Geht aufgrund der teilweisen Veräußerung der Beteiligung an einem assoziierten Unternehmen der maßgebliche Einfluß verloren, so ist eine weitere Einbeziehung unter Anwendung der Equity-Methode nach § 311 HGB nicht mehr zulässig. Die Beteiligung ist in den Folgeperioden zwingend im Rahmen der Anschaffungskostenbewertung bzw. mit ihrem niedrigeren beizulegenden Wert gem. § 253 Abs. 2 HGB in den Konzernabschluß einzubeziehen.[493] In einem ersten Schritt ist für die veräußerte Beteiligungstranche wie im Fall der Beibehaltung der Equity-Methode unstrittig eine erfolgswirksame Endkonsolidierung durchzuführen, indem der anteilige Abgangswert ermittelt und von dem erzielten Veräußerungserlös abgesetzt wird. Für die im Konzernabschluß verbleibenden Anteile ist einem zweiten Schritt der Anschaffungswert für den Ansatz in den Folgeperioden zu ermitteln.

Wie im Fall des Übergangs von der Voll- bzw. Quotenkonsolidierung zur Anschaffungskostenbewertung werden hierzu im Schrifttum erfolgsneutrale und erfolgswirksame Varianten diskutiert.[494] Hinsichtlich der Begriffsbestimmung

491 Vgl. *Adler/Düring/Schmaltz* (1996), § 312 HGB Tz. 207.

492 Vgl. *Adler/Düring/Schmaltz* (1996), § 312 HGB Tz. 208.

493 Vgl. *Adler/Düring/Schmaltz* (1996), § 312 HGB Tz. 210; *Bentler, M.* (1991), S. 252; *Budde, W.D./Raff, I.*, in: Beck Bil.-Komm. (1999), § 312 Anm. 58; *Busse von Colbe, W./Ordelheide, D.* (1993), S. 506; *Küting, K./Zündorf, H.*, in: HdK (1998), § 312 Rn. 163; *WP-Handbuch* (1996), Bd. I, M Anm. 489.

494 Vgl. *Adler/Düring/Schmaltz* (1996), § 312 HGB Tz. 211; *Bentler, M.* (1991), S. 252; *Budde, W.D./Raff, I.*, in: Beck Bil.-Komm. (1999), § 312 Anm. 58; *Hayn, B.* (1997), S. 58; *Küting, K./Zündorf, H.*, in: HdK (1998), § 312 Rn. 163-167; *Müller, E./Lauer, Ch.*

sind allerdings Unterschiede zu konstatieren, deren Erläuterung es zur Vermeidung von offensichtlichen Widersprüchen bedarf.

Unter dem Begriff „erfolgsneutral" wird im Zusammenhang mit dem Wechsel von der Voll- bzw. Quotenkonsolidierung zur Anschaffungskostenmethode ausschließlich subsumiert, daß sich die Wertfindung für die verbleibenden Anteile nicht am Einzelabschluß, sondern an dem fortgeschriebenen anteiligen Eigenkapital zu orientieren hat, mithin der Übergang keine Konzernerfolgswirkung hervorruft. Der Begriff „erfolgswirksam" steht dagegen für die Übernahme der ursprünglichen bzw. fortgeschriebenen Anschaffungskosten der Beteiligung im Einzelabschluß für die Folgebilanzierung im Konzernabschluß und damit eine erfolgswirksame Erfassung der Differenz zwischen Abgangs- und Zugangswert.

Im Gegensatz dazu wird bei einem Wechsel von der Equity-Methode zur Anschaffungskostenbewertung der Fall des Übergangs auf den Buchwertansatz im Einzelabschluß des haltenden Unternehmens auch unter „erfolgsneutral" subsumiert, wobei hier die Differenz zwischen Abgangswert und neuem Wertansatz durch eine erfolgsneutrale Rücklagenverrechnung ausgebucht wird. Wenn daher im Rahmen der Equity-Methode im Schrifttum fast einhellig die Meinung vertreten wird, es sei ein erfolgsneutraler Übergang abzubilden, während bei einem Wechsel von der Voll- bzw. Quotenkonsolidierung zur Anschaffungskostenbewertung die h. M. einen erfolgswirksamen Übergang präferiert, so ist hierin kein Widerspruch hinsichtlich des zentralen Problems der Bestimmung der für die weitere Bilanzierung maßgeblichen Anschaffungskosten zu sehen. Lediglich die Frage nach einer Tangierung der Gewinn- und Verlustrechnung wird nun aus einer anderen Perspektive beantwortet.[495] Für die bilanzielle und erfolgsrechnerische Darstellung des Übergangs von der Equity-Methode zur Anschaffungskostenbewertung ergeben sich mithin drei Alternativen:

- erfolgsneutrale Anpassung an den Buchwert des Einzelabschlusses,
- erfolgswirksame Anpassung an den Buchwert des Einzelabschlusses und
- erfolgsneutrale Übernahme des Equity-Wertes.

E., in: BHdR (1992), C 511 Anm. 109; *Schäfer, H.* (1982), S. 326; *WP-Handbuch* (1996), Bd. I, M Anm. 490; eine ausführliche Darstellung der Literaturmeinungen auch bei *Hayn, B.* (1999), S. 392-395.

495 Allerdings sind auch diese abweichenden Auffassungen hinsichtlich der Erfolgswirkung aus der Bewertungsdifferenz unverständlich, da die konzeptionellen Grundlagen für die unterschiedlichen Formen der Einbeziehung in der Regel identisch sind.

4.4.2.2.2 Übergang auf den Buchwert des Einzelabschlusses

Nach herrschender Meinung sind die verbleibenden Anteile nur mit dem Wert zu erfassen, der auch im Einzelabschluß des die Beteiligung haltenden Unternehmens ausgewiesen wird. Buchungstechnisch sind dabei die Wertabweichungen zwischen dem anteiligen Equity-Wert und dem Buchwert im Einzelabschluß entweder erfolgsneutral[496] oder erfolgswirksam[497] zu bereinigen.

Bei der erfolgsneutralen Variante werden die Gewinnrücklagen und gegebenenfalls ein Ergebnisvortrag um den Betrag erhöht oder vermindert, der der Anpassung des Beteiligungsbuchwertes entspricht.[498] D.h., je nachdem ob der Beteiligungsbuchwert im Einzelabschluß höher oder niedriger ist als der entsprechende Equity-Wert im Konzernabschluß hat eine Auf- oder Abstockung in der Konzernbilanz zu erfolgen. Bevor allerdings eine Aufwertung im Konzernabschluß vorgenommen wird, sollte geprüft werden, ob im Einzelabschluß der Ansatz eines niedrigeren Wertes erfolgen kann oder muß, der dann gem. § 308 HGB in den Konzernabschluß aufgenommen werden würde.[499] Bei Anwendung der erfolgsneutralen Variante erfolgt der Konzernausweis letztlich dergestalt, als ob die Equity-Methode für die verbleibenden Anteile des ehemals assoziierten Unternehmens in der Vergangenheit nicht angewendet worden wäre.[500]

Bei der erfolgswirksamen Variante hingegen ist der Differenzbetrag durch Abschreibungen oder Zuschreibungen auf den Wertansatz der Beteiligung im Konzernabschluß zu berichtigen.[501] Im Konzernabschluß wird somit eine erfolgswirksame Trennung zwischen der Beendigung der Einbeziehung nach der Equity-Methode einerseits und der Bewertung einer Beteiligung im Rahmen der Anschaffungskostenmethode andererseits vollzogen.

---

496 Vgl. *Adler/Düring/Schmaltz* (1996), § 312 HGB Tz. 211; *Budde, W.D./Raff, I.*, in: Beck Bil.-Komm. (1999), § 312 Anm. 58; *Küting, K./Zündorf, H.*, in: HdK (1998), § 312 Rn. 166; *WP-Handbuch* (1996), Bd. I, M Anm. 490.

497 Vgl. *Küting, K./Zündorf, H.*, in: HdK (1998), § 312 Rn. 164.

498 Vgl. *Adler/Düring/Schmaltz* (1996), § 312 HGB Tz. 211; *Budde, W.D./Raff, I.*, in: Beck Bil.-Komm. (1999), § 312 Anm. 58; *Küting, K./Zündorf, H.*, in: HdK (1998), § 312 Rn. 166; *WP-Handbuch* (1996), Bd. I, M Anm. 490.

499 Vgl. *WP-Handbuch* (1996), Bd. I, M Anm. 490.

500 Vgl. *Küting, K./Zündorf, H.*, in: HdK (1998), § 312 Rn. 166.

501 Vgl. *Küting, K./Zündorf, H.*, in: HdK (1998), § 312 Rn. 164.

4.4.2.2.3 Fortführung des anteiligen Equity-Wertes

Nach anderer Auffassung soll der letzte Equity-Wert, gegebenenfalls vermindert um den anteiligen Abgangswert, im Konzernabschluß beibehalten werden, so daß weder eine erfolgsneutrale noch eine erfolgswirksame Anpassung an den Buchwert des Einzelabschlusses erforderlich wird.[502] Der Übergang vollzieht sich somit grundsätzlich erfolgsneutral. Begründet wird dieses Vorgehen mit dem Argument, die Equity-Bewertung sei als anschaffungsäquivalenter Vorgang zu interpretieren[503], so daß dieser Wertansatz den Ausgangspunkt für zukünftige Wertanpassungen nach der Anschaffungskostenmethode bilden müsse.[504] Dennoch muß auch hier geprüft werden, ob nicht eine Abschreibung auf einen niedrigeren beizulegenden Wert erforderlich wird.[505] Des weiteren sind Ausschüttungen im Folgejahr, die bereits in den Equity-Wert eingegangen sind, als Wertkorrekturen zu berücksichtigen[506], da es ansonsten zu einer doppelten Ergebniswirkung kommen würde. Ein erfolgsneutral mit den Rücklagen verrechneter Geschäfts- oder Firmenwert ist bei Übergang zur Anschaffungskostenbewertung ebenfalls rückgängig zu machen.[507]

Die Beibehaltung des letzten Equity-Wertes als Anschaffungswert für die in den Konzernabschluß zu übernehmende Beteiligung ist insbesondere dann problematisch, wenn die im Einzelabschluß bilanzierten ursprünglichen Anschaffungskosten der Beteiligung unter dem Equity-Wert liegen, da hierin ein Verstoß gegen das dem deutschen Recht zugrundeliegende Anschaffungswertprinzip und Realisationsprinzip zu sehen ist.[508] Insofern dürfte auch der Hinweis auf internationale Regelungen zur Fortführung des Equity-Wertes nicht gerechtfertigt sein, da sich diese Bilanzierungssysteme auf andere Grundprinzipien stützen.[509]

---

502 Vgl. *Bentler, M.* (1991), S. 252; *Hayn, B.* (1997), S. 58; *Herrmann, D.* (1994), S. 216; *Müller, E./Lauer, Ch. E.*, in: BHdR (1992), C 511 Anm. 109; *Schäfer, H.* (1982), S. 326-330; *Schmidt, G.* (1996), S. 404, 405.

503 Vgl. *Bentler, M.* (1991), S. 20, 21, 252; *Busse von Colbe, W.* (1972), S. 152.

504 Vgl. *Schmidt, G.* (1996), S. 402.

505 Vgl. *Müller, E./Lauer, Ch. E.*, in: BHdR (1992), C 511 Anm. 109.

506 Vgl. *Bentler, M.* (1991), S. 253.

507 Vgl. *Müller, E./Lauer, Ch. E.*, in: BHdR (1992), C 511 Anm. 109.

508 Vgl. *Havermann, H.* (1975), S. 239; *Küting, K./Zündorf, H.*, in: HdK (1998), § 312 Rn. 167.

509 Nicht zu verkennen ist allerdings die Entwicklungstendenz einer Anpassung der deutschen Rechnungslegung an die internationale Praxis. So wird vom *Deutschen Standardisierungsrat (E-DRS 8)* (2000), Tz. 40, 44 entsprechend der Regelung in IAS 28.11 gefordert, bei Übergang von der Equity-Methode auf die Anschaffungskostenmethode den anteilig verbleibenden Equity-Wert im Veräußerungszeitpunkt anzusetzen. Vgl. auch *Schruff, W.* (2001), S. 90.

Fraglich erscheint die Diskussion um die Beibehaltung eines Equity-Wertes vor dem Hintergrund, daß es eine klare gesetzliche Regelung zur Einbeziehung von Beteiligungsunternehmen, die nicht Tochter-, Gemeinschafts- oder assoziiertes Unternehmen sind, gibt. Diese Beteiligungen sind gem. § 300 Abs. 2 i.V.m. § 253 Abs. 1 und 2 HGB in den Konzernabschluß einzubeziehen. Da die Equity-Bewertung weder ein nach dem Recht des Mutterunternehmens zulässiges Bilanzierungswahlrecht gem. § 300 Abs. 2 Satz 2 HGB, noch ein nach dem Recht des Mutterunternehmens zulässiges Bewertungswahlrecht gem. § 308 Abs. 1 Satz 2 darstellt, ist eine Einbeziehung der Beteiligung mit ihrem fortgeschriebenen Equity-Wert nicht möglich.[510]

4.5 Endkonsolidierung in Sonderfällen

4.5.1 Endkonsolidierung bei gleichbleibenden Beteiligungsverhältnissen

Auch ohne Änderung der Beteiligungsverhältnisse können Maßnahmen zur Durchführung einer Endkonsolidierung erforderlich werden, wenn beispielsweise ein Konsolidierungsverbot gem. § 295 HGB eintritt oder eine der von der Beteiligungsquote unabhängigen Voraussetzungen für die Einbeziehung als Tochter-, Gemeinschafts- oder assoziiertes Unternehmen entfällt. Obwohl in diesen Fällen die Beteiligungsquote der Konzerngesellschaft am gezeichneten Kapital sowie das anteilige Eigenkapital und der Beteiligungsbuchwert konstant bleiben[511], scheidet das jeweilige Unternehmen aus dem Konsolidierungskreis aus und erfordert somit zwingend buchungstechnische Anpassungen in der Konzernbilanz und Konzern-Gewinn- und Verlustrechnung.

Während sich im Einzelabschluß des beteiligten Unternehmens keine Auswirkungen hinsichtlich der Beteiligungsbilanzierung ergeben, ist fraglich, wie eine solche Statusänderung aus Konzernsicht zu behandeln ist. Letztlich handelt es sich hierbei um die gleiche Problematik wie bei einer teilweisen Anteilsveräußerung. Der Übergang von der Voll- bzw. Quotenkonsolidierung zur Equity-Methode gestaltet sich dabei unproblematisch, da allen drei Methoden identische Konsolidierungsverfahren bzw. –konzepte zugrundeliegen.[512] Grundsätzlich wird diese Art des Wechsels daher keine Erfolgswirkung im Konzernabschluß entfalten. Sind allerdings auch die Voraussetzungen für die Einbeziehung als assoziiertes Unternehmen nicht mehr erfüllt, ist eine Entscheidung dahingehend zu treffen, ob sich die dann durchzuführende Endkonsolidierung be-

---

510 Vgl. Kapitel 4.2.1.2.2.3 mit einer ausführlichen Analyse der Erfolgswirksamkeit des Übergangs auf die historischen bzw. fortgeführten Anschaffungskosten aus dem Abschluß des die Beteiligung haltenden Unternehmens.

511 Vgl. *Herrmann, D.* (1994), S. 274.

512 Vgl. hierzu Kapitel 4.2.1.2.2.2.

reits im Zeitpunkt des Übergangs auf die Anschaffungskostenbewertung, also im Zeitpunkt der Statusänderung, oder erst bei einer späteren tatsächlichen Veräußerung der Beteiligung erfolgswirksam im Konzernabschluß auswirken darf.[513]

Zur Diskussion stehen hierbei wiederum der erfolgswirksame Übergang auf den Wertansatz im Einzelabschluß, die erfolgsneutrale Behandlung eines entstehenden Differenzbetrages zwischen Abgangswert und Wertansatz der Beteiligung bis zu einer tatsächlichen Veräußerung und der reine erfolgsneutrale Wechsel auf einen fortgeschriebenen Wert.[514]

Die Befürworter des erfolgsneutralen Übergangs auf den fortgeschriebenen Konzernwert berufen sich auf die Vermittlung eines den tatsächlichen Verhältnissen entsprechenden Bildes der Vermögens-, Finanz- und Ertragslage und argumentieren, daß dieses durch die vermeintliche Legung stiller Reserven im Rahmen eines erfolgswirksamen Übergangs verzerrt werden könnte.[515]

Die Statusänderung der Beteiligung führt aber gerade zu einem neuen Konzerngebilde, was sich letztlich in der Vermögens-, Finanz- und Ertragslage des Konzerns, anders als im Einzelabschluß, widerspiegeln muß. Auf Basis der gleichen Argumentation, wie bei dem Übergang zur Anschaffungskostenbewertung infolge einer teilweisen Anteilsveräußerung, wird daher hier die Auffassung vertreten, daß nur eine erfolgswirksame Endkonsolidierung im Zeitpunkt der Statusänderung zu einer sachgerechten Abbildung im Konzernabschluß führt und zudem nur diese Alternative im Einklang mit dem Anschaffungswertprinzip und Kongruenzprinzip steht.[516] Das bedeutet, daß im Konzernabschluß eine vollständige erfolgswirksame Endkonsolidierung durchzuführen ist und die Beteiligung in den Folgeperioden wie jeder andere Vermögensgegenstand aus dem Einzelabschluß des haltenden Unternehmens in die Konzernbilanz eingeht. Die nach wie vor unverändert im Einzelabschluß bilanzierte Beteiligung ist nach den Bilanzierungs- und Bewertungsgrundsätzen des haltenden Unternehmens zu behandeln. D.h., die Anteile sind zu ihren Anschaffungskosten oder niedrigeren beizulegenden Werten in den Konzernabschluß zu übernehmen.

---

513 Vgl. *Adler/Düring/Schmaltz* (1996), § 301 HGB Tz. 277.
514 Vgl. hierzu die ausführliche Diskussion der Varianten in Kapitel 4.2.1.2.2.3.
515 Vgl. *Warmbold, S.* (1995), S. 210.
516 A.A.: *Herrmann, D.* (1994), S. 274; *Warmbold, S.* (1995), S. 210.

4.5.2 Endkonsolidierung bei Veränderungen des konsolidierungspflichtigen Kapitals

4.5.2.1 Kapitalerhöhungen

Veränderungen des konsolidierungspflichtigen Kapitals des in den Konzernabschluß einbezogenen Unternehmens aufgrund von Kapitalerhöhungen bzw. Kapitalherabsetzungen können ebenso wie Anteilsveräußerungen zu einer Minderung der Beteiligungsquote des haltenden Unternehmens, damit zu einer Statusveränderung und folglich zu einer teilweisen oder vollständigen Endkonsolidierung führen. Während eine beteiligungsproportionale Teilnahme an Kapitalerhöhungen in der Regel keine Veränderung der Wertansätze im Konzernabschluß zur Folge hat, führt eine Kapitalerhöhung, an der das die Beteiligung haltende Konzernunternehmen nicht oder nur mit einem unterproportionalen Prozentsatz teilnimmt, automatisch zu einer Verringerung der Beteiligungsquote.[517] Dabei verliert das Mutterunternehmen in Höhe der Differenz zwischen bisheriger und neuer Beteiligungsquote einen Anteil am Reinvermögen des betreffenden Unternehmens vor der Kapitalerhöhung, gleichzeitig gewinnt es in Höhe der neuen Beteiligungsquote einen Anteil an dem durch die Kapitalerhöhung zusätzlich geschaffenem Reinvermögen hinzu.[518]

Wird das Tochterunternehmen nach durchgeführter Kapitalerhöhung weiterhin als vollkonsolidiertes Unternehmen in den Konzernabschluß einbezogen, so ist in Höhe des auf die anderen Gesellschafter entfallenden neuen Anteils am Eigenkapital der Ausgleichsposten für Anteile anderer Gesellschafter zu erhöhen. Sofern der Ausgabekurs dem Bilanzkurs entspricht, ergeben sich aus der Kapitalerhöhung keine Änderungen im anteiligen Eigenkapital des Mutterunternehmens, da der durch die Minderung der Beteiligungsquote bedingte Verlust an den Rücklagen vor Kapitalerhöhung genau dem Gewinn an den durch die Kapitalerhöhung neu geschaffenen Rücklagen entspricht. Bei Über- bzw. Unterpari-Emissionen kommt es dagegen zu Änderungen in der Struktur des Eigenkapitals, was zu einem Erfolgsausweis für das Mutterunternehmen führen kann.[519]

---

517 Vgl. zur Wirkungsweise einer Kapitalerhöhung im Konzernabschluß: *Adler/Düring/Schmaltz* (1996), § 301 HGB Tz. 198, 199; *Dusemond, M./Weber, C.-P./Zündorf, H.*, in: HdK (1998), § 301 Rn. 225-228; *Förschle, G./Deubert, M.*, in: Beck Bil.-Komm. (1999), § 301 Anm. 212-217; *Herrmann, D.* (1994), S. 277-301; *WP-Handbuch* (1996), Bd. I, M Anm. 387; ausführlich zur gesamten Problematik eigenkapitalverändernder Maßnahmen bei Tochter-, Gemeinschafts- und assoziierten Unternehmen auch *Hayn, B.* (1999), S. 406-451.

518 Vgl. *Hayn, B.* (1999), S. 417; *Herrmann, D.* (1994), S. 287.

519 Vgl. ausführlich mit Beispielrechnungen: *Adler/Düring/Schmaltz* (1996), § 301 HGB Tz. 198, 199; *Dusemond, M./Weber, C.-P./Zündorf, H.*, in: HdK (1998), § 301 Rn. 228, 234.

Fragen der Endkonsolidierung werden hiervon aber ebenso wenig tangiert wie im Fall der Kapitalerhöhung unter Bezugsrechtsauschluß des Mutterunternehmens.

Stehen dem Mutterunternehmen aus der Kapitalerhöhung Bezugsrechte zu, die es veräußert, so mindert sich der Wertansatz der Beteiligung im Einzelabschluß. Die Minderung ist nach der Gesamtwertmethode zu ermitteln und resultiert letztlich aus einem Wertabschlag auf die Altaktien.[520] Das der Konsolidierung zugrundeliegende Eigenkapital ändert sich dagegen nicht, so daß in Höhe der Beteiligungsminderung eine teilweise Endkonsolidierung durchzuführen ist.[521] In der Gewinn- und Verlustrechnung des Einzelabschlusses wird der Ertrag aus dem Verkauf der Bezugsrechte als außerordentlicher oder sonstiger betrieblicher Ertrag ausgewiesen. Dieses Ergebnis ist im Konzernabschluß wie bei teilweiser Anteilsveräußerung durch den Endkonsolidierungserfolg zu ersetzen.[522] Eine zum Teil geforderte erfolgsneutrale Behandlung erscheint nicht gerechtfertigt, da es keinen Unterschied machen kann, ob das Mutterunternehmen zunächst an der Kapitalerhöhung teilnimmt und seine Anteile anschließend erfolgswirksam veräußert, oder erst gar nicht an der Kapitalerhöhung partizipiert.

Vermindert sich aufgrund der geringeren Beteiligungsquote der Einfluß auf das Tochterunternehmen derart, daß die Voraussetzungen zur Einbeziehung im Rahmen der Vollkonsolidierung nicht mehr gegeben sind, wird ein Wechsel der Konsolidierungsmethode bzw. ein Übergang zur Anschaffungskostenbewertung erforderlich. Hierbei sind für die Anteile des Mutterunternehmens die Grundsätze des Übergangs aufgrund teilweiser Anteilsveräußerung anzuwenden. Der Ausgleichsposten für Anteile anderer Gesellschafter ist im Rahmen einer erfolgsneutralen Endkonsolidierung für die Minderheitenanteile auszubuchen.

4.5.2.2 Kapitalherabsetzungen

Bei Kapitalherabsetzungen bleiben die Beteiligungsquoten in der Regel konstant, so daß sich keine Auswirkungen hinsichtlich der Methode der Einbeziehung des Tochterunternehmens ergeben. Im Rahmen der Durchführung der Konsolidierungsmaßnahmen sind die Auswirkungen der Kapitalherabsetzung im Konzernabschluß zu stornieren.[523]

Kapitalherabsetzungen im Wege der ausschließlichen oder überwiegenden Einziehung von Aktien des Tochterunternehmens, die das Mutterunternehmen hält,

---

520 Vgl. *WP-Handbuch* (1996), Bd. I, E Anm. 373, 384, mit Nachweisen.
521 Vgl. *Dusemond, M./Weber, C.-P./Zündorf, H.*, in: HdK (1998), § 301 Rn. 228.
522 Vgl. *Warnbold, S.* (1995), S. 213, a.A.: *Herrmann, D.* (1994), S. 299.
523 Vgl. *Dusemond, M./Weber, C.-P./Zündorf, H.*, in: HdK (1998), § 301 Rn. 231.

führen dagegen zu einer sinkenden Beteiligungsquote, so daß es auch in diesem Fall zu dem Erfordernis des Übergangs zu einer anderen Konsolidierungsmethode oder den Wechsel zur Anschaffungskostenmethode kommen kann. In Abhängigkeit von dem Verlust des Einflusses wird somit eine teilweise oder vollständige Endkonsolidierung erforderlich.[524] Die Vorgehensweise richtet sich hierbei nach der teilweisen Anteilsveräußerung. Ein entstehender Gewinn oder Verlust aus der Kapitalherabsetzung ist in der Konzernerfolgsrechnung auszuweisen.[525]

4.5.3 Endkonsolidierung bei konzerninterner Umstrukturierung

4.5.3.1 Konzerninterne Verschmelzung

Veränderungen des Konsolidierungskreises ergeben sich nicht nur aufgrund von externen Erwerbs- und Veräußerungstransaktionen, sondern auch im Rahmen konzerninterner vermögensübertragender Umwandlungsvorgänge. Hierzu zählen insbesondere konzerninterne Verschmelzungen und Spaltungen.[526]

Die Verschmelzung konsolidierter Unternehmen, meist verbunden mit dem Ziel einer Ressourcenkonzentration, führt zum Untergang mindestens einer bisher im Konzernabschluß berücksichtigten Einzelgesellschaft.[527] Damit stellt sich neben der einzelgesellschaftlichen Abbildung solcher Transaktionen[528] auch die Frage der Behandlung in der konsolidierten Rechnungslegung des Konzerns. Gesetzlich kodifizierte Bestimmungen hinsichtlich der Rechnungslegung im Jahresabschluß der an einer Verschmelzung beteiligten Unternehmen sind in dem § 17 Abs. 2 UmwG für den übertragenden Rechtsträger und dem § 24 UmwG für den übernehmenden Rechtsträger enthalten.

---

524 Vgl. *Dusemond, M./Weber, C.-P./Zündorf, H.*, in: HdK (1998), § 301 Rn. 232; *Warmbold, S.* (1995), S. 214.

525 Vgl. *Baetge, J.* (2000), S. 478.

526 Rechtsgrundlage solcher strukturverändernden Anpassungsmaßnahmen bildet das zum 1. Januar 1995 in Kraft getretene Umwandlungsgesetz (UmwG) als wichtigster Bestandteil des Gesetzes zur Bereinigung des Umwandlungsrechts (UmwBerG); BGBl. 1994 I, S. 3210-3266; Regelung aller vier Umwandlungskategorien (Verschmelzung, Spaltung, Vermögensübertragung und Formwechsel) im Umwandlungsgesetz (§§ 123-173 UmwG).

527 Vgl. *Thume, A.* (2000), S. 3-7 (zu Begriff, Formen und Anlässen einer konzerninternen Verschmelzung).

528 Vgl. *Thume, A.* (2000), S. 35-73 m.w.V. zur einzelgesellschaftlichen Rechnungslegung bei konzerninternen Verschmelzungen.

Grundsätzlich kann die Verschmelzung (auch Fusion)[529] auf zwei Arten vollzogen werden. Bei der Verschmelzung im Wege der Aufnahme gehen das Vermögen und die Schulden des übertragenden Rechtsträgers als Ganzes auf eine andere, bereits existierende Gesellschaft (übernehmender Rechtsträger) im Wege der Gesamtrechtsnachfolge über. Bei der Verschmelzung durch Neugründung werden das Vermögen und die Schulden zumindest zweier Unternehmen auf eine neu zu errichtende Gesellschaft übertragen.[530]

Die Verschmelzung innerhalb eines Konzernverbundes kann vollkonsolidierte Tochterunternehmen, quotal einbezogene Gemeinschaftsunternehmen und nach der Equity-Methode einbezogene assoziierte Unternehmen ebenso wie sonstige Beteiligungsunternehmen betreffen. Diese Gesellschaften können wiederum jeweils horizontal oder vertikal verschmolzen werden. Hieraus resultiert eine Vielzahl von Kombinationsmöglichkeiten, die ganz unterschiedliche Konsequenzen auf die Bilanzierung im Konzernabschluß haben können.

Gegenstand folgender Betrachtung soll nur die Verschmelzung von Mutter- und Tochterunternehmen ohne Beteiligung außenstehender Gesellschafter sein[531], da die zentrale Frage nach einer durchzuführenden Endkonsolidierung für den übertragenden Rechtsträger auf alle anderen Fallgestaltungen konkludent anwendbar ist. Während auf eine detaillierte Darstellung der konsolidierungstechnischen Vorgehensweise hier verzichtet wird, steht im Mittelpunkt der Überlegungen, ob die konzerninterne Verschmelzung eine Endkonsolidierungspflicht hervorruft oder andere Anpassungsmaßnahmen im Rahmen der Folgekonsolidierung Berücksichtigung finden müssen. Sofern eine Pflicht zur Durchführung der Endkonsolidierung bejaht wird, sind die allgemeinen in dieser Arbeit dargestellten Grundsätze zur Ermittlung des Endkonsolidierungserfolges und der konsolidierungstechnischen Buchungsweise anzuwenden.

Die möglichen Konstellationen einer Verschmelzung von Mutter- und Tochterunternehmen und die damit verbundenen Wirkungen auf den Konzernabschluß sind in nachfolgendem Schaubild dargestellt.

---

529 Vgl. *Kröninger, M.* (1997), S. 5 (zur Definition der Verschmelzung); *Scherrer, G.* (1998), S. 743-745 (zur Rechtsentwicklung); *IDW/HFA* (2/1997), S. 371-386 (zu Zweifelsfragen der Rechnungslegung bei Verschmelzungen).

530 Vgl. *Küting, K./Zündorf, H.* (1994), S. 1383-1385 (ausführlich zu Formen der Verschmelzung).

531 Vgl. *Thume, A.* (2000), S. 153ff. (ausführlich zur buchungstechnischen Vorgehensweise für alle in Betracht kommenden Fallgestaltungen sowohl mit als auch ohne Beteiligung außenstehender Gesellschafter).

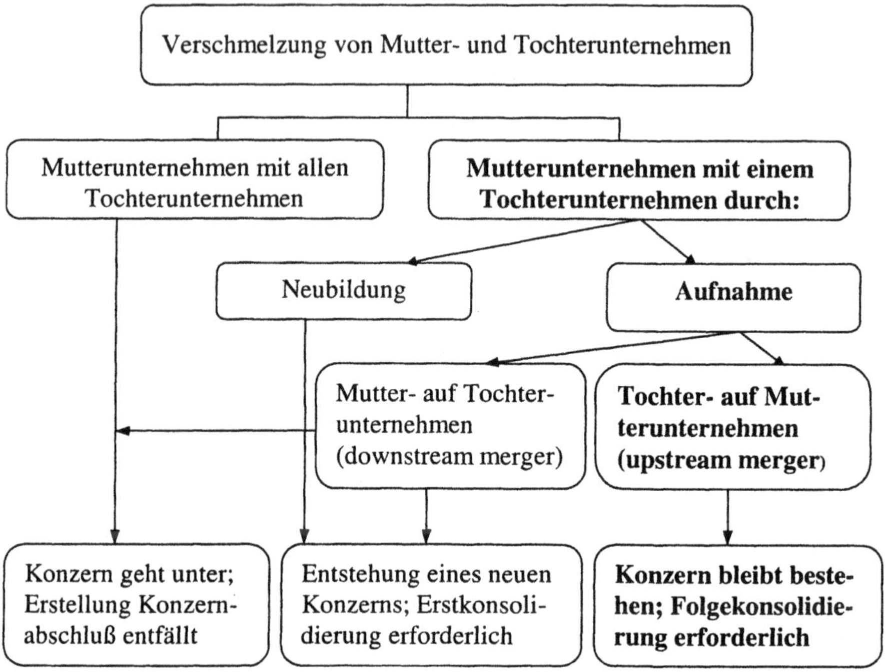

Abb. 4-2: Konstellationen der Verschmelzung von Mutter- und Tochterunternehmen

Wird ein Mutterunternehmen mit sämtlichen Tochterunternehmen verschmolzen, so erlischt der Konzern und damit auch die Konzernrechnungslegungspflicht. Es verbleibt ein einziges rechtlich selbständiges Unternehmen mit der Verpflichtung zur Einzelrechnungslegung.

Die Verschmelzung von Mutter- und Tochterunternehmen durch Neubildung, bei der eine Übertragung des gesamten Vermögens und der Schulden auf eine neu zu errichtende Gesellschaft erfolgt, läßt einen neuen Konzern entstehen, mit der Notwendigkeit einer Erstkonsolidierung der neuen wirtschaftlichen und fiktiven rechtlichen Einheit. Da es sich aber nicht um den Folgeabschluß des bisherigen Konzernverbundes handelt, kommen keine Maßnahmen der Folge- oder Endkonsolidierung in Betracht.

Auch die Verschmelzung durch Aufnahme, bei der das Mutterunternehmen auf ein Tochterunternehmen verschmolzen wird (downstream merger), führt zu einem Erlöschen der Konzernrechnungslegungspflicht des bestehenden Konzerns. Sofern die Voraussetzungen erfüllt sind, entsteht für das aufnehmende Tochterunternehmen die Pflicht zur Konzernrechnungslegung und damit die Notwendigkeit einer Erstkonsolidierung.

Nur bei einer Verschmelzung durch Aufnahme, bei der das Mutterunternehmen übernehmende und das Tochterunternehmen übertragende Gesellschaft ist (upstream merger), bleibt die bisherige Einheit Konzern als solche bestehen. Der einer Verschmelzung folgende Konzernabschluß ist somit als Folgeabschluß zu interpretieren, d.h., es ist eine Folgekonsolidierung unter Berücksichtigung der Verschmelzung durchzuführen.

Fraglich ist nun, wie die Verschmelzung durch Aufnahme im konsolidierten Abschluß darzustellen ist, d.h., ob in den Folgeabschlüssen besondere Anpassungsmaßnahmen hinsichtlich des untergegangenen Tochterunternehmens erforderlich werden. In Betracht kommen hierbei drei Alternativen:

- Eliminierung der Auswirkungen der Verschmelzungseffekte im Konzernabschluß;
- Durchführung einer Endkonsolidierung oder
- Übernahme der Verschmelzungsfolgen in den Konzernabschluß ohne Durchführung bilanzieller Anpassungsmaßnahmen.

In der ersten Alternative wird die Übernahmebilanz weder im Hinblick auf die Wertansätze der vom übernehmenden Rechtsträger aufgenommenen Vermögensgegenstände und Schulden noch bezüglich einer entstandenen Verschmelzungsdifferenz für den Konzernabschluß als maßgeblich angesehen. Die Wertansätze der Aktiva und Passiva sind unabhängig von der im Rahmen der Verschmelzung erlaubten Wahlrechtsausübung des § 24 UmwG aus der vorangegangenen Konzernbilanz unverändert fortzuführen. Eine in der einzelgesellschaftlichen Rechnungslegung ausgewiesene Verschmelzungsdifferenz ist im Konzernabschluß zu eliminieren.

Bei Vornahme einer Endkonsolidierung wird der Tatsache Rechnung getragen, daß das übertragende Unternehmen die rechtliche Selbständigkeit verloren hat und demzufolge aus dem Konsolidierungskreis ausgeschieden ist. In einem ersten Schritt werden alle im vorangegangenen Konzernabschluß erfaßten Vermögensgegenstände und Schulden, die das übertragende Unternehmen repräsentiert haben, als Abgang erfaßt. In einem zweiten Schritt gehen die Wertansätze der übernommenen Aktiva und Passiva des Einzelabschlusses der übernehmenden Gesellschaft direkt in den Konzernabschluß als Zugang ein. Eine im

Einzelabschluß ausgewiesene Verschmelzungsdifferenz wird durch den zu ermittelnden Endkonsolidierungserfolg ersetzt.

Die dritte Variante berücksichtigt den Vorgang der Verschmelzung nicht explizit im Konzernabschluß. Die bilanziellen und erfolgsrechnerischen Auswirkungen gehen in diesem Fall unverändert aus dem Einzelabschluß des übernehmenden Unternehmens in den Konzernabschluß ein. Dies betrifft sowohl die Wertansätze der übernommenen Aktiva und Passiva als auch eine entstandene Verschmelzungsdifferenz. Es werden weder Wertkorrekturen vorgenommen noch bilanzielle Anpassungsmaßnahmen i.S. der Durchführung einer Endkonsolidierung ergriffen.

Da keine expliziten gesetzlichen Regelungen zur Abbildung einer Verschmelzung im Konzernabschluß existieren, ist auch bei der Entscheidung nach der konzeptionellen Rechtfertigung dieser Alternativen auf die Grundsätze ordnungsmäßiger Konsolidierung, insbesondere die Generalnorm und den Einheitsgrundsatz zurückzugreifen.[532] Im Rahmen der Analyse des Stellenwertes der Endkonsolidierung im Gesamtkonzept des Konzernabschlusses wurde diese als letztes Glied in der Kette der Erst- und Folgekonsolidierungen definiert und eine Verpflichtung zur Durchführung von Endkonsolidierungsmaßnahmen primär im Tatbestand des Abgangs eines Unternehmens aus einem Konsolidierungskreis gesehen. Im Rahmen der Verschmelzung scheidet einerseits das übertragende Unternehmen aus dem Konsolidierungskreis aus und geht andererseits die Beteiligung im Einzelabschluß des übernehmenden Unternehmens unter. Hiermit sind zwei wesentliche Kriterien erfüllt, die für die Durchführung einer Endkonsolidierung bei konzerninterner Verschmelzung sprechen.

Gem. § 297 Abs. 2 Satz 2 HGB hat der Konzernabschluß unter Beachtung der Grundsätze ordnungsmäßiger Buchführung ein den tatsächlichen Verhältnissen entsprechendes Bild der Vermögens-, Finanz- und Ertragslage des Konzerns zu vermitteln. Demnach müßten die Auswirkungen, die sich aus der tatsächlich durchgeführten Verschmelzung im Einzelabschluß des übernehmenden Unternehmens ergeben, auch im Konzernabschluß abgebildet werden. Die daraus folgende Konsequenz ist zum einen in der Notwendigkeit der Durchführung einer Endkonsolidierung zu sehen, denn dem tatsächlichen Verhältnis entsprechend existiert das Unternehmen nicht mehr und zum anderen in der Übernahme der Aktiva und Passiva entsprechend dem Einzelabschluß des übernehmenden Rechtsträgers in den Konzernabschluß. Fraglich ist allerdings, inwieweit sich die Vermögens-, Finanz- und Ertragslage, mithin die wirtschaftliche Lage des Konzerns durch den Verschmelzungstatbestand tatsächlich geändert hat, mit der sich daraus ergebenden Notwendigkeit, den Sachverhalt der Verschmelzung

532 Vgl. *Förschle,G./Deubert, M.*, in: Beck Bil.-Komm. (1999), § 301 Anm. 225.

auch im Konzernabschluß abzubilden. Im Verlauf der Untersuchung wurde unter Zugrundelegung des Konzeptes der Erwerbsmethode die Fiktion des Einzelerwerbs für die Erstkonsolidierung und die Fiktion der Einzelveräußerung für die Endkonsolidierung diskutiert.[533] Demnach stellt sich das Ausscheiden des Unternehmens aus dem Konsolidierungskreis nicht als Abgang einer Beteiligung, sondern als Abgang der einzelnen Vermögensgegenstände und Schulden dar. Diese verlassen allerdings den Konzern und dessen Verfügungsbereich nicht, sondern gehen lediglich auf das übernehmende Unternehmen über. Folgt man dieser an einer konsequenten Auslegung der Erwerbsmethode orientierten Betrachtungsweise, kommt eine Endkonsolidierung nicht in Betracht.[534] Aufgrund des Spannungsverhältnisses zwischen dem tatsächlichen Rechtsakt der Verschmelzung einerseits und einer unveränderten wirtschaftlichen Lage des Konzerns andererseits kann aus dem allgemeinen Grundsatz der Generalnorm unter Beachtung des Konzeptes der Erwerbsmethode eine abschließenden Aussage hinsichtlich der konsolidierungstechnischen Erfordernisse im Konzernabschluß noch nicht getroffen werden.

Infolgedessen soll weitergehend untersucht werden, inwieweit der Einheitsgrundsatz für die Ableitung von Regelungen zur Darstellung der konzerninternen Verschmelzung im Konzernabschluß herangezogen werden kann. Die Verschmelzung führt dazu, daß die rechtliche Selbständigkeit des Tochterunternehmens verloren geht. Dem Einheitsgrundsatz gem. § 297 Abs. 3 Satz 1 HGB entsprechend wurde die wirtschaftliche und - je nach Interpretation - auch die rechtliche Selbständigkeit der in den Konzernabschluß einbezogenen Unternehmen bereits negiert. Der formaljuristische Verschmelzungsakt führt somit nur zur tatsächlichen Beendigung der rechtlichen Selbständigkeit, was der bisherigen Betrachtungsweise bereits als Fiktion zugrunde lag.[535]

Hieraus wird im Schrifttum überwiegend abgeleitet, daß der Untergang der rechtlichen Einheit in Form der konzerninternen Verschmelzung keinerlei Relevanz für die Abbildung innerhalb des Konzernverbundes besitzen kann. Eine Endkonsolidierung wird somit nicht erforderlich, die mit der Verschmelzung verbundenen Effekte aus der einzelgesellschaftlichen Rechnungslegung sind im Konzernabschluß zu eliminieren und es ist weiterhin so zu konsolidieren, als wenn die Verschmelzung nie stattgefunden hätte.[536]

---

533 Vgl. Kapitel 3.2.1.

534 Vgl. *Thume, A.* (2000), S. 89, 90.

535 Vgl. *Küting, K./Zündorf, H.* (1994), S. 1386; *Küting, K.* (1995), S. 231, 232.

536 Vgl. *Adler/Düring/Schmaltz* (1996), § 301 HGB Tz. 289; *Dusemond, M./Weber, C.-P./Zündorf, H.*, in: HdK (1998), § 301 Rn. 389; *Förschle,G./Deubert, M.*, in: Beck Bil.-Komm. (1999), § 301 Anm. 225; *Hayn, B.* (1997), S. 59, 60; *Küting, K./Zündorf, H.* (1994), S. 1386; *Küting, K.* (1995), S. 232; *Thume, A.* (2000), S. 111-113 und S. 120-123; *Warmbold, S.* (1995), S. 220, 221.

Eine Übernahme der Auswirkungen der Verschmelzung in den Konzernabschluß könnte dagegen eine irreführende Darstellung der wirtschaftlichen Lage aufgrund von neuen Wertansätzen hervorrufen, die nicht mit denen des letzten Konzernabschlusses übereinstimmen. Die Informationsfunktion, insbesondere bezüglich der Vermögenslage, könnte erheblich eingeschränkt sein, da eine Vergleichbarkeit mit dem vorangegangenen Konzernabschluß nicht mehr gegeben ist.[537] Lediglich die Aufwendungen, die im Rahmen der Verschmelzung im Außenverhältnis entstanden sind, beispielsweise eine durchgeführte Kapitalerhöhung und die damit zusammenhängenden Aufwendungen, sind von der Stornierung auszunehmen, müssen somit auch im Konzernabschluß ihren Niederschlag finden.[538] Darüber hinaus werden Ausnahmen von der beschriebenen Vorgehensweise mit den Grundsätzen der Wirtschaftlichkeit und Wesentlichkeit und damit der untergeordneten Bedeutung für die Darstellung der Vermögens-, Finanz- und Ertragslage begründet.[539] In diesen Fällen ist einerseits eine vollständige Endkonsolidierung durchzuführen und hat andererseits eine Übernahme der Einzelabschlußwerte in die Konzernrechnungslegung zu erfolgen.

Es erscheint allerdings fraglich, ob diese strikte und ausschließliche Orientierung an dem Einheitsgrundsatz zu einer sachgerechten Lösung führen kann. Wie bereits diskutiert, fordert die zu berücksichtigende Generalnorm gem. § 297 Abs. 2 Satz 2 HGB die Vermittlung eines den tatsächlichen Verhältnissen entsprechenden Bildes der Vermögens-, Finanz- und Ertragslage. Durch den Rechtsakt der Verschmelzung wurde aus mehreren Rechtsträgern eine Rechtseinheit geschaffen. Nun stellt sich die Frage, weshalb einer Fiktion mehr Bedeutung zukommen sollte als der formaljuristisch existierenden Einheit. Die Aufgabe der Konzernrechnungslegung besteht nicht darin, fiktive Situationen zu konstruieren oder abzubilden, sondern, die Realität unter einem speziellen Blickwinckel wiederzugeben.[540] Die Problematik wird auch deutlich, wenn die Verschmelzung in einem Konzern, bestehend aus Mutter- und einem Tochterunternehmen, betrachtet wird. Durch die Verschmelzung von Mutter- und Tochterunternehmen geht der Konzern unter. Eine Konzernrechnungslegungspflicht für die aufnehmende Gesellschaft besteht nicht mehr und Modifikationen im Hinblick auf den Einzelabschluß, etwa die Berücksichtigung bisher eliminierter Zwischenergebnisse, kommen nicht in Betracht. Eine fiktive Wiederauflebung der Konzernrechnungslegung ist ausgeschlossen.[541] Ebenso läßt sich nur schwerlich begründen, weshalb eine unterschiedliche Behandlung der Verschmelzung daraus resultieren soll, ob die Zusammenführung der Gesellschaften im Wege der Neubildung oder der Aufnahme erfolgt. Wie bereits darge-

537 Vgl. *Thume, A.* (2000), S. 111.

538 Vgl. *Thume, A.* (2000), S. 122, S. 150-151; *Warmbold, S.* (1995), S. 222, FN 208.

539 Vgl. *Hayn, B.* (1997), S. 61; *Thume, A.* (2000), S. 151; *Warmbold, S.* (1995), S. 222.

540 Vgl. *Wentland, N.* (1979), S. 67.

541 Vgl. auch *Griesar, P.* (1997), S. 776.

stellt, führt die Verschmelzung durch Neubildung zur Entstehung eines neuen Konzerns mit einer eigenständigen Verpflichtung zur Konzernrechnungslegung und damit der Durchführung einer Erstkonsolidierung, sofern die Voraussetzungen erfüllt sind.

Ein weiterer, in der Literatur angebrachter Aspekt, der gegen die Durchführung einer Endkonsolidierung und die Übernahme der neuen Wertansätze aus dem Einzelabschluß der übernehmenden Gesellschaft sprechen soll, wird aus der Auslegung des § 304 HGB als Bewertungsvorschrift abgeleitet.[542] Im Ergebnis sind danach die bisherigen Konzernanschaffungs- oder Konzernherstellungskosten unabhängig von der im Rahmen der Verschmelzung durchgeführten Bewertung fortzuführen, da sich die betreffenden Vermögensgegenstände unverändert im Bestand des Konzerns befinden. Eine Endkonsolidierung sei aus diesem Grund abzulehnen, da hierdurch bislang vorgenommene Bewertungskorrekturen aufgehoben würden.[543] Diese Argumentation vermag jedoch unter folgenden Gesichtpunkten nicht abschließend zu überzeugen.

Wertunterschiede der Vermögensgegenstände und Schulden zwischen der Bilanzierung in dem bisherigen Konzernabschluß und dem Abschluß des übernehmenden Unternehmens resultieren im wesentlichen aus der Ausübung von Bilanzierungs- und Bewertungswahlrechten. Diese konnten erstmals im Rahmen der Erstkonsolidierung im Wege der Neuausübung von Ansatzwahlrechten gem. § 300 Abs. 2 Satz 2 HGB, der Neuausübung von Bewertungswahlrechten gem. § 308 Abs. 1 Satz 2 HGB, der Entscheidung für die Buchwert- oder Neubewertungsmethode gem. § 301 HGB sowie der Behandlung der aus der Erstkonsolidierung resultierenden Unterschiedsbeträgen gem. § 309 HGB ausgeübt werden. Ein weiteres Mal konnten die bilanzpolitischen Spielräume im Rahmen der Verschmelzung durch Anwendung von Bewertungswahlrechten gem. § 24 UmwG genutzt werden. Stellt man sich also die Frage, worin der Widerspruch zwischen Durchführung einer Endkonsolidierung einerseits und der Forderung nach Stetigkeit der Bewertung im Konzernabschluß andererseits tatsächlich begründet ist, so muß konstatiert werden, daß es die dem deutschen Handelsrecht zugrundeliegenden Ansatz- und Bewertungswahlrechte sind, die letztlich zu der Problematik des Auseinanderfallens der Wertansätze in Einzel- und Konzernabschluß führen.

Die im Schrifttum vorherrschende Meinung geht von der Überlegung aus, ein solches Auseinanderfallen der Wertansätze sei durch Eliminierung der Verschmelzungswirkungen im Konzernabschluß zu kompensieren. Nach hier vertretener Auffassung sollte der Fokus eher darauf gerichtet werden, die Wahl-

---

[542] Vgl. *Thume, A.* (2000), S. 91-107.
[543] Vgl. *Thume, A.* (2000), S. 107; *Warnbold, S.* (1995), S. 220.

rechte des § 24 UmwG zur Bilanzierung des übergehenden Vermögens im Einzelabschluß für den Sachverhalt der konzerninternen Verschmelzung einzuschränken. Dies folgt aus der Überlegung, daß im Rahmen der Erstkonsolidierung eines Tochterunternehmens der Fiktion des Einzelerwerbs folgend bereits ein Erwerb der Vermögensgegenstände und Schulden der nun übertragenden Gesellschaft fingiert wurde. Bei der Verschmelzung handelt es sich grundsätzlich ebenfalls um einen Veräußerungsvorgang bzw. einen korrespondierenden Anschaffungsvorgang auf Seiten des übernehmenden Rechtsträgers.[544] Unter wirtschaftlicher Betrachtungsweise hat dieser Anschaffungsvorgang bei einer konzerninternen Verschmelzung faktisch aber schon stattgefunden. Demzufolge sollten im Einzelabschluß des übernehmenden Rechtsträgers die im Konzernabschluß fortgeschriebenen Werte anstelle der ehemals bilanzierten Beteiligung am Tochterunternehmen angesetzt werden.[545] Mit der Reichweite des § 24 UmwG[546] hätte der Bilanzierende die Möglichkeit, die Wertansätze in der Übernahmebilanz so zu bestimmen, daß Abweichungen zu den fortgeführten Konzernwerten nicht oder nur in geringem Umfang auftreten. Zudem ließen sich dennoch nicht zu vermeidende Bewertungsunterschiede durch die Angabepflichten gem. § 294 Abs. 2 HGB erläutern.

Entsprechend der Zielsetzung dieser Arbeit ist im Rahmen der konsolidierungstechnischen Vorgehensweise bezüglich der konzerninternen Verschmelzung sicherzustellen, daß die Totalerfolgskonzeption bzw. das Kongruenzprinzip aus Sicht des Konzerns gewahrt bleibt. Vor diesem Hintergrund scheidet die zu Beginn des Abschnitts dargestellte Variante einer vollständigen Übernahme der Verschmelzungsfolgen in den Konzernabschluß ohne Durchführung bilanzieller Anpassungsmaßnahmen als Möglichkeit der Darstellung konzerninterner Verschmelzungen definitiv aus. In diesem Fall würden sich Erfolgsverzerrungen zwischen der Beteiligungsbilanzierung im Einzelabschluß und im Konzernabschluß ergeben, was eine Inkonsistenz der Totalerfolgsbeiträge zur Folge hätte. Die Durchführung einer Endkonsolidierung wahrt dagegen ebenso wie die Variante der Eliminierung der Verschmelzungswirkungen die Anforderungen der Totalerfolgskonzeption.[547]

Unter Berücksichtigung der Tatsache, daß das übertragende Unternehmen den Konsolidierungskreis verläßt und die Beteiligung des haltenden Unternehmens untergeht sowie der geführten Diskussion um die Generalnorm, die Einheitstheorie, die Erfordernisse der Bewertungsstetigkeit und die Totalerfolgskonzeption sollten die durch die Verschmelzung tatsächlich geschaffenen Vermögens-, Finanz- und Ertragsverhältnisse als Ausgangsdaten für die Erstellung des Kon-

544 Vgl. *Schmitt, J./Hülsmann, Ch.* (2000), S. 1567, 1568.
545 So auch *Kröninger, M.* (1997), S. 208, 209.
546 Vgl. *IDW/HFA* (2/1997).
547 Vgl. *Thume, A.* (2000), S. 123-151.

zernabschlusses herangezogen und nicht durch Fiktionen abgeändert werden.[548] Zur Sicherstellung der Totalerfolgskonzeption im Zusammenhang mit dem Kongruenzprinzip ist ein Endkonsolidierungserfolg zu ermitteln, der im Konzernabschluß das Verschmelzungsergebnis ersetzt.

4.5.3.2 Konzerninterne Spaltung

Eine weitere Form der konzerninternen Umstrukturierung stellt die Spaltung dar. Wie im Fall der Verschmelzung bestehen lediglich gesetzliche Vorschriften zur bilanziellen Abbildung von Spaltungsvorgängen hinsichtlich der zu erstellenden Einzelabschlüsse.[549] Dagegen ist die Darstellung der Effekte aus einer konzerninternen Spaltung im Konzernabschluß nicht explizit geregelt.[550]

Während im Fall der Verschmelzung aus mehreren Rechtsträgern ein Rechtsträger entsteht, besteht das Ziel der Spaltung umgekehrt darin, das Vermögen eines Unternehmens im Wege der Sonderrechtsnachfolge auf mindestens zwei Rechtsträger aufzuteilen. Die Motive können hierbei vielfältiger Art sein[551], wobei aus Konzernsicht insbesondere eine Erhöhung der Flexibilität am Markt, die Vorbereitung einzelner Unternehmensteile für einen Zusammenschluß mit anderen Unternehmen oder auch die Umwandlung in einen Holding-Konzern in Betracht kommen. Im Umwandlungsgesetz sind drei Formen der Spaltung kodifiziert, wobei jede dieser Unterarten Mutter- oder Tochterunternehmen betreffen und in ihrer Ausgestaltung zur Neugründung einer Gesellschaft oder zur Aufnahme durch bereits bestehende Gesellschaften führen kann.

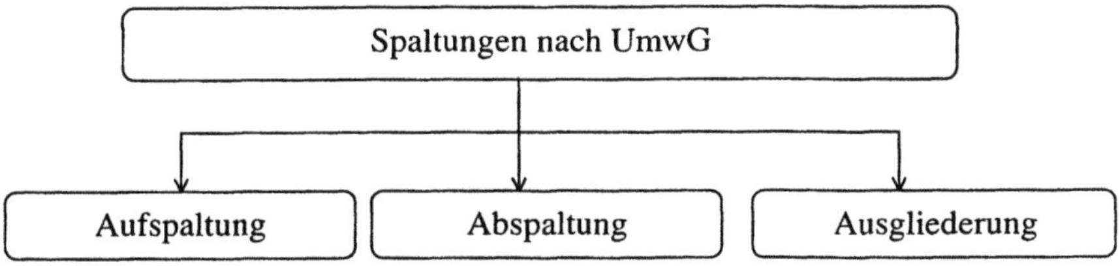

Abb. 4-3: Formen der Spaltung nach Umwandlungsgesetz

---

548 Vgl. auch *Griesar, P.* (1997), S. 780.

549 Regelung aller vier Umwandlungskategorien (Verschmelzung, Spaltung, Vermögensübertragung und Formwechsel) im Umwandlungsgesetz (§§ 123-173 UmwG); vgl. explizit zu Spaltungen *IDW/HFA* (1/1998), S. 235-239; *Scherrer, G.* (1999), S. 391-417 (zur Bilanzierung beim übertragenden Rechtsträger).

550 Vgl. *Küting, K./Hayn, B./Hütten, Ch.* (1997), S. 565.

551 Vgl. *Geck, R.* (1995), S. 417; *Schwarz, H-D.* (1996), § 123 Rn. 1.

Bei der Aufspaltung überträgt ein Unternehmen unter Auflösung ohne Abwicklung sein gesamtes Vermögen auf mindestens zwei andere, bereits bestehende oder vom aufspaltenden Rechtsträger hierdurch gegründete, Unternehmen. Die Anteilsinhaber des übertragenden Rechtsträgers erhalten Anteile bzw. Mitgliedschaftsrechte an dem übernehmenden oder neuen Rechtsträger. Sofern es sich bei dem aufspaltenden Unternehmen um das Mutterunternehmen selbst handelt, erlischt mit Auflösung des Rechtsträgers auch die Konzernrechnungslegungspflicht. Gegebenenfalls entsteht für das übernehmenden bzw. neugegründete Unternehmen die Pflicht zur Aufstellung eines Konzernabschlusses mit der Notwendigkeit der Durchführung einer Erstkonsolidierung. Bei Aufspaltung eines Tochterunternehmens gehen die Anteile an dem übertragenden Rechtsträger unter, wobei als Gegenleistung neue Anteile an dem übernehmenden Rechtsträger gewährt werden. Sofern es sich um eine verhältniswahrende Spaltung handelt, bleiben die Anteils- und Vermögensverhältnisse auch bei vorherigem nicht 100%igem Anteilsbesitz unverändert.

Bei der Abspaltung wird dagegen nur ein Teil des Vermögens im Wege der Sonderrechtsnachfolge ohne Auflösung auf mindestens ein anderes Unternehmen übertragen. Als Gegenleistung erhalten auch hier die Anteilseigner des übertragenden Unternehmens Anteile bzw. Mitgliedschaftsrechte an dem übernehmenden Unternehmen.

Bei der Ausgliederung wird nur ein Teil des Vermögens ohne Auflösung übertragen, wobei hier im Gegenzug Anteile bzw. Mitgliedschaftsrechte des übernehmenden Unternehmens nicht an die Anteilseigner, sondern an den ausgliedernden Rechtsträger selbst gewährt werden.

Daneben werden Kombinationen von Spaltungsarten nach dem Umwandlungsgesetz für möglich gehalten. So sind insbesondere die Fälle der Kombination von Abspaltung und Ausgliederung sowie der Aufspaltung und Ausgliederung relevant.[552] Wie im Fall der konzerninternen Verschmelzung ist auch an dieser Stelle zu prüfen, wie eine sachgerechte Abbildung im Konzernabschluß zu erfolgen hat und insbesondere, welche der genannten Varianten einer Spaltung Maßnahmen der Endkonsolidierung hervorrufen können.

Unter strikter Beachtung des Einheitsgrundsatzes handelt es sich - unabhängig von der Spaltungsform - bei konzerninternen Transaktionen aus Sicht der wirtschaftlichen und fiktiven rechtlichen Einheit Konzern lediglich um Umgruppierungen von Vermögenswerten und Schuldposten, nicht jedoch um Veränderungen der fiktiven rechtlichen Einheit Konzern. Hieraus wird im Schrifttum abgeleitet, daß die konzerninterne Spaltung als gesellschaftsrechtlicher Vorgang

552 Vgl. hierzu ausführlich: *Kallmeyer, H.* (1995), S. 81-83.

zwischen den Konzernunternehmen keinerlei Effekte im Konzernabschluß hervorrufen darf, was konkret bedeutet, daß im Konzern weiterhin so zu bilanzieren ist, als hätte eine Spaltung nicht stattgefunden.[553] Der Verlust der rechtlichen Selbständigkeit zumindest eines Tochterunternehmens (Aufspaltung) bzw. die neugeschaffene rechtliche Selbständigkeit einzelner Teile (Abspaltung, Ausgliederung zur Neugründung) ist für die fiktive rechtliche Einheit Konzern bedeutungslos.[554] Für die konsolidierungstechnische Vorgehensweise werden daher wie im Fall der konzerninternen Verschmelzung Regeln abgeleitet, die darin münden, daß die Vermögensgegenstände und Schulden weiterhin mit den fortgeführten Konzernwerten zu bilanzieren sind und alle mit der Spaltung in Zusammenhang stehenden Erfolgswirkungen ebenso wie gegebenenfalls aus einer durchzuführenden Erstkonsolidierung entstehende Unterschiedsbeträge zu eliminieren sind.[555] An dieser Stelle soll nicht die buchungstechnische Vorgehensweise dargestellt, sondern entsprechend der Zielsetzung der Arbeit untersucht werden, ob eine oder alle Formen der Spaltung notwendigerweise zu einer Endkonsolidierung führen und damit entgegen obiger Betrachtungsweise Wirkungen im Konzernabschluß entfalten.

Eine Ausgliederung läßt die Bilanzierung von Anteilen an dem übertragenden Rechtsträger unberührt, da bei diesem ein wertgleicher Tausch von Vermögensteilen gegen Anteile an dem übernehmenden Rechtsträger stattfindet. Sowohl die Beteiligung als auch das Unternehmen bestehen weiterhin fort, so daß sich die Frage nach Maßnahmen einer Endkonsolidierung und unter Umständen einer Erstkonsolidierung hier nicht stellt.

Bei einer Auf- bzw. Abspaltung des Mutterunternehmens werden die als Gegenleistung für die übertragenen Vermögens- und Schuldposten gewährten Anteile nicht einem Konzernunternehmen, sondern den Gesellschaftern des Mutterunternehmens zuteil. Im Falle der Aufspaltung des Mutterunternehmens geht der Konzern und damit die Konzernrechnungslegungspflicht unter. Im Zuge der Abspaltung bleibt der Konzern in seiner ursprünglichen Beteiligungsstruktur unverändert bestehen. Beide Situationen erfordern folglich keine Maßnahmen der Endkonsolidierung.

Relevant könnten dagegen die Varianten der Auf- bzw. Abspaltung von Tochterunternehmen sein. Im Rahmen der Abspaltung besteht der übertragende Rechtsträger fort, allerdings erfolgt ein Vermögenstransfer mit der Konsequenz eines mengenmäßigen Abgangs an Anteilen bei den Anteilsinhabern des übertragenden Rechtsträgers. Da sich aber keine Auswirkungen auf die Höhe der

---

553 Vgl. *Förschle, G./Deubert, M.*, in: Beck Bil.-Komm. (1999), § 301 Anm. 225; *Küting, K./Hayn, B./Hütten, Ch.* (1997), S. 570.

554 Vgl. *Förschle,G./Deubert, M.*, in: Beck Bil.-Komm. (1999), § 301 Anm. 225.

555 Vgl. *Küting, K./Hayn, B./Hütten, Ch.* (1997), S. 570-574.

Beteiligungsquote ergeben sowie die Minderung von Beteiligungsbuchwert und Vermögen proportional erfolgt[556], sind Maßnahmen der Endkonsolidierung nicht erforderlich.

Im Fall der Aufspaltung gehen die Anteile an dem übertragenden Tochterunternehmen unter, das Rechtssubjekt erlischt[557], der Konzern selbst bleibt aber weiterhin bestehen. Den bisherigen Erkenntnissen der Arbeit und der für den Sachverhalt der konzerninternen Verschmelzung geführten Argumentation folgend ist bei dieser Konstellation eine vollständige Endkonsolidierung durchzuführen.

4.5.3.3 Konzerninterner Anteilsverkauf

Im Wege der Neu- bzw. Umstrukturierung von Konzernen werden Beteiligungen nicht nur vollständig oder teilweise an konzernfremde Gesellschafter, sondern zunehmend auch innerhalb des Konzernverbundes an andere einbezogene Unternehmen veräußert.[558] Solche konzerninternen Anteilsveräußerungen führen, sofern das erwerbende Konzernunternehmen nicht in 100 %-igem Anteilsbesitz steht, zu Änderungen der Beteiligungsquote und unter Umständen auch zu einem Statuswechsel hinsichtlich der Einbeziehung in den Konzernabschluß. An dieser Stelle soll der Fall einer Verringerung der Beteiligungsquote bei weiterer Einbeziehung als Tochterunternehmen betrachtet werden. Dies ergibt sich beispielsweise dann, wenn eine 100 %ige Beteiligung an ein anderes direkt gehaltenes Tochterunternehmen, welches nur mit einer Beteiligungsquote von 60 % einbezogen ist, veräußert wird. Folge dieser Maßnahme ist die Entstehung eines zweistufigen Konzerns, wobei das Mutterunternehmen aufgrund der multiplikativ zu ermittelnden Beteiligungsquote nunmehr nur noch 60 % der Kapitalanteile an dem ehemals zu 100 % in Anteilsbesitz stehenden Tochterunternehmen hält.[559] Vergleichbar der teilweisen Anteilsveräußerung an konzernfremde Gesellschafter unter Beibehaltung der Konsolidierungsmethode[560] stellt sich auch hier die Frage nach dem Ausweis eines Endkonsolidierungserfolges.

---

556 Vgl. *IDW/HFA* (1/1998), S. 239.

557 Vgl. § 131 Abs. 1 Nr. 2 UmwG.

558 Diese Vorgehensweise dient beispielsweise bei international agierenden Konzernen einer besseren Segmentierung des Gesamtgeschäftes sowohl nach Regionen als auch Tätigkeitsbereichen. Konzerninterne „Anteilsumhängungen" finden sich auch häufig als vorbereitende Maßnahmen zur Veräußerung einzelner Unternehmensbereiche oder späterer konzerninterner Verschmelzungen.

559 Zur Konsolidierungstechnik im mehrstufigen Konzern vgl. nur. *Adler/Düring/ Schmaltz* (1996), § 301 HGB Tz. 220-240; *Dusemond, M./Weber, C.-P./Zündorf, H.*, in: HdK (1998), § 301 Rn. 236-361; *Eisele, W./Kratz, N.* (1997), S. 291-310; *Ewert, R./Schenk, G.* (1993), S. 1-14; *Förschle, G./Deubert, M.*, in: Beck Bil.-Komm. (1999), § 301 Anm. 270-289.

560 Vgl. Kapitel 4.2.1.2.1.

Folgendes extrem vereinfachte Beispiel dient der Verdeutlichung des Sachverhalts:

Beispiel: Das Mutterunternehmen (MU) hält an dem Tochterunternehmen 1 (TU1) 100 % der Anteile, an dem Tochterunternehmen 2 (TU2) 60 % der Anteile. Stille Reserven sind in den Vermögensgegenständen der Tochterunternehmen nicht enthalten, ein aus der Konsolidierung resultierender Unterschiedsbetrag wird als Geschäfts- oder Firmenwert ausgewiesen. Die Einzelbilanzen der einbezogenen Unternehmen sowie der Konzernabschluß stellen sich in Periode 01 wie folgt dar:

MU Handelsbilanz II Jahr 01			
Anteile TU1	1000	gez. Kapital	1500
Anteile TU2	2000	Rücklagen	700
		Verbindl.	800
	3000		3000

TU1 Handelsbilanz II Jahr 01			
übrige VG	1000	gez. Kapital	700
		Rücklagen	100
		Verbindl.	200
	1000		1000

TU2 Handelsbilanz II Jahr 01			
übrige VG	3000	gez. Kapital	2000
		Rücklagen	1000
	3000		3000

Posten	**Summenbilanz**		**Konsolidierung**		**Konzernbilanz 01**	
	Soll	Haben	Soll	Haben	A	P
Anteile an TU1	1000			1)1000		
Anteile an TU2	2000			2)2000		
übrige VG	4000				4000	
GoF TU1			1)200		200	
GoF TU2			2)200		200	
gez. Kapital		4200	1)700			1500
			2)1200			
			3)800			
Rücklagen		1800	1)100			700
			2)600			
			3)400			
AfAaG				3)1200		1200
Verbindlichkeiten		1000				1000
	7000	7000	4200	4200	4400	4400

Tab. 4-6: Erstellung Konzernabschluß vor konzerninternem Verkauf

Mit den Buchungen 1) und 2) wird die Erstkonsolidierung der Tochterunternehmen TU1 und TU2 vorgenommen, es entstehen jeweils aktivische Unterschiedsbeträge in Höhe von 200. Diese sind, beginnend im Folgejahr, über einen Zeitraum von vier Jahren zu jeweils 25 % abzuschreiben. Mit Buchung 3) erfolgt die Einstellung des auf die Minderheiten entfallenden anteiligen Eigenkapitals an TU2 in den Ausgleichsposten für Anteile anderer Gesellschafter.

In Periode 02 veräußert das Mutterunternehmen die Anteile an TU1 für 1500 an TU2 und realisiert aus dem Verkauf einen Gewinn von 500. Die für Konsolidierungszwecke relevante Anteilsquote beträgt nun an TU1 und TU2 jeweils 60 %. Die Einzelbilanzen stellen sich unter der Annahme, es hätten keine anderen Geschäftsvorfälle stattgefunden wie folgt dar:

MU Handelsbilanz II Jahr 02			
Anteile TU2	2000	gez. Kapital	1500
übrige VG	1500	Rücklagen	700
		Bilanzgewinn	500
		Verbindl.	800
	3500		3500

TU1 Handelsbilanz II Jahr 02			
übrige VG	1000	gez. Kapital	700
		Rücklagen	100
		Verbindl.	200
	1000		1000

TU2 Handelsbilanz II Jahr 02			
Anteile TU1	1500	gez. Kapital	2000
übrige VG	1500	Rücklagen	1000
	3000		3000

Der Konzernabschluß nach konzerninterner Veräußerung stellt sich ohne Durchführung spezieller Maßnahmen der Endkonsolidierung aber unter Berücksichtigung einer Zwischenerfolgseliminierung wie in nachfolgender Übersicht aufgezeigt dar.

Posten	Summenbilanz		Konsolidierung		Konzernbilanz 02	
	Soll	Haben	Soll	Haben	A	P
Anteile an TU1	1500			0)500 1)600 4)400		
Anteile an TU2	2000			2)2000		
übrige VG	4000				4000	
GoF TU1			1)120	5)30	90	
GoF TU2			2)200	5)50	150	
gez. Kapital		4200	1)420 2)1200 3)800 4)280			1500
Rücklagen		1800	1)60 2)600 3)400 4)40			700
Bilanzgewinn/ -verlust		500	0)500 5)80			-80
AfAaG TU1			4)400	4)320		- 80
AfAaG TU2				3)1200		1200
Verbindlichkeiten		1000				1000
	7500	7500	5100	5100	4240	4240

Tab. 4-7: Erstellung Konzernabschluß nach konzerninternem Verkauf

Mit Buchung 0) wird die Zwischenergebniseliminierung vorgenommen, da aus Konzernsicht kein Erfolg aus der konzerninternen Veräußerung ausgewiesen werden kann. Mit Buchung 1) wird die Kapitalkonsolidierung des TU1 vorgenommen, wobei zu berücksichtigen ist, daß in der neuen Konzernstruktur nur noch 60 % des in der Bilanz von TU2 bilanzierten Buchwertes gegen 60 % des Eigenkapitals von TU1 verrechnet werden dürfen. Dies führt konsolidierungstechnisch zum gleichen Ergebnis, als würde die Erstkonsolidierung unverändert wiederholt, der neuen Struktur entsprechend aber 40 % des Geschäfts- oder Firmenwertes 80 (=200*0,4) in den Ausgleichsposten für Anteile anderer Gesellschafter umgebucht. Mit Buchung 2) wird die Kapitalkonsolidierung des TU2 vorgenommen. Mit Buchung 3) erfolgt die Einstellung des auf die konzernfremden Gesellschafter entfallenden anteiligen Eigenkapitals an TU2 in den Ausgleichsposten für Anteile anderer Gesellschafter. Mit Buchung 4) wird den konzernfremden Gesellschaftern sowohl der anteilige Buchwert als auch das anteilige Eigenkapital an TU1 anteilige Eigenkapital an TU1 zugewiesen, es entsteht ein negativer Ausgleichsposten für TU1.[561] Dieser entspricht, wie bereits dargestellt, genau 40 % des im Vorjahr bei 100%igem Anteilsbesitz ermittelten Geschäfts- oder Firmenwertes. Mit Buchung 5) erfolgt die Abschreibung des Geschäfts- oder Firmenwertes zu 25 %.

In der Fallkonstellation der teilweisen Veräußerung einer Beteiligung an konzernfremde Gesellschafter unter Beibehaltung der Konsolidierungsmethode ist ein Veräußerungserlös aus Konzernsicht tatsächlich entstanden und wird auch im Konzernabschluß ausgewiesen. Das in diesem Zusammenhang zu untersuchende Problem war, ob die Differenz zwischen Erlös und anteiligem Abgangswert erfolgsneutral umzubuchen oder als Endkonsolidierungserfolg zu zeigen ist.[562] Im vorliegendem Fall der konzerninternen Veräußerung wird dagegen aufgrund der erfolgswirksamen Zwischenergebniseliminierung im Konzernabschluß kein Erlös aus der Transaktion gezeigt, was der wirtschaftlichen und fiktiven rechtlichen Einheit Konzern entspricht. Die Entstehung eines Endkonsolidierungserfolges im Zeitpunkt der konzerninternen Veräußerung ist somit grundsätzlich ausgeschlossen.

Als Alternative käme in Betracht, die Zwischenergebniseliminierung auf den indirekten Konzernanteil (60 %) zu beschränken und damit zu unterstellen, daß die Fremdgesellschafter für ihren Eigenkapitalanteil höhere Anschaffungskosten hatten. Der auf die Fremden entfallende Beteiligungsbuchwert würde dann 600 (= 1500*0,4) betragen, das Eigenkapital 320 (= 800*0,4), der Ausgleichsposten somit - 280 (= 320 ./. 600). Im Konzern würde in Höhe des nun auf Fremde entfallenden Anteils eine Gewinnrealisierung von 200 erfolgen, während der Zwischengewinn in Höhe von 300 zu eliminieren wäre. Da es sich aber um indirekte Fremdanteile handelt, die letztlich nur durch konzerninterne Transaktionen beeinflußt werden, ist nicht von pagatorisch abgesicherten Anschaffungskosten auszugehen, so daß diese Alternative nicht zur Anwendung kommen sollte.

Da die Beteiligung im Einzelabschluß des Mutterunternehmens aber zu einer Perioden- und damit Totalerfolgswirkung geführt hat, muß unzweifelhaft in einem späteren Zeitpunkt eine Gewinnrealisierung auch aus Konzernsicht erfolgen. In Betracht kommt nur der Zeitpunkt einer tatsächlichen Veräußerung der Anteile an konzernfremde Gesellschafter. Für das Buchungsbeispiel setzen sich die Erfolgsbeiträge wie folgt zusammen:

---

561 Auf die Problematik negativer Fremdanteile im mehrstufigen Konzern soll hier nicht eingegangen werden, es wird auf die einschlägige Literatur verwiesen, z.B. *Lührmann, V./Schruff, L.* (1996), S. 261-269 mit weiteren Nachweisen.

562 Vgl. Kapitel 4.2.1.2.1.

Erfolgsbeitrag	Jahr 01	Jahr 02	Jahr 03	Gesamt
Einzelabschluß MU	0	500	0	500
Konzernabschluß	0	-30	-30; -540; +900	300

Bei Veräußerung der Beteiligung in Periode 03 zu 1500 würde sich bei TU2 kein Gewinn ergeben, da die Beteiligung im Jahresabschluß der Gesellschaft mit 1500 zu Buche steht. Insgesamt hat der Erwerb, das Halten und die Veräußerung der Beteiligung in den Einzelgesellschaften des Konzerns somit zu einem Totalerfolg in Höhe von 500 (bei dem MU in Periode 02) geführt. Aus Konzernsicht sind dem der Beteiligungsquote entsprechenden Veräußerungserlös 900 (= 1500*0,6) die proportional zuzurechnenden Vermögensgegenstände 600 (= 1000*0,6) und Schulden 120 (= 200*0,6) sowie der noch nicht verrechnete Geschäfts- oder Firmenwert (60) als Abgangswert (540) gegenüberzustellen. In den Perioden 02 und 03 wurden im Konzernabschluß bereits Abschreibungen auf den Geschäfts- oder Firmenwert (30) erfolgswirksam verbucht. Aus Konzernsicht ergibt sich somit zunächst ein Endkonsolidierungserfolg in Höhe von 300, mithin entsteht eine Differenz von 200 in bezug auf die Summe der Erfolgsbeiträge aus den Einzelabschlüssen.

Grundsätzlich entspricht der auf die Fremden entfallende Abgangswert der Höhe des Ausgleichspostens für Anteile anderer Gesellschafter. Da aber im mehrstufigen Konzern die indirekten Fremdgesellschafter nicht nur am anteiligen Eigenkapital partizipieren, sondern auch am entsprechenden Beteiligungsbuchwert, fallen die Größen hier in der Regel auseinander. Der Ausgleichsposten für Anteile anderer Gesellschafter weist im Beispiel einen Betrag von - 80 aus. Der auf die Fremdanteile entfallende Veräußerungserlös in Höhe von 600 erhöht den Ausgleichsposten, die anteiligen Vermögensgegenstände (400) und Schulden (80) vermindern als Abgangswert (320) den Ausgleichsposten, so daß eine Restgröße von 200 verbleibt. Da es nach Veräußerung der Beteiligung keine Fremdanteile mehr geben kann, ist dieser Betrag, der genau der Differenz zum Totalerfolgsbeitrag im Einzelabschluß entspricht, im Konzern ergebniswirksam aufzulösen.

Als Fazit bleibt somit festzuhalten, daß der konzerninterne Anteilsverkauf auch bei Änderung der Beteiligungsquote erst im Zeitpunkt einer endgültigen Veräußerung an konzernfremde Gesellschafter zum Ausweis eines Endkonsolidierungserfolges führt. Obwohl dann auch die indirekten konzernfremden Gesellschafter am Veräußerungserlös partizipieren, ist konsolidierungstechnisch gewährleistet, daß die Totalerfolgsbeiträge aus der Beteiligung im Konzernabschluß genau der Summe der Erfolgsbeiträge in den Jahresabschlüssen der haltenden Gesellschaften entspricht. Eine Teilerfolgsermittlung im Zeitpunkt des konzerninternen Übergangs ist somit grundsätzlich nicht erforderlich und würde im Widerspruch zu gesetzlichen Vorschriften und den Grundsätzen ordnungsmäßiger Konsolidierung stehen, da eine nur anteilige Zwischenerfolgseliminierung für im Rahmen der Vollkonsolidierung einbezogene Tochterunternehmen nicht zulässig ist.

Sofern konzerninterne Umstrukturierungsmaßnahmen dazu führen, daß die Voraussetzungen für die Einbeziehung als Tochterunternehmen nicht mehr erfüllt sind, beispielsweise bei Veräußerung der Anteile an ein Gemeinschaftsunternehmen oder bei Veräußerung eigener Anteile des Tochterunternehmens an konzernfremde Dritte, sind die Regeln zur vollständigen Endkonsolidierung anzuwenden.

5 Ausweis der Endkonsolidierung im Konzernabschluß

5.1 Konzernbilanz

5.1.1 Fiktion des Einzelabgangs

Neben der Bestimmung des Erfolgsbeitrages als Kernbereich einer durchzuführenden Endkonsolidierung treten im Zusammenhang mit dem Abgang eines Tochterunternehmens aus dem Konsolidierungskreis auch eine Reihe von Ausweisproblemen auf. Namentlich sind hiervon die Konzernbilanz, insbesondere die Bereiche Konzernrücklagen und Anlagespiegel, die Konzern-Gewinn- und Verlustrechnung sowie der Konzernanhang betroffen.

Analog zur Vorgehensweise im Rahmen der Erstkonsolidierung, der die Fiktion des Einzelerwerbs einzelner Vermögensgegenstände und Schulden zugrundeliegt, ist im Endkonsolidierungszeitpunkt entsprechend der Fiktion des Einzelabgangs[563] aus Konzernsicht ein Abgang der einzelnen Vermögensgegenstände, Schulden, Aktivierungshilfen, Aufwandsrückstellungen und Sonderposten darzustellen.[564] Dabei sind grundsätzlich die Werte abzubilden, die die einzelnen Bilanzposten im Abgangszeitpunkt aufweisen.[565] Diese Abgänge sind entsprechend der Einheitstheorie in Bilanz, Gewinn- und Verlustrechnung, Anlagespiegel sowie Anhang des Konzerns so darzustellen, wie sie sich ergäben, wenn sie bei einem rechtlich einheitlichen Unternehmen verbucht worden wären.[566]

5.1.2 Anlagespiegel

Gem. § 298 Abs. 1 i.V.m. § 268 Abs. 2 HGB ist auch im Rahmen der Konzernrechnungslegung ein Anlagespiegel zur Abbildung der Entwicklung der einzelnen Posten des Anlagevermögens zu erstellen.[567] Dabei sind gem. § 298 Abs.1 i.V.m. § 268 Abs. 2 Satz 2 HGB ausgehend von den ursprünglichen Anschaffungs- oder Herstellungskosten, die Zugänge, Abgänge und Umbuchungen, die Zuschreibungen, die kumulierten Abschreibungen sowie die Abschreibungen des Geschäftsjahres gesondert aufzuführen.[568] Es ist somit zwingend vorgeschrieben, die einzelnen Posten nach der sog. Bruttomethode in horizontaler

---

563 Vgl. *Ordelheide, D.* (1986), S. 766.

564 Vgl. *Arbeitskreis "Externe Unternehmensrechnung"* (1989), S. 83.

565 Vgl. *Adler/Düring/Schmaltz* (1996), § 301 HGB Tz. 260.

566 Vgl. *Ordelheide, D.* (1986), S. 766.

567 Vgl. *Zündorf, H.* (1991), S. 43-47 (zur Konzeption des Konzernanlagespiegels).

568 Vgl. *Claussen, C.P./Scherrer, G.*, in: Kölner Kommentar zum AktG (2000), § 298 HGB Rn. 54, 57-63.

Gliederung auszuweisen.[569] Im Konzernanlagespiegel ergibt sich dementsprechend die Notwendigkeit, alle nicht mehr konsolidierten Anlagegegenstände als Abgänge darzustellen sowie die kumulierten Anschaffungs- bzw. Herstellungskosten und kumulierten Abschreibungen auf die entsprechenden Anlagegegenstände zu bereinigen.[570]

Ausgehend vom summierten Anlagespiegel ist zunächst eine Stornierung des Abgangs der Beteiligung durchzuführen, da aus Sicht der wirtschaftlichen und fiktiven rechtlichen Einheit Konzern keine Beteiligung abgeht, sondern die einzelnen Vermögenswerte und Schuldposten. Das Anlagevermögen, mit dem das Tochterunternehmen bis zur Veräußerung im Konzernabschluß erfaßt war, ist dagegen wieder in den Anlagespiegel einzustellen, um zum einen die Bilanzkontinuität gem. § 298 Abs. 1 i.V.m. § 252 Abs. 1 Satz 1 Zi. 1 HGB zu gewährleisten und zum anderen, um die Entwicklung des Anlagespiegels darstellen zu können.

Der Ausweis der Abgänge kann wahlweise entweder gemeinsam mit den Abgängen aus dem Einzelabschluß in der Spalte „Abgänge" oder in einer gesonderten Spalte „Abgänge durch Veränderung des Konsolidierungskreises" erfolgen.[571] Wird kein gesonderter Ausweis vorgenommen, handelt es sich aber um insgesamt wesentliche Abgänge, sind zusätzliche Angaben im Konzernanhang gem. § 294 Abs. 2 HGB erforderlich, die es erlauben, die aufeinanderfolgenden Konzernabschlüsse zur Vermittlung eines den tatsächlichen Verhältnissen entsprechenden Bildes der Vermögenslage zu vergleichen.[572]

Eine Saldierung der Abgänge aus Endkonsolidierungen mit Zugängen aus Erstkonsolidierungen würde gegen das Verrechnungsverbot gem. § 298 Abs. 1 i.V.m. § 246 Abs. 2 HGB verstoßen. Aus diesem Grund wird ein solcher Nettoausweis im Schrifttum überwiegend als nicht zulässig angesehen.[573] Wird aber dennoch ein Nettoausweis vorgenommen, sind die verrechneten Beträge bei Wesentlichkeit gem. § 294 Abs. 2 HGB im Konzernanhang aufzugliedern.[574]

---

569 Vgl. *Hoyos, M./Schmidt-Wendt, D.*, in: Beck Bil.-Komm. (1999), § 268 Anm. 10.

570 Vgl. *Förschle, G./Deubert, M.*, in: Beck Bil.-Komm. (1999), § 301 Anm. 255.

571 Vgl. *Adler/Düring/Schmaltz* (1996), § 301 HGB Tz. 261; *Ordelheide, D.* (1986), S. 767; *Platzer, W.*, in: Straube (1992), § 252 HGB Rz. 56; *Scherrer, G.* (1994), S. 351.

572 Vgl. *Förschle, G./Deubert, M.*, in: Beck Bil.-Komm. (1999), § 301 Anm. 255; § 294 Anm. 8-26.

573 Vgl. *Adler/Düring/Schmaltz* (1996), § 301 HGB Tz. 261; *Ordelheide, D.*, in: BHdR (1987), C 403 Anm. 4; a.A. hingegen: *Dusemond, M./Weber, C.-P./Zündorf, H.*, in: HdK (1998), § 301 Rn. 374, die keinen Verstoß gegen das Bruttoprinzip sehen, „da es sich bei der Einrichtung einer zusätzlichen Spalte ohnehin um eine freiwillige Angabe handelt."

574 Vgl. *Adler/Düring/Schmaltz* (1996), § 301 HGB Tz. 261.

Wird die Beteiligung nur teilweise veräußert und weiterhin in die Vollkonsolidierung einbezogen, so ist ein auf die veräußerten Anteile entfallender anteiliger Geschäfts- oder Firmenwert sowie bei Anwendung der Buchwertmethode die anteiligen aufgedeckten stillen Reserven als Abgang darzustellen.

5.1.3 Konzernrücklagen

Der zweite wesentliche Ausweisbereich ist in der Bereinigung der Konzernrücklagen zu sehen. In den Fällen, in denen der Geschäfts- oder Firmenwert gem. § 309 Abs. 1 Satz 3 HGB in Erst- und Folgekonsolidierungen erfolgsneutral mit den Rücklagen verrechnet worden ist, ist nach h. M. im Zeitpunkt des Ausscheidens des Tochterunternehmens aus dem Konsolidierungskreis eine erfolgswirksame Stornierung durchzuführen.[575] Nur so ist ein korrekter Ausweis der Erfolgswirkung aus Erwerb, Halten und Veräußerung der Beteiligung gewährleistet. Analog zur Erstkonsolidierung sollte dies durch eine offene Rücknahme der Verrechnung in der Vorspalte und entsprechende Erläuterungen im Konzernanhang erfolgen.[576]

Gewinnthesaurierungen des Tochterunternehmens während der Konzernzugehörigkeit haben ebenso zu Veränderungen der Gewinnrücklagen geführt wie erfolgsneutral in die Gewinnrücklagen umgegliederte passivische Unterschiedsbeträge oder Eigenkapitalkorrekturen aus der Zwischenergebniseliminierung, Schuldenkonsolidierung und Währungsumrechnung. Diese Nettoveränderungen des Reinvermögens sind bei der Ermittlung des Endkonsolidierungserfolges zu berücksichtigen und hinsichtlich der Änderung des Konzerneigenkapitals als „Änderungen des Konsolidierungskreises" darzustellen.[577]

---

575 Vgl. *Adler/Düring/Schmaltz* (1996), § 301 HGB Tz. 262; § 309 HGB Tz. 32; *Arbeitskreis "Externe Unternehmensrechnung"* (1989), S. 82; *Baetge, J.* (1994), S. 537; *Baetge, J.* (2000), S. 489; *Baetge, J./Herrmann, D.* (1995), S. 228; *Busse von Colbe, W.* (1992), S. 130; *Busse von Colbe, W./Ordelheide, D.* (1993), S. 253; *Förschle, G./Deubert, M.*, in: Beck Bil.-Komm. (1999), § 301 Anm. 242; *Förschle, G./Hoffmann, K.*, in: Beck Bil.-Komm. (1999), § 309 Anm. 26; *WP-Handbuch* (1996), Bd. I, M Anm. 415; *Herrmann, D.* (1994), S. 249; *Klar, M.* (1993), S. 281; *Küting,K.* (1995), S. 230; *Küting, K.* (1997a), S. 14; *Kuhn, U.* (1991), S. 331; *Ordelheide, D.* (1986), S. 768; *Ordelheide, D*, in: BHdR (1987), C 402 Anm. 35, C 403 Anm. 17, 29; *Ordelheide, D./Pfaff, D.* (1992), Sp. 436; *Sauthoff, J.P.* (1996), S. 225; *Scherrer, G.* (1994), S. 352ff.; *Schindler, J.* (1986), S. 230; *Zwingmann, L.* (1994), S. 2316.

576 Vgl. *Adler/Düring/Schmaltz* (1996), § 301 HGB Tz. 262.

577 Vgl. *Adler/Düring/Schmaltz* (1996), § 301 HGB Tz. 264.

5.2 Konzern-Gewinn- und Verlustrechnung

5.2.1 Fiktion der Einzelveräußerung

Bei Veräußerung von Anteilen an Tochterunternehmen fällt faktisch nur der Verkaufserlös für die Beteiligung an. Problematisch ist daher die Bemessung und Darstellung der Abgangserlöse in der Konzern-Gewinn- und Verlustrechnung. Bei konsequenter Fortführung der Fiktion des Einzelerwerbs müßte entsprechend einer Fiktion der Einzelveräußerung der erzielte Gesamterlös den einzelnen Vermögenswerten zugeordnet werden, die das Tochterunternehmen im Konzernabschluß repräsentiert haben.[578] Diesen fiktiven (Teil-)Veräußerungserlösen wären anschließend die entsprechenden Aufwendungen gegenüberzustellen. Demzufolge müßten in der Konzern-Gewinn- und Verlustrechnung diejenigen Aufwands- und Ertragspositionen angesprochen werden, die auch bei Abgang der entsprechenden Vermögenswerte und Schuldposten im Einzelabschluß einer rechtlich selbständigen Kapitalgesellschaft betroffen sind.[579] Auf diese Weise wäre eine klare Abgrenzung der einzelnen Ergebniskomponenten Betriebsergebnis, Finanzergebnis und außerordentliches Ergebnis gewährleistet.

An einer gesetzlichen Verpflichtung für eine solche Behandlung fehlt es allerdings im Gegensatz zur Erstkonsolidierung.[580] Zudem wäre die Durchführung einer Aufspaltung der Erlöse theoretisch nicht nur sehr schwierig, sondern vor allen Dingen auch praktisch mit einem unverhältnismäßig hohem Arbeitsaufwand verbunden[581] und zur Ermittlung des zutreffenden Gesamterfolges aus der Anteilsveräußerung nicht erforderlich.[582] Aus diesen Gründen spricht sich das Schrifttum übereinstimmend für die Zulässigkeit von Vereinfachungslösungen hinsichtlich des Ausweises in der Konzern-Gewinn- und Verlustrechnung aus.

5.2.2 Vereinfachungslösungen

Vor dem Hintergrund der Ermittlungsschwierigkeiten der Einzelveräußerungserlöse einerseits und den Praktikabilitätsaspekten andererseits wird in der Literatur zunächst vorgeschlagen, die aus der Veräußerung entstehenden Erträge und damit zusammenhängenden Aufwendungen jeweils gesondert zusammen-

---

578 Vgl. *Förschle, G./Deubert, M.*, in: Beck Bil.-Komm. (1999), § 301 Anm. 241; *Ordelheide, D.* (1986), S. 767.

579 Vgl. *Adler/Düring/Schmaltz* (1996), § 301 HGB Tz. 267; *Dusemond, M./Weber, C.-P./Zündorf, H.*, in: HdK (1998), § 301 Rn. 375.

580 Vgl. *Ordelheide, D.* (1986), S. 767.

581 Vgl. *Dusemond, M./Weber, C.-P./Zündorf, H.*, in: HdK (1998), § 301 Rn. 375.

582 Vgl. *Elkart, W./Hundt, K.-H./Müller, K.* (1991), S. 60.

gefaßt auszuweisen.[583] Hierfür kommen insbesondere folgende Positionen in Betracht:[584]

- Ertrag aus dem Abgang von Anteilen an Tochterunternehmen (hierunter ist einerseits der Veräußerungserlös und andererseits die Summe der abgegangenen Passiva zuzüglich eines verbliebenen passivischen Unterschiedsbetrages zu erfassen).
- Aufwand aus dem Abgang von Anteilen an Tochterunternehmen (hierunter ist die Summe der abgehenden Aktiva zuzüglich eines verbliebenen Geschäfts- oder Firmenwertes zu erfassen).

Diese beiden Positionen sollten den sonstigen betrieblichen Erträgen bzw. Aufwendungen zugeordnet werden.[585] Grundsätzlich ist der Veräußerungsvorgang somit der betrieblichen Sphäre zuzurechnen.[586] Im Einzelabschluß wird der Erfolg aus der Veräußerung einer Beteiligung i.d.R als Finanzergebnis gezeigt.[587] Im Konzernabschluß kommt hingegen ein Ausweis als Finanzergebnis nicht in Frage, da aus Sicht des Konzerns keine Beteiligung sondern einzelne Vermögenswerte und Schulden abgehen.[588]

Eine weitere Vereinfachung der erfolgsrechnerischen Darstellung wird in der Saldierung von Erträgen und Aufwendungen gesehen.[589] Der Saldo ist dann unter den sonstigen betrieblichen Erträgen oder sonstigen betrieblichen Aufwendungen auszuweisen. Begründet wird dieses Vorgehen insbesondere mit der Analogie zur Veräußerung eines Investitionsgutes im Einzelabschluß.[590] Hier wird die Saldierung des Erlöses mit dem Restbuchwert für zulässig erachtet.[591]

---

583 Vgl. *Adler/Düring/Schmaltz* (1996), § 301 HGB Tz. 267; *Dusemond, M./Weber, C.-P./Zündorf, H.*, in: HdK (1998), § 301 Rn. 375; *Ordelheide, D.* (1986), S. 767.

584 Vgl. *Dusemond, M./Weber, C.-P./Zündorf, H.*, in: HdK (1998), § 301 Rn. 375; *Ordelheide, D.* (1986), S. 767; a.A.: *Elkart, W./Hundt, K.-H./Müller, K.* (1991), S. 62, die in der Einführung der gesonderten Positionen ein für den Konzernabschluß artfremdes Element aus dem Jahresabschluß des Mutterunternehmens eingeführt sehen.

585 Vgl. *Ordelheide, D.* (1986), S. 767.

586 A.A.: *Kinne, St.* (1989), S. 183, der grundsätzlich von einem außerordentlichen Ereignis ausgeht, das mit dem Abgang im Rahmen der gewöhnlichen Geschäftstätigkeit nichts zu tun hat.

587 Vgl. *Biener, H./Berneke, W.* (1986), Anm. 9, S. 214; *Gschrei, M.J.* (1990), S. 60, 61.

588 Vgl. *Dusemond, M./Weber, C.-P./Zündorf, H.*, in: HdK (1998), § 301 Rn. 375; *Ordelheide, D.* (1986), S. 767.

589 Vgl. *Adler/Düring/Schmaltz* (1996), § 301 HGB Tz. 268; *Baetge, J./Herrmann, D.* (1995), S. 230; *Dusemond, M./Weber, C.-P./Zündorf, H.*, in: HdK (1998), § 301 Rn. 375; *Förschle, G./Deubert, M.*, in: Beck Bil.-Komm. (1999), § 301 Anm. 256.

590 Vgl. *Adler/Düring/Schmaltz* (1996), § 301 HGB Tz. 268; *Förschle, G./Deubert, M.*, in: Beck Bil.-Komm. (1999), § 301 Anm. 256.

591 Vgl. *Adler/Düring/Schmaltz* (1997), § 275 HGB Tz. 73-75; *Förschle, G.*, in: Beck Bil.-Komm. (1999), § 275 Anm. 95.

Da es sich bei der Veräußerung einer Beteiligung um den Abgang einer Sachgesamtheit ähnlich einer Teilbetriebsveräußerung handelt, stellt dies aus Konzernsicht einen einheitlichen Geschäftsvorfall dar, für den die Saldierung Anwendung finden kann. Die Zulässigkeit einer derartigen Vereinfachungsregelung ist unter dem Gesichtspunkt des Verrechnungsverbotes für Aufwendungen und Erträge gem. § 246 Abs. 2 HGB nicht unumstritten.[592]

Der über den Summenabschluß in die Konzern-Gewinn- und Verlustrechnung eingehende Veräußerungserfolg des Mutterunternehmens ist je nach konsolidierungstechnischer Vorgehensweise entweder zu stornieren oder durch eine Abschlußbuchung an den Endkonsolidierungserfolg aus Konzernsicht anzupassen. Bei der zweiten Alternative ist zu berücksichtigen, daß gegebenenfalls eine Umgliederung des Ergebnisses erforderlich wird, sofern im Einzelabschluß eine Ergebniskomponente angesprochen wurde, beispielsweise das Finanzergebnis, welche aus Konzernsicht nicht gerechtfertigt ist.

5.3 Konzernanhang

Gem. § 294 Abs. 2 Satz 1 HGB sind bei wesentlichen Änderungen des Konsolidierungskreises Angaben im Konzernabschluß erforderlich, die es ermöglichen, die aufeinanderfolgenden Konzernabschlüsse sinnvoll miteinander zu vergleichen. Dieser Verpflichtung kann gem. § 294 Abs. 2 Satz 2 HGB auch dadurch entsprochen werden, daß die gem. § 298 Abs. 1 i.V.m. § 265 Abs. 2 Satz 1 HGB anzugebenden Vorjahreszahlen an die Änderungen angepaßt werden. Eine Pflicht zur Berichterstattung entsteht, sofern es sich um wesentliche Änderungen des Konsolidierungskreises handelt.

Eine Änderung des Konsolidierungskreises liegt vor, wenn sich die Zusammensetzung der voll oder quotal in den Konzernabschluß einbezogenen Unternehmen durch Zu- oder Abgänge geändert hat.[593] Das Kriterium der Wesentlichkeit ist dann erfüllt, wenn die Vergleichbarkeit aufeinanderfolgender Konzernabschlüsse im Hinblick auf die Vermögens-, Finanz- und Ertragslage gestört ist.[594] Eine exakte Definition von Größenkriterien ist dabei nicht möglich[595], vielmehr dient als Anhaltspunkt die Veränderung wichtiger Kennzahlen des Konzernabschlusses, wie Umsatzerlöse, Bilanzsumme und Jahresergebnis.[596] Ebenso besteht die Möglichkeit, daß nur einzelne wesentliche Posten der Konzernbilanz

592 Vgl. *Ordelheide, D.* (1986), S. 767.
593 Vgl. *Förschle, G./Deubert, M.*, in: Beck Bil.-Komm. (1999), § 294 Anm. 9.
594 Vgl. *IDW/HFA* (3/1995), S. 297.
595 Vgl. *Sahner, F./Sauermann, K.*, in: HdK (1998), § 294 Rn. 14, 15.
596 Vgl. *Förschle, G./Deubert, M.*, in: Beck Bil.-Komm. (1999), § 294 Anm. 10; zur Vorgehensweise in der Praxis vgl. *Heydemann, B./Koenen, St.* (1992), S. 2257.

oder Konzern- Gewinn- und Verlustrechnung durch eine Veränderung des Konsolidierungskreises beeinflußt wurden.[597] Grundsätzlich ist zunächst eine Einzelfallbetrachtung vorzunehmen, bei mehreren Zu- oder Abgängen ist aber zu prüfen, ob die Veränderungen, die bei isolierter Betrachtung jeweils von untergeordneter Bedeutung sind, insgesamt gesehen eine wesentliche Bedeutung für die Vermögens-, Finanz- und Ertragslage haben.[598]

Zur Herstellung der Vergleichbarkeit des Konzernabschlusses mit dem Vorjahresabschluß sind einerseits die wesentlichen Änderungen des Konsolidierungskreises darzustellen, soweit die entsprechenden Angaben nicht schon gem. § 313 Abs. 2 Nr. 1 und 3 HGB in Form der Anteilsliste gemacht wurden. Andererseits sind Angaben insofern erforderlich, als das die Auswirkungen der Änderungen gegenüber dem Vorjahresabschluß erkennbar werden. Hier kommen insbesondere Angaben zu den Postengruppen der Konzernbilanz und den wichtigsten Posten der Konzern-Gewinn- und Verlustrechnung in Betracht.[599] Neben verbalen Erläuterungen sind wesentliche Abweichungen auch durch die Angabe von Absolut- oder Prozentzahlen zu quantifizieren.[600]

Wird die Vergleichbarkeit durch Anpassung der Vorjahreszahlen angestrebt, so ist ein entsprechender Vermerk in den Konzernabschluß aufzunehmen, aus dem ersichtlich wird, daß es sich nicht um die tatsächlichen, sondern angepaßte Vorjahreszahlen handelt.[601] Die Zahlen sind dabei so auszuweisen, als ob das entsprechende Tochterunternehmen bereits im Vorjahr nicht mehr in die Konsolidierung einbezogen worden wäre. Es empfiehlt sich aber, die tatsächlichen Vorjahresbeträge zusätzlich in einer sogenannten Drei-Spalten-Form anzugeben. Aufgrund der dadurch gegebenen detaillierten Informationen sind weitere Angaben im Konzernanhang nicht erforderlich. Im Hinblick darauf, daß die Endkonsolidierung gesetzlich nicht geregelt ist und dadurch zahlreiche bilanzpolitische Spielräume eröffnet werden, wie die Untersuchung der einzelnen erfolgsbestimmenden Einflußfaktoren gezeigt hat, sollten im Sinne der Erfüllung der Informationsfunktion des Konzernabschlusses im Zweifel erhöhte Anforderungen an die Aussagekraft der Anhangerläuterungen gestellt werden.

---

597 Vgl. *Adler/Düring/Schmaltz* (1996), § 294 HGB Tz. 18.

598 Vgl. *Adler/Düring/Schmaltz* (1996), § 294 HGB Tz. 19.

599 Vgl. *IDW/HFA* (3/1995), S. 298.

600 Vgl. *Adler/Düring/Schmaltz* (1996), § 294 HGB Tz. 20; *Albrecht, W.*, in: BHR (1986), § 294 Rz. 10; *IDW/SABI* (1/1988), IV. 4., S. 343; *WP-Handbuch* (1996), Bd. I, M Tz. 187.

601 Vgl. *Adler/Düring/Schmaltz* (1996), § 294 HGB Tz. 21; *Förschle, G./Deubert, M.*, in: Beck Bil.-Komm. (1999), § 294 Anm. 18.

6 Endkonsolidierung im internationalen Vergleich

6.1 Anzuwendende Vorschriften

Mit dem Kapitalaufnahmeerleichterungsgesetz (KapAEG)[602] ist § 292a HGB in das deutsche Bilanzrecht eingeführt worden. Er gibt Mutterunternehmen eines Konzerns, die einen organisierten Markt i.S.d. § 2 Abs. 5 des Wertpapierhandelsgesetzes in Anspruch nehmen, unter bestimmten Voraussetzungen die Möglichkeit, mit befreiender Wirkung einen Konzernabschluß nach internationalen Rechnungslegungsmethoden aufzustellen.[603] International anerkannt im Sinne dieser Vorschrift sind insbesondere die Rechnungslegungsvorschriften der USA (US-GAAP) und die International Accounting Standards (IAS) des International Accounting Standards Committee (IASC). Eine zunehmende Anzahl deutscher Konzernunternehmen, die auf den internationalen Kapitalmärkten agieren oder diese in Anspruch nehmen wollen, nutzen bereits die Möglichkeit der befreienden Konzernrechnungslegung nach internationalen Rechnungslegungsvorschriften, streben diese an oder führen eine Überleitungsrechnung ihrer Konzernabschlüsse von HGB auf US-GAAP durch.

Diese Entwicklung gibt Anlaß, sich eingehend mit den komplexen internationalen Rechnungslegungsgrundsätzen, insbesondere den Standards des IASC sowie den Vorschriften der US-GAAP zu befassen.[604] An dieser Stelle soll dem Konzept der Arbeit folgend nur untersucht werden, ob sich in den internationalen Rechnungslegungsvorschriften Regelungen im Hinblick auf die Endkonsolidierung finden und inwieweit die dann durchzuführenden konsolidierungstechnischen Maßnahmen vergleichbar sind mit den unter dem Gesichtspunkt deutschen Handelsrechts erarbeiteten Konzepten zur Abbildung des Ausscheidens von Unternehmen aus dem Konsolidierungskreis.

Detaillierte Vorschriften zur Durchführung einer Endkonsolidierung sind wie im deutschen Handelsrecht auch im internationalen Regelwerk nicht zu finden.[605] Im Schrifttum werden lediglich Einzelfragen diskutiert, wie beispielsweise die Behandlung eines mit dem veräußerten Unternehmen verbundenen Geschäfts- oder Firmenwertes. Es gelten daher auch hier die allgemeinen Grundsätze der Konzernrechnungslegung und insbesondere Konsolidierung.

---

602 KapAEG: „Gesetz zur Verbesserung der Wettbewerbsfähigkeit deutscher Konzerne an Kapitalmärkten und zur Erleichterung der Aufnahme von Gesellschafterdarlehen".

603 Vgl. Kapitel 1.2.1 mit Verweisen.

604 Zur vergleichenden Analyse von HGB, IAS und US-GAAP existiert inzwischen umfangreiches Schrifttum, vgl.: *Baetge, J./Dörner, D./Kleekämper, H./Wollmert, P.* (1997); *Born, K.* (1999); *Hayn, S.* (1997); *Hayn, S./Waldersee, G.* (2000) jeweils m.w.V.

605 Vgl. *Weber, C.-P.* (1991), S. 225, 226 m.w.V.

6.2 Systematik der Anwendungsfälle

In IAS 27.24 ist geregelt, daß Anteile an einem konsolidierten Unternehmen von dem Zeitpunkt an, ab dem die Anteile nicht mehr die Kriterien eines Tochterunternehmens erfüllen und nicht zu einem assoziierten Unternehmen gem. IAS 28 (Accounting for Investments in Associates) werden, gem. IAS 39 (Financial Instruments: Recognition and Measurement), zu bilanzieren sind.[606] Ein Übergang von der Vollkonsolidierung auf die Quotenkonsolidierung ist in IAS 27.24 nicht explizit vorgesehen, wird allerdings als einzig sachgerechte Bilanzierung angesehen, sofern die Voraussetzungen eines Gemeinschaftsunternehmens gem. IAS 31 erfüllt sind.[607] Demzufolge werden auch nach den International Accounting Standards folgende Grundsachverhalte unterschieden, die zu Endkonsolidierungsmaßnahmen führen:[608]

- die Beteiligung an einem Tochterunternehmen wird vollständig veräußert,
- die Beteiligung an einem Tochterunternehmen wird künftig als Gemeinschaftsunternehmen gem. IAS 31 in den Konzernabschluß einbezogen,
- die Beteiligung an einem Tochterunternehmen wird künftig nach der Equity-Methode gem. IAS 28 behandelt,
- Die Beteiligung an einem Tochterunternehmen wird künftig als Financial Instrument gem. IAS 39 bilanziert.

Im US-amerikanischen Regelwerk finden sich keine weitergehenden systematischen Ansätze, unter welchen Voraussetzungen Maßnahmen einer Endkonsolidierung zu ergreifen sind.[609] Gem. FAS 94 i.V.m. ARB 51 müssen Unternehmen, die nicht länger als Tochterunternehmen zu klassifizieren sind, von der Vollkonsolidierung ausgeschlossen werden.[610] Entsprechend der Konzeption des Konzernabschlusses ist auch unter US-GAAP mit Verlust der Einflußmöglichkeit, gleich welchen Grundes, der Abgang des Tochterunternehmens aus dem Konsolidierungskreis bilanziell bzw. erfolgsrechnerisch abzubilden und eine verbleibende Beteiligung entweder nach der Equity-Methode oder der Anschaffungskostenmethode in den Konzernabschluß einzubeziehen. Der nach HGB bzw. IAS zu prüfende Übergang auf die Quotenkonsolidierung entfällt

606 Vgl. *International Accounting Standards 2000*, IAS 27.24.

607 Vgl. *Baetge, J.* (2000), S. 494, 495; *Baetge, J./Schulze, D.* (1997), Teil B, IAS 27 Tz. 192.

608 Vgl. *Baetge, J./Schulze, D.* (1997), Teil B, IAS 27 Tz. 177.

609 Im Schrifttum finden sich Hinweise lediglich hinsichtlich der Bilanzierung einer nach Ausscheiden aus dem Konsolidierungskreis verbleibenden Beteiligung, vgl. hierzu Kapitel 6.4.

610 Vgl. *FAS*, FAS No. 94, Consolidation of All Majority-Owned Subsidiaries; *ARB*, ARB No. 51, Consolidated Financial Statements.

nach US-GAAP, da diese Form der Konsolidierung in der US-amerikanischen Rechnungslegungspraxis keine Rolle spielt.[611]

6.3 Endkonsolidierungszeitpunkt

In den International Accounting Standards wird gem. IAS 27.23 als Veräußerungszeitpunkt der Zeitpunkt definiert, an dem das Mutterunternehmen tatsächlich die Möglichkeit verliert, das Tochterunternehmen zu beherrschen.[612] Analog zur Vorgehensweise bei der Erstkonsolidierung ist grundsätzlich die Aufstellung eines Zwischenabschlusses auf den Veräußerungszeitpunkt erforderlich. Hierin ist ein wesentlicher Unterschied zu den deutschen Grundsätzen der Endkonsolidierung zu sehen. Während in Analogie zu § 301 Abs. 2 Satz 1 HGB, der dem Bilanzierenden zur Vereinfachung alternative Zeitpunkte für die Erstkonsolidierung ermöglicht, auch vom Veräußerungsstichtag abweichende Zeitpunkte für die Endkonsolidierung als zulässig erachtet werden[613], enthalten die International Accounting Standards keinen derartigen Hinweis auf Vereinfachungsvorschriften.[614]

In den USA ist es den Unternehmen für die Erstkonsolidierung aus Vereinfachungsgründen gestattet, den Konzernabschlußstichtag als Tag des Erwerbs zu vereinbaren.[615] Demzufolge dürfte es hier für die Endkonsolidierung möglich sein, als alternativen Stichtag für den Veräußerungszeitpunkt den nachfolgenden Konzernabschlußstichtag zu definieren.

Im Hinblick auf eine möglichst exakte Darstellung der Vermögens-, Finanz- und Ertragslage des Konzerns und Erfüllung der Anforderungen an die Periodenabgrenzung führt die Aufstellung eines Zwischenabschlusses auf den Veräußerungszeitpunkt zu den aussagekräftigsten Ergebnissen und ist in allen Regelwerken als die bevorzugte Vorgehensweise anzusehen. Die Anwendung alternativer Zeitpunkte nach HGB bzw. US-GAAP sollte sich grundsätzlich nur auf Ausnahmefälle beschränken und erläutert werden.

---

611 Vgl. *Niehus, R./Thyll, A.* (2000), S. 372.
612 Vgl. *International Accounting Standards 2000*, IAS 27.23.
613 Vgl. Kapitel 2.3.
614 Vgl. *International Accounting Standards 2000*, IAS 22.21.
615 Vgl. *APB*, APB Opinion No. 16, Business Combinations, No. 16.93; *Baetge, J./Siefke, M.* (1997), Teil B, IAS 22 Tz. 60.

6.4 Ermittlung des Endkonsolidierungserfolges

6.4.1 Vollständige Veräußerung des Tochterunternehmens

Bei Veräußerung eines Tochterunternehmens ist entsprechend IAS 27.23 der Unterschiedsbetrag zwischen den Erlösen aus der Veräußerung und dem Reinvermögen des Tochterunternehmens zum Zeitpunkt der Veräußerung als Veräußerungsgewinn oder -verlust aus dem Abgang des Tochterunternehmens in der Konzern- Gewinn- und Verlustrechnung auszuweisen.[616] Das Reinvermögen errechnet sich als Differenz aus den Buchwerten der einbezogenen Vermögenswerte abzüglich der Schulden.[617] Diese Vorgehensweise entspricht den deutschen Grundsätzen zur Endkonsolidierung.

Seit dem 1. Januar 1995 verpflichtet IAS 22 zur erfolgswirksamen Bilanzierung des Goodwill. Ein noch nicht vollständig abgeschriebener Goodwill ist im Zeitpunkt der Endkonsolidierung in Höhe des Restbuchwertes bei der Ermittlung des Abgangswertes zu berücksichtigen. Die Problematik der Behandlung erfolgsneutral verrechneter Geschäfts- oder Firmenwerte stellt sich somit nur für die vor Inkrafttreten des überarbeiteten IAS 22 bereits verrechneten Geschäftswerte. Für diese Fälle gibt es in IAS 27 keine Regelungen im Hinblick auf die Endkonsolidierung. IAS 22.79 empfiehlt, verpflichtet aber nicht zu einer rückwirkenden Anpassung der Goodwill-Bilanzierung.[618] Insofern kann für die Frage der Behandlung noch nicht erfolgswirksam verrechneter Geschäftswerte auf die zum deutschen Recht geführte Diskussion verwiesen werden.[619] Auch hier kann nur gelten, daß aus betriebswirtschaftlicher und konzeptioneller Sicht eine erfolgswirksame Stornierung der in der Vergangenheit vorgenommenen erfolgsneutralen Verrechnung eines Geschäftswertes erforderlich wird.[620] Da eine Pflicht hierzu aber nicht besteht, sind bei anderer Vorgehensweise zumindest Angaben über Höhe und Behandlung eines ehemals erfolgsneutral verrechneten Geschäftswertes im Anhang erforderlich.[621]

Nach US-GAAP ergeben sich keine Unterschiede zu oben beschriebener Vorgehensweise.[622] Die Frage nach der Behandlung ehemals verrechneter Geschäfts- oder Firmenwerte ist nach US-GAAP nicht relevant, da eine offene

---

616 Vgl. *International Accounting Standards 2000*, IAS 27.23.

617 Vgl. ausführlich *Baetge, J./Schulze, D.* (1997), Teil B, IAS 27 Tz. 180.

618 Vgl. *International Accounting Standards 2000*, IAS 22.79.

619 Vgl. Abschnitt 3.2.3.1.2 mit entsprechenden Verweisen.

620 Vgl. *Baetge, J./Schulze, D.* (1997), Teil B, IAS 27 Tz. 182, 183.

621 Vgl. *PricewaterhouseCoopers* (1998), S. 27-11; *Zielke, W.* (1995), S. 842.

622 Vgl. *Baker, R.C./Rapaccioli, D./Solomon, M.B.*, in: TRANSACC (1995), Chapter 33, VI.1.3.7, S. 3137; auch: *Delaney, P.R./Epstein, B.J./Adler, J.R./Foran, M.F.*, in: GAAP 2000 (2000), S. 383.

Verrechnung eines Teils oder des gesamten Unterschiedsbetrages mit dem Eigenkapital nicht vorgenommen werden darf. Sofern ein Goodwill noch nicht vollständig abgeschrieben ist, muß dieser auch nach US-GAAP im Zeitpunkt der Endkonsolidierung erfolgswirksam berücksichtigt werden.[623]

Die Endkonsolidierung der Minderheitenanteile, sofern die Beteiligung nicht in 100%igem Anteilsbesitz des Mutterunternehmens stand, wird nach IAS und US-GAAP erfolgsneutral durchgeführt. Analog zur deutschen Vorgehensweise wird das auf die Minderheiten entfallende Reinvermögen des Tochterunternehmens erfolgsneutral gegen den gleich hohen Ausgleichsposten für Anteile anderer Gesellschafter aufgerechnet.

6.4.2 Wechsel der Konsolidierungsmethode

Wird die Beteiligung an einem Tochterunternehmen nicht vollständig veräußert, scheidet aber dennoch aus dem Konsolidierungskreis aus, so sind in einem ersten Schritt die veräußerten Anteile an dem ehemaligen Tochterunternehmen wie nach deutschem Recht einer erfolgswirksamen Endkonsolidierung zu unterziehen. In einem zweiten Schritt ist zu prüfen, ob die Voraussetzungen für eine Einbeziehung als Gemeinschaftsunternehmen vorliegen oder ein Übergang auf die Equity-Methode erforderlich wird. Bei einem Übergang auf die Quotenkonsolidierung werden die verbleibenden Anteile an den Vermögensgegenständen und Schulden gem. IAS 27 quotal in den Konzernabschluß einbezogen.[624] Erfolgt ein Übergang auf die Equity-Methode, sind die verbleibenden Anteile mit dem anteiligen Reinvermögen zu Konzernwerten anzusetzen. In diesen Fällen ergeben sich somit keine Unterschiede zur Vorgehensweise bei einem Wechsel der Konsolidierungsmethode nach HGB.[625]

Werden die verbleibenden Anteile in den Folgeperioden gem. IAS 39 bilanziert, so sind sie mit dem anteiligen Reinvermögen zu Konzernwerten im Endkonsolidierungszeitpunkt anzusetzen. Dieser Wert stellt die Konzernanschaffungskosten für die weitere Bilanzierung dar. Während die abgehenden Anteile erfolgswirksam endkonsolidiert werden, erfolgt für die verbleibenden Anteile ein erfolgsneutraler Übergang auf die weitere Bilanzierung.[626] Diese Regelung ent-

---

623 Vgl. *APB*, APB Opinion No. 17, Intangible Assets, No. 17.32; *KPMG* (1999), S. 151.

624 Nach US-GAAP werden auch Gemeinschaftsunternehmen grundsätzlich nach der Equity-Methode bilanziert und nicht quotal in den Konzernabschluß einbezogen; vgl. *AIN*, AIN-APB 18, The Equity Method of Accounting for Investments in Common Stock, Abschn. 2.

625 Vgl. *Baetge, J./Schulze, D.* (1997), Teil B, IAS 27 Tz. 324-327.

626 Vgl. *International Accounting Standards 2000*, IAS 27.25.

spricht auch der Vorgehensweise nach US-GAAP.[627] Im deutschen Schrifttum wird hingegen die Frage kontrovers diskutiert, ob für die verbleibenden Anteile ein erfolgswirksamer oder erfolgsneutraler Übergang auf die Anschaffungskostenmethode zu erfolgen hat.[628] In dieser Arbeit wird der überwiegenden Auffassung gefolgt, daß die verbleibenden Anteile nach Handelsrecht zu Anschaffungskosten bzw. deren Buchwerten im Einzelabschluß des Mutterunternehmens zu bilanzieren sind.[629] Insofern bestehen hier, bedingt durch abweichende Konzeptionen und Bilanzierungsprinzipien Unterschiede zur internationalen Rechnungslegungspraxis. Der wesentlichste Aspekt in diesem Zusammenhang ist darin zu sehen, daß sowohl nach US-GAAP als auch nach IAS im Unterschied zu HGB eine at equity-Bewertung auch im Einzelabschluß vorgeschrieben bzw. zulässig ist. Damit entfällt die Diskussion um die Bestimmung des in den Konzernabschluß zu übernehmenden Wertansatzes in diesen Rechnungslegungssystemen. Im Hinblick auf die Fortentwicklung der Rechnungslegung, insbesondere der Grundsätze ordnungsmäßiger Konsolidierung in Deutschland, ist eine Internationalisierung nicht zu verkennen.[630] Diese Entwicklung wird in einem zukünftigen Gesamtkonzept auch zu einer Angleichung der noch bestehenden Unterschiede hinsichtlich der Endkonsolidierung führen, wobei die Hinwendung zur internationalen Bilanzierungspraxis offensichtlich ist.

6.5 Angabepflichten

Nach IAS ist im Anhang über Konsolidierungskreisänderungen zu berichten.[631] Daneben sind Sonderangaben im Rahmen der Kapitalflußrechnung zu erbringen.[632] IAS 27.23 verweist darauf, daß häufig ergänzende Angaben über die Auswirkungen des Erwerbs bzw. der Veräußerung eines Tochterunternehmens auf die Vermögens- und Finanzlage zum Bilanzstichtag und auf das Ergebnis für die Berichtsperiode sowie auf die entsprechenden Größen des vorangegangenen Berichtszeitraumes bereitgestellt werden, um die Vergleichbarkeit der

627 Vgl. *Weber, C.-P.* (1995), S. 226 m.w.V.; *Baker, R.C./Rapaccioli, D./Solomon, M.B.*, in: TRANSACC (1995), Chapter 33, VI.1.3.7, S. 3137.

628 Vgl. zum Stand der Diskussion Kapitel 4.2.1.2.2.3 mit umfangreichen Literaturverweisen.

629 Zur ausführlichen Begründung vgl. Kapitel 4.2.1.2.2.3.

630 Vgl. *Deutscher Standardisierungsrat (DRS 1)* für Befreiende Konzernabschlüsse nach § 292a HGB; *(DRS 4)* für Unternehmenserwerbe im Konzernabschluss; *(E-DRS 8)* für Bilanzierung von Anteilen an assoziierten Unternehmen im Konzernabschluss und weiterführende Literatur auf der Homepage des DRS unter http://www.drsc.de//ger/standards/_publications.html.

631 Vgl. *International Accounting Standards 2000*, IAS 27.32.

632 Vgl. *International Accounting Standards 2000*, IAS 7.40.

Konzernabschlüsse im Zeitablauf sicherzustellen.[633] Gem. IAS 27.32 (b) (iv) sind Unternehmen verpflichtet, diese Angaben zu machen.[634] Der wiederholte Hinweis auf diese zu erbringenden Zusatzinformationen bekräftigt die Bedeutung, die das IASC dem Stetigkeitsgrundsatz im Konzernabschluß zumißt.[635] Des weiteren sind Angabepflichten bezüglich der Einstellung betrieblicher Tätigkeiten gem. IAS 35 (discontinuing operations) zu beachten.[636]

Auch nach US-GAAP ist im Anhang über Änderungen des Konsolidierungskreises zu berichten.[637] Daneben werden Sonderangaben im Rahmen der Kapitalflußrechnung gefordert.[638] Gegebenenfalls sind die Berichterstattungspflichten im Zusammenhang mit der Einstellung betrieblicher Tätigkeiten (discontinued operations) zu beachten.[639]

633 Vgl. *International Accounting Standards 2000*, IAS 27.23; *Baetge, J./Schulze, D.* (1997), Teil B, IAS 27 Tz. 179.

634 Vgl. *International Accounting Standards 2000*, IAS 27.32 (b) (iv).

635 Vgl. *Baetge, J./Schulze, D.* (1997), Teil B, IAS 27 Tz. 179.

636 Vgl. *International Accounting Standards 2000*, IAS 35.

637 Vgl. *APB*, APB Opinion No. 16, Business Combinations, No. 16.64.

638 Vgl. *FAS*, FAS No. 95, Statement of Cash Flows.

639 Vgl. *APB*, APB Opinion No. 30, Reporting the Results of Operations – Reporting the Effects of Disposal of a Segment of a Business, and Extraordinary, Unusual and Infrequently Occurring Events and Transactions.

7 Schlußbetrachtung

Das Ziel der vorliegenden Arbeit bestand darin, sachgerechte und zweckadäquate Regeln für die Abbildung der Endkonsolidierung im Konzernabschluß zu formulieren. Gestützt auf die gesetzlichen Vorschriften zur Konzernrechnungslegung, handelsrechtliche Grundsätze sowie allgemein anerkannte Konzeptionen und Zwecke des Konzernabschlusses sollten insbesondere die Erfolgswirkungen des Ausscheidens von Unternehmen aus dem Konsolidierungskreis analysiert und Regeln zur konsolidierungstechnischen Umsetzung abgeleitet werden. Ausgangspunkt der Untersuchung bildete eine Bestandsaufnahme konzernspezifischer Rechnungslegungsvorschriften sowie die Betrachtung der der Konzernrechnungslegung in Deutschland zugrundeliegenden konzeptionellen Vorstellungen. Darauf aufbauend wurde untersucht, welchen Stellenwert die Endkonsolidierung im Gesamtkonzept des Konzernabschlusses innehat und inwieweit die gesetzlichen Vorschriften und Grundsätze der Konzernrechnungslegung hinsichtlich der Durchführung einer Endkonsolidierung heranzuziehen sind. Im Ergebnis dieser Betrachtungen konnte nachgewiesen werden, daß die Endkonsolidierung, trotz fehlender expliziter gesetzlicher Regelungen, abgeleitet aus den Grundsätzen ordnungsmäßiger Konsolidierung, einen unabdingbaren Bestandteil im Gesamtkonzept des Konzernabschlusses darstellt.

Im Mittelpunkt der Arbeit stand eine Analyse der Erfolgswirkungen der Endkonsolidierung im Konzernabschluß. Zu diesem Zweck wurden, ausgehend von den Erfolgskonzeptionen in Einzel- und Konzernabschluß, Einflußfaktoren definiert und daraufhin untersucht, inwieweit sie sich auf die Bestimmung eines zu ermittelnden Endkonsolidierungserfolges auswirken können. Von herausragender und entscheidungsrelevanter Bedeutung war in diesem Zusammenhang die Beachtung des Totalerfolgskonzeptes, wonach der Totalerfolgsbeitrag eines Tochterunternehmens im Konzern betragsgleich sein muß mit dem Totalerfolg der das Tochterunternehmen repräsentierenden Beteiligung im Einzelabschluß des haltenden Unternehmens. Die konsequente Ausrichtung an der Einhaltung des Totalerfolgskonzeptes hatte dabei den Vorteil, die sehr vielschichtigen Probleme, Fragestellungen und zum Teil kontroversen Literaturauffassungen aus einem einheitlichen Blickwinkel heraus zu diskutieren, zu systematisieren und im Ergebnis stets eine klar nachvollziehbare Verbindung zwischen Veräußerungserfolg im Einzelabschluß einerseits und Endkonsolidierungserfolg im Konzernabschluß andererseits aufzuzeigen. Aus den gewonnenen Erkenntnissen wurden systematische Verfahren zur Ermittlung der Erfolgswirkungen des Ausscheidens eines Unternehmens aus dem Konsolidierungskreis abgeleitet.

Vor diesem Hintergrund wurde die buchungstechnische Vorgehensweise der Endkonsolidierung dargestellt, wobei die im Handelsrecht alternativ zulässigen Konsolidierungsmethoden Berücksichtigung gefunden haben. Neben der vollständigen Anteilsveräußerung wurde insbesondere die im Schrifttum sehr strittige Vorgehensweise bei nur teilweiser Veräußerung von Anteilen und dem damit einhergehenden Übergang von einer Konsolidierungsmethode zu einer anderen Form der Einbeziehung untersucht. Daneben wurden Sonderfälle der Endkonsolidierung diskutiert, die nicht auf einer Anteilsveräußerung beruhen. Im wesentlichen handelte es sich dabei um eigenkapitalverändernde Maßnahmen im konsolidierungspflichtigen Kapital und konzerninterne Umstrukturierungsmaßnahmen. Im Ergebnis konnte festgestellt werden, daß durchaus auch in diesen Fällen, abgeleitet aus den Grundsätzen ordnungsmäßiger Konsolidierung, die Notwendigkeit der Durchführung von Maßnahmen der Endkonsolidierung gegeben sein kann. Neben der Bestimmung des Erfolgsbeitrages als Kernbereich einer durchzuführenden Endkonsolidierung wurden auch die im Zusammenhang mit dem Abgang eines Unternehmens aus dem Konsolidierungskreis verbundenen Probleme des Ausweises untersucht. Im Mittelpunkt stand dabei unter Beachtung gesetzlicher Vorschriften und der Erfüllung der Informationsfunktion des Konzernabschlusses die Abbildung der Endkonsolidierung im Konzernanlagespiegel, in den Konzernrücklagen, der Konzern-Gewinn- und Verlustrechnung sowie dem Konzernanhang.

Abschließend wurde dargestellt, wie die Endkonsolidierung unter Berücksichtigung internationaler Rechnungslegungsvorschriften abzubilden ist. Damit wurde dem § 292a HGB Rechnung getragen, wonach Mutterunternehmen eines Konzerns, die einen organisierten Markt i.S.d. § 2 Abs. 5 des Wertpapierhandelsgesetzes in Anspruch nehmen, unter bestimmten Voraussetzungen die Möglichkeit eingeräumt wird, mit befreiender Wirkung einen Konzernabschluß nach internationalen Rechnungslegungsmethoden aufzustellen. Im Fokus standen dabei die International Accounting Standards (IAS) und die US-amerikanischen Rechnungslegungsvorschriften (US-GAAP). Es konnte festgestellt werden, daß auch im internationalen Regelwerk keine detaillierten Vorschriften zur Durchführung einer Endkonsolidierung kodifiziert sind. Im Grundsatz stimmen die Rechnungslegungssysteme HGB, IAS und US-GAAP hinsichtlich der Anwendungsfälle und der Ermittlung eines Endkonsolidierungserfolges sowie erforderlicher Angabepflichten überein. Im Hinblick auf einzelne Detailfragen können sich nach heutigem Stand der Rechtslage noch unterschiedliche Lösungsansätze aus abweichenden Konzeptionen und Bilanzierungsprinzipien ergeben. Im Zuge der Internationalisierung und Harmonisierung der Konzernrechnungslegung wäre es wünschenswert, wenn auch die im Zusammenhang mit dem Ausscheiden von Unternehmen aus dem Konzernverbund zu ergreifenden konsolidierungstechnischen Maßnahmen kodifiziert werden würden. Dies könnte dazu beitragen, bilanzpolitische Spielräume einzuschränken sowie die Aussagekraft und Vergleichbarkeit der Konzernabschlüsse zu verbessern.

Literaturverzeichnis

Adler, Hans/Düring, Walther/Schmaltz, Kurt (1995): Rechnungslegung und Prüfung der Unternehmen. Kommentar zum HGB, AktG, GmbHG, PublG nach den Vorschriften des Bilanzrichtlinien-Gesetzes, neu bearbeitet von Karl-Heinz Forster/ Reinhard Goerdeler/ Josef Lanfermann/ Hans-Peter Müller/ Günter Siepe/ Klaus Stolberg, 6. Auflage, Teilband 1, Stuttgart 1995.

Adler, Hans/Düring, Walther/Schmaltz, Kurt (1996): Rechnungslegung und Prüfung der Unternehmen. Kommentar zum HGB, AktG, GmbHG, PublG nach den Vorschriften des Bilanzrichtlinien-Gesetzes, neu bearbeitet von Karl-Heinz Forster/ Reinhard Goerdeler/ Josef Lanfermann/ Hans-Peter Müller/ Günter Siepe/ Klaus Stolberg, 6. Auflage, Teilband 3, Stuttgart 1996.

Adler, Hans/Düring, Walther/Schmaltz, Kurt (1997): Rechnungslegung und Prüfung der Unternehmen. Kommentar zum HGB, AktG, GmbHG, PublG nach den Vorschriften des Bilanzrichtlinien-Gesetzes, neu bearbeitet von Karl-Heinz Forster/ Reinhard Goerdeler/ Josef Lanfermann/ Hans-Peter Müller/ Günter Siepe/ Klaus Stolberg, 6. Auflage, Teilband 5, Stuttgart 1997.

Albers, Maria (1991): Der Bank-Konzernabschluß. Eine Analyse der sich aufgrund der EG-Bankbilanzrichtlinie ändernden Vorschriften zur Aufstellung des Konzernabschlusses von Kreditinstituten, Frankfurt a.M. 1991.

Albrecht, Werner (1986): Kommentierung der §§ 290-299 HGB, in: Bonner Handbuch der Rechnungslegung (BHR). Textsammlung, Einführung, Kommentierung, hrsg. von Hofbauer, Max A./Grewe, Wolfgang/Albrecht, Werner/Kupsch, Peter/Scherrer, Gerhard, Bonn 1986ff.

American Institute of Certified Public Accountants (AICPA), APB Opinion No. 16: Business Combinations (1970), in: FASB (Hrsg.), Original Pronouncements, Accounting Standards, Vol. III, Norwalk, Connecticut 2000, S. 201-222.

American Institute of Certified Public Accountants (AICPA), APB Opinion No. 17: Intangible Assets (1970), in: FASB (Hrsg.), Original Pronouncements, Accounting Standards, Vol. III, Norwalk, Connecticut 2000, S. 223-229.

American Institute of Certified Public Accountants (AICPA), APB Opinion No. 18: The Equity Method of Accounting for Investments in Common Stock (1971), in: FASB (Hrsg.), Original Pronouncements, Accounting Standards, Vol. III, Norwalk, Connecticut 2000, S. 230-238.

American Institute of Certified Public Accountants (AICPA), APB Opinion No. 30: Reporting the Results of Operations - Reporting the Effects of Disposal of a Segment of a Business, and Extraordinary, Unusual and Infrequently Occurring Events and Transactions (1973), in: FASB (Hrsg.), Original Pronouncements, Accounting Standards, Vol. III, Norwalk, Connecticut 2000, S. 320-327.

American Institute of Certified Public Accountants (AICPA), Accounting Interpretations of APB Opinion No. 18, The Equity Method of Accounting for Investments in Common Stock, AIN-APB No. 18 (1971/1972), in: FASB (Hrsg.), Original Pronouncements, Accounting Standards, Vol. III, Norwalk, Connecticut 2000, S. 484-486.

American Institute of Certified Public Accountants (AICPA), Accounting Research Bulletins, ARB No. 51: Consolidated Financial Statements (1959), in: FASB (Hrsg.), Original Pronouncements, Accounting Standards, Vol. III, Norwalk, Connecticut 2000, S. 74-80.

American Institute of Certified Public Accountants (AICPA), Statement of Financial Accounting Standards, FAS No. 94, Consolidation of All Majority-Owned Subsidiaries – an amendment of ARB No. 51, with related amendments of APB Opinion No. 18 and ARB No. 43, Chapter 12 (1987), in: FASB (Hrsg.), Original Pronouncements, Accounting Standards, Vol. I, Norwalk, Connecticut 2000, S. 1032-1044.

American Institute of Certified Public Accountants (AICPA), Statement of Financial Accounting Standards, FAS No. 95, Statement of Cash Flows (1987), in: FASB (Hrsg.), Original Pronouncements, Accounting Standards, Vol. I, Norwalk, Connecticut 2000, S. 1045-1087.

Angermayer, Birgit/Oser, Peter (1996): Die Rechnungslegung im Versicherungskonzern: Veränderung der rechtlichen Rahmenbedingungen und geschäftszweigspezifische Problembereiche, in: WPg 49. Jg. (1996), S. 457-469.

Arbeitskreis „Externe Unternehmensrechnung" (1989): Aufstellung von Konzernabschlüssen. Empfehlungen des Arbeitskreises „Externe Unternehmensrechnung" der Schmalenbach-Gesellschaft - Deutsche Gesellschaft für Betriebswirtschaft e.V., hrsg. von Busse v. Colbe, Walther/Müller, Eberhard/Reinhard, Herbert, in: ZfbF-Sonderheft 21/1987, 2. Auflage, Düsseldorf 1989.

Arbeitskreis „Externe Unternehmensrechnung" (1997): Vereinbarkeit internationaler Konzernrechnungslegung mit handelrechtlichen Grundsätzen. Empfehlungen des Arbeitskreises „Externe Unternehmensrechnung" der Schmalenbach-Gesellschaft Deutsche Gesellschaft für Betriebswirtschaft e.V., hrsg. von Busse von Colbe, Walther/Seeberg, Thomas, in: ZfbF-Sonderheft 39/1997.

Arbeitskreis „Weltbilanz" (1977): Die Einbeziehung ausländischer Unternehmen in den Konzernabschluß („Weltabschluß"). Ergebnisse des Arbeitskreises „Weltbilanz" des Instituts der Wirtschaftsprüfer in Deutschland e.V., Düsseldorf 1977.

Baetge, Jörg (1994): Änderungen bestehender Beteiligungsverhältnisse im Konzernabschluß, in: Bilanzrecht und Kapitalmarkt: Festschrift zum 65. Geburtstag von Adolf Moxter, hrsg. von Wolfgang Ballwieser/ Böcking, Hans-Joachim/ Drukarczyk, Jochen/ Schmidt, Reinhard H., Düsseldorf 1994, S. 531-549.

Baetge, Jörg (1996): Bilanzen, 4. überarb. Auflage, Düsseldorf 1996.

Baetge, Jörg (1997): Der negative Unterschiedsbetrag aus der Kapitalkonsolidierung nach HGB, IAS und US-GAAP, in: Aktien- und Bilanzrecht. Festschrift für Bruno Kropff, hrsg. von Forster, Karlheinz/Grunewald, Barbara/Lutter, Markus/Semler, Johannes, Düsseldorf 1997, S. 349-370.

Baetge, Jörg (2000): Konzernbilanzen, 4. unveränderte Auflage, Düsseldorf 2000.

Baetge, Jörg/Bruns, Carsten (1997): IAS 28, Bilanzierung von Beteiligungen an assoziierten Unternehmen (Accounting for Investments in Associates), in: Rechnungslegung nach International Accounting Standards (IAS). Kommentar auf der Grundlage des deutschen Bilanzrechts, hrsg. von: Baetge, Jörg/Dörner, Dietrich/Kleekämper, Heinz/Wollmert, Peter Stuttgart 1997, Teil B, IAS 28.

Baetge, Jörg/Dörner, Dietrich/Kleekämper, Heinz/Wollmert, Peter (Hrsg.) (1997): Rechnungslegung nach International Accounting Standards (IAS). Kommentar auf der Grundlage des deutschen Bilanzrechts, Stuttgart 1997.

Baetge, Jörg/Herrmann, Dagmar (1995): Probleme der Endkonsolidierung im Konzernabschluß, in: WPg 48. Jg. (1995), S. 225-232.

Baetge, Jörg/Kirsch, Hans-Jürgen (1998): Kommentierung des § 297 HGB, in: Handbuch der Konzernrechnungslegung (HdK), Kommentar zur Bilanzierung und Prüfung, Band II, hrsg. von Karlheinz Küting und Claus-Peter Weber, 2. Auflage, Stuttgart 1998.

Baetge, Jörg/Schulze, Denis (1997), IAS 27: Konzernrechnungslegung sowie Bilanzierung von Beteiligungen an verbundenen Unternehmen (Consolidated Financial Statements and Accounting for Investments in Subsidiaries), in: Rechnungslegung nach International Accounting Standards (IAS). Kommentar auf der Grundlage des deutschen Bilanzrechts, hrsg. von: Baetge, Jörg/Dörner, Dietrich/Kleekämper, Heinz/Wollmert, Peter Stuttgart 1997, Teil B, IAS 27.

Baetge, Jörg/Siefke, Michael (1997), IAS 22: Unternehmenszusammenschlüsse (Business Combinations), in: Rechnungslegung nach International Accounting Standards (IAS). Kommentar auf der Grundlage des deutschen Bilanzrechts, hrsg. von: Baetge, Jörg/Dörner, Dietrich/Kleekämper, Heinz/Wollmert, Peter Stuttgart 1997, Teil B, IAS 22.

Baker, Richard C./Rapaccioli, Donna/Solomon, Morton B. (1995), Chapter 33: United States of America, Group Accounts, in: Transnational Accounting (TRANSACC), hrsg. von Dieter Ordelheide und KPMG, New York 1995, S. 3097-3164.

Ballwieser, Wolfgang (1995): Zur Frage der Rechtsform-, Konzern- und Branchenunabhängigkeit der Grundsätze ordnungsmäßiger Buchführung, in: Rechenschaftslegung im Wandel; Festschrift für Wolfgang Dieter Budde, hrsg. von Förschle, Gerhart/Kaiser, Klaus/Moxter, Adolf, München 1995, S. 43-66.

Ballwieser, Wolfgang (Hrsg.) (1996): US-amerikanische Rechnungslegung, Grundlagen und Vergleiche mit dem deutschen Recht, 2. überarb. und erw. Auflage, Stuttgart 1996.

Ballwieser, Wolfgang (1997): Grenzen des Vergleichs von Rechnungslegungssystemen-dargestellt anhand von HGB, US-GAAP und IAS, in: Aktien- und Bilanzrecht. Festschrift für Bruno Kropff, hrsg. von Forster, Karlheinz/Grunewald, Barbara/Lutter, Markus/Semler, Johannes, Düsseldorf 1997, S. 371-391.

Ballwieser, Wolfgang/Böcking, Hans-Joachim/Drukarczyk, Jochen/Schmidt, Reinhard H. (Hrsg.) (1994): Bilanzrecht und Kapitalmarkt; Festschrift zum 65. Geburtstag von Adolf Moxter, Düsseldorf 1994.

Ballwieser, Wolfgang/Moxter, Adolf/Nonenmacher, Rolf (Hrsg.) (1996): Rechnungslegung-Warum und Wie; Festschrift für Hermann Clemm zum 70. Geburtstag, München 1996.

Baumann, Karl-Herrmann (1998): Kommentierung des § 306 HGB, in: Handbuch der Konzernrechnungslegung (HdK), Kommentar zur Bilanzierung und Prüfung, Band II, hrsg. von Karlheinz Küting und Claus-Peter Weber, 2. Auflage, Stuttgart 1998.

Bentler, Martin (1991): Grundsätze ordnungsmäßiger Bilanzierung für die Equitymethode, Wiesbaden 1991.

Biener, Herbert (1983): Die Konzernrechnungslegung nach der Siebenten Richtlinie des Rates der Europäischen Gemeinschaften über den Konzernabschluß, in: DB 36. Jg. (1983), Beilage 19/83 zu Heft 35.

Biener, Herbert/Berneke, Wilhelm (1986): Bilanzrichtlinien-Gesetz, Düsseldorf 1986.

Biener, Herbert/Schatzmann, Jürgen (1983): Konzern-Rechnungslegung. Erläuterungen zur 7. EG-Richtlinie (Konzernbilanzrichtlinie) sowie eine synoptische Darstellung der Entstehung der Richtlinie und weitere Materialien, Düsseldorf 1983.

Born, Karl (1999): Rechnungslegung international. Konzernabschlüsse nach IAS, US-GAAP, HGB und EG-Richtlinien, 2. Auflage, Stuttgart 1999.

Bores, Wilhelm (1935): Konsolidierte Erfolgsbilanzen und andere Bilanzierungsmethoden für Konzerne und Kontrollgesellschaften; Veröffentlichungen der Schmalenbach-Vereinigung, Bd. 4, Leipzig 1935.

Bovermann, Brigitte (1988): Die Umrechnung der Jahresabschlüsse ausländischer Tochterunternehmen für den Weltabschluß in der EG unter dem Aspekt seiner Informationsfunktion, Frankfurt am Main u.a. 1988.

Budde, Wolfgang Dieter/Clemm, Hermann/Ellrott, Helmut/Förschle, Gerhardt/ Hoyos, Martin (Hrsg.) (1999): Beck'scher Bilanz-Kommentar, Der Jahresabschluß nach Handels- und Steuerrecht; Konzernabschluß, Prüfung, Offenlegung, §§ 238 bis 339 HGB, 4. neubearb. Auflage, München 1999.

Budde, Wolfgang Dieter/Dreissig, Eberhard (1999): Kommentierung der §§ 303-305 HGB, in: Beck'scher Bilanz-Kommentar. Der Jahresabschluß nach Handels- und Steuerrecht; Konzernabschluß, Prüfung, Offenlegung, §§ 238 bis 339 HGB, 4. Auflage, München 1999.

Budde, Wolfgang Dieter/Raff, Ingo (1999): Kommentierung der §§ 311, 312 HGB, in: Beck'scher Bilanz-Kommentar. Der Jahresabschluß nach Handels- und Steuerrecht; Konzernabschluß, Prüfung, Offenlegung, §§ 238 bis 339 HGB, 4. Auflage, München 1999.

Budde, Wolfgang Dieter/Suhrbier, Helmut (1999): Kommentierung des § 310 HGB, in: Beck'scher Bilanz-Kommentar. Der Jahresabschluß nach Handels- und Steuerrecht; Konzernabschluß, Prüfung, Offenlegung, §§ 238 bis 339 HGB, 4. Auflage, München 1999.

Busse von Colbe, Walther (1972): Zum Bilanzansatz von Beteiligungen, in: ZfbF 24. Jg. (1972), S. 145-157.

Busse von Colbe, Walther (1985): Der Konzernabschluß im Rahmen des Bilanzrichtlinie-Gesetzes, in: ZfbF 37. Jg. (1985), S. 761-782.

Busse von Colbe, Walther (Hrsg.) (1991): Lexikon des Rechnungswesens. Handbuch der Bilanzierung und Prüfung, der Erlös-, Finanz-, Investitions- und Kostenrechnung, 2. Auflage, München 1991.

Busse von Colbe, Walther (1992): Gefährdung des Kongruenzprinzips durch erfolgsneutrale Verrechnung von Aufwendungen im Konzernabschluß, in: Rechnungslegung. Entwicklungen bei der Bilanzierung und Prüfung von Kapitalgesellschaften; Festschrift zum 65. Geburtstag von Karl-Heinz Forster, hrsg. von Adolf Moxter/Rolf Windmöller/Hans-Peter Müller/Klaus v. Wysocki, Düsseldorf 1992, S. 125-138.

Busse von Colbe, Walther/Chmielewicz, Klaus (1986), Das neue Bilanzrichtlinien-Gesetz, in: DBW 46. Jg. (1986), S. 289-347.

Busse von Colbe, Walther/Ordelheide, Dieter (1993): Konzernabschlüsse. Rechnungslegung für Konzerne nach betriebswirtschaftlichen Grundsätzen und gesetzlichen Vorschriften, 6., vollst. neubearb. Auflage, Wiesbaden 1993.

Carl, Matthias (1993): Dokumentationsfunktion und Prüfung einer Konzernbuchführung, München 1993.

Castan, Edgar/Heymann, Gerd/Müller, Eberhard/Ordelheide, Dieter und Scheffler, Eberhard (Hrsg.) (1987): Beck'sches Handbuch der Rechnungslegung (BHdR), München 1987/93.

Claussen, Carsten, P./Scherrer, G. (2000): Konzernrechnungslegung Teil I, Kommentierung der §§ 290-299 HGB unter Einschluß von IAS und US-GAAP, in: Kölner Kommentar zum Aktiengesetz, hrsg. von Wolfgang Zöllner, 2. Auflage, Band 6, Köln u.a 2000.

Coenenberg, Adolf G. (1997): Jahresabschluß und Jahresabschlußanalyse. Grundfragen der Bilanzierung nach betriebswirtschaftlichen, handelsrechtlichen, steuerrechtlichen und internationalen Grundsätzen, 16. überarb. und erw. Auflage, Landberg/Lech 1997.

Coenenberg, Adolf G./v. Wysocki, Klaus (Hrsg.) (1992): Handwörterbuch der Revision (HWRev), 2. Auflage, Stuttgart 1992.

Damm, Uwe/Zündorf, Horst (1984): Offene Fragen zur Konzernbilanz nach dem Entwurf eines Transformationsgesetzes zur 7. EG-Richtlinie (Teil I und II), in: DB 37. Jg. (1984), S. 2573-2578 und S. 2631-2634.

Debus, Christian (1987): Latente Steuern, Kommentierung des § 306 HGB, in: Handbuch der Konzernrechnungslegung (HdK), Kommentar zur Bilanzierung und Prüfung, Band II, hrsg. von Karlheinz Küting und Claus-Peter Weber, 2. Auflage, Stuttgart 1998.

Delaney, Patrick R./Epstein, Barry J./Adler, James R./Foran, Michael F. (2000): GAAP 2000. Interpretation and Application of Generally Accepted Accounting Principles 2000, New York u.a. 2000.

Delmas, Britta (1997): Die Bewertung von Sacheinlagen in der Handelsbilanz von AG und GmbH, Köln 1997.

Deutscher Standardisierungsrat (DSR) (DRS 1) (2000): Befreiender Konzernabschluss nach § 292 a HGB, Berlin 22. Juli 2000.

Deutscher Standardisierungsrat (DSR) (DRS 4) (2000): Unternehmenserwerbe im Konzernabschluss, Berlin 17. April 2000.

Deutscher Standardisierungsrat (DSR) (E-DRS 8) (2000): Bilanzierung von Anteilen an assoziierten Unternehmen im Konzernabschluss, Berlin 8. November 2000.

Dietl, Roland (1992): Zur Ausübung von gesetzlich eingeräumten Konsolidierungswahlrechten im Konzernabschluß, Frankfurt am Main 1992.

Dörner, D./Wollmert, P. (Hrsg.) (1995): IASC-Rechnungslegung, Düsseldorf 1995.

Dreger, Karl-Martin (1969): Der Konzernabschluß. Grundsätze ordungsmäßiger Konsolidierung. Konzernrechnungslegung nach Aktienrecht 1965 in Anlehnung an Technik und Praxis in den USA, Wiesbaden 1969.

Dümpel, Ursula (1991): Der Grundsatz der einheitlichen Bewertung im Konzern und seine Problematik insbesondere bei Einbeziehung ausländischer Tochterunternehmen in den Weltabschluß, Krefeld 1991.

Dusemond, Michael (1994): Die Konzernanschaffungs- und Konzernherstellungskosten nach § 304 HGB – Ermittlung, Bewertung sowie Informationsbeschaffung auf der Grundlage einer eigenständigen Konzernkostenrechnung, Stuttgart 1994.

Dusemond, Michael (1997): Endkonsolidierung und erfolgsneutrale Verrechnung des Geschäfts- oder Firmenwerts, in: DB 50. Jg. (1997), S. 53-57.

Dusemond, Michael/Hayn, Benita (1997): Latente Steuern aus Konsolidierungsmaßnahmen, Darstellung und kritische Analyse möglicher Ursachen, in: BB 52. Jg. (1997), S. 983-988.

Dusemond, Michael/Küting, Karlheinz/Weber, Claus-Peter (1998): Kommentierung des § 301 HGB, in: Handbuch der Konzernrechnungslegung (HdK), Kommentar zur Bilanzierung und Prüfung, Band II, hrsg. von Karlheinz Küting und Claus-Peter Weber, 2. Auflage, Stuttgart 1998.

Ebeling, Ralf Michael (1995): Die Einheitsfiktion als Grundlage der Konzernrechnungslegung – Aussagegehalt und Ansätze zur Weiterentwicklung des Konzernabschlusses nach deutschem HGB unter Berücksichtigung konsolidierungstechnischer Fragen, Stuttgart 1995.

Ebeling, Ralf Michael (1996): Fallstudien zur Konzernrechnungslegung, Stuttgart 1996.

Eckes, Burkhard/Weber, Claus-Peter (1998): Kommentierung des § 302 HGB, in: Handbuch der Konzernrechnungslegung (HdK), Kommentar zur Bilanzierung und Prüfung, Band II, hrsg. von Karlheinz Küting und Claus-Peter Weber, 2. Auflage, Stuttgart 1998.

Eisele, Wolfgang/Kratz, Norbert (1997): Der Ausweis von Anteilen außenstehender Gesellschafter im mehrstufigen Konzern, in: ZfbF 49. Jg. (1997), S. 291-310.

Eisolt, Dirk (1992): US-amerikanische und deutsche Konzernrechnungslegung: Untersuchung amerikanischer Vorschriften über den Konzernabschluß und systematischer Vergleich mit ausgewählten Vorschriften des HGB, Hamburg 1992.

Ellrott, Helmut/Gutike, H.-J. (1999): Kommentierung des § 255 HGB(Tz. 141-180a), in: Beck'scher Bilanz-Kommentar. Der Jahresabschluß nach Handels- und Steuerrecht; Konzernabschluß, Prüfung, Offenlegung, §§ 238 bis 339 HGB, 4. Auflage, München 1999.

Ellrott, Helmut/Schmidt-Wendt, Dietrich (1999): Kommentierung des § 255 HGB, in: Beck'scher Bilanz-Kommentar. Der Jahresabschluß nach Handels- und Steuerrecht; Konzernabschluß, Prüfung, Offenlegung, §§ 238 bis 339 HGB, 4. Auflage, München 1999.

Elkart, Wolfgang/Hundt, Karl-Heinz/Müller, Klaus (1991): Probleme der Entkonsolidierung, in: Aktuelle Fachbeiträge aus der Wirtschaftsprüfung und Beratung, Festschrift zum 65. Geburtstag von Professor Dr. Hans Luik, hrsg. von der Schitag Ernst & Young-Gruppe, Stuttgart 1991, S. 53-89.

Ewert, Ralf/Schenk, Gerald (1993), Offene Probleme bei der Kapitalkonsolidierung im mehrstufigen Konzern, in: BB 48. Jg. (1993), Beilage 14 zu Heft 20.

Financial Accounting Standards Board (FASB) (1998): Methods of Accounting for Business Combinations: Recommendations of the G4+1 for Achieving Convergence, December 15, 1998.

Financial Accounting Standards Board (FASB) (1999): Exposure Draft-Proposed Statement of Financial Accounting Standards. Business Combinations and Intangible Assets, September 7, 1999.

Financial Accounting Standards Board (FASB) (1999a): Exposure Draft-Proposed Statement of Financial Accounting Standards. Consolidated Financial Statements: Purpose and Policy, February 23, 1999.

Financial Accounting Standards Board (FASB) (Hrsg.) (2000): Original Pronouncements, Accounting Standards, 2000/2001 Edition Vol. I-III, Norwalk, Connecticut 2000.

Faß, Joachim (1992): Konzernierung und konsolidierte Rechnungslegung: Eine Analyse der Eignung des Konzernabschlusses als Informationsinstrument und als Grundlage der Ausschüttungsbemessung konzernverbundener Unternehmen, Frankfurt am Main u.a. 1992.

Fischer, Hans (1987): Schuldenkonsolidierung, in: BHdR, hrsg. von Castan, Edgar/Heymann, Gerd/Müller, Eberhard/Ordelheide, Dieter und Scheffler, Eberhard, München 1987/93, C 420.

Fischer, Hans (1993): Konzernbilanzpolitik, in: Konzernabschluß in der Praxis: rechtliche und betriebswirtschaftliche Probleme, Erfahrungsberichte, hrsg. von Gesellschaft für Computeranwendungen mbH, Wiesbaden 1993, S. 117-141.

Fliess, Oliver (1991): Konzernabschluß in Großbritannien. Grundlagen, Stufenkonzeption und Kapitalkonsolidierung, Frankfurt am Main 1991.

Förschle, Gerhardt (1995): Kommentierung des § 300 HGB, in: Beck'scher Bilanz-Kommentar. Der Jahresabschluß nach Handels- und Steuerrecht; Konzernabschluß, Prüfung, Offenlegung, §§ 238 bis 339 HGB, 4. Auflage, München 1999.

Förschle, Gerhart/Deubert, Michael (1999): Kommentierung des § 294 HGB, in: Beck'scher Bilanz-Kommentar. Der Jahresabschluß nach Handels- und Steuerrecht; Konzernabschluß, Prüfung, Offenlegung, §§ 238 bis 339 HGB, 4. Auflage, München 1999.

Förschle, Gerhart/Deubert, Michael (1999): Kommentierung der §§ 301, 302 HGB, in: Beck'scher Bilanz-Kommentar. Der Jahresabschluß nach Handels- und Steuerrecht; Konzernabschluß, Prüfung, Offenlegung, §§ 238 bis 339 HGB, 4. Auflage, München 1999.

Förschle, Gerhart/Lust, Peter/Kroner, Matthias (1999): Kommentierung des § 297 HGB, in: Beck'scher Bilanz-Kommentar. Der Jahresabschluß nach Handels- und Steuerrecht; Konzernabschluß, Prüfung, Offenlegung, §§ 238 bis 339 HGB, 4. Auflage, München 1999.

Förschle, Gerhart/Hoffmann, Karl (1999): Kommentierung der §§ 307, 309 HGB, in: Beck'scher Bilanz-Kommentar. Der Jahresabschluß nach Handels- und Steuerrecht; Konzernabschluß, Prüfung, Offenlegung, §§ 238 bis 339 HGB, 4. Auflage, München 1999.

Förschle, Gerhardt/Kaiser, Klaus/Moxter, Adolf (Hrsg.) (1995): Rechenschaftslegung im Wandel; Festschrift für Wolfgang Dieter Budde, München 1995.

Förschle, Gerhard/Kofahl, Günther (1999): Kommentierung des § 272 HGB, in: Beck'scher Bilanz-Kommentar. Der Jahresabschluß nach Handels- und Steuerrecht; Konzernabschluß, Prüfung, Offenlegung, §§ 238 bis 339 HGB, 4. Auflage, München 1999.

Förschle, Gerhard/Kropp, Manfred/Wöste, Renate (1990): Rechnungslegung im Konzern nach dem Bilanzrichtliniengesetz, hrsg. von der Treuhand-Vereinigung AG, 2. Auflage, Frankfurt am Main 1990.

Forster, Karlheinz/Grunewald, Barbara/Lutter, Markus/Semler, Johannes (Hrsg.) (1997): Aktien- und Bilanzrecht. Festschrift für Bruno Kropff, Düsseldorf 1997.

Fricke, Gabriele (1983): Rechnungslegung für Beteiligungen nach der Anschaffungskostenmethode und nach der Equity-Methode, Bochum 1983.

Gebhardt, Günther/Bergmann, Jörg (1991): Internationale Konzernabschlüsse, in Handbuch des Jahresabschlusses in Einzeldarstellungen (HdJ), hrsg. von v. Wysocki, Klaus/Schulze-Osterloh, Joachim, Köln 1984/94, Abt. V/7.

Geck, Reinhard (1995): Die Spaltung von Unternehmen nach dem neuen Umwandlungsrecht, in: DStR 33. Jg. 1995, S. 416-424.

GEFIU (1993), Währungsumrechnung im Einzel- und Konzernabschluß - Stellungnahme des Arbeitskreises „Rechnungslegungsvorschriften der EG-Kommission" der Gesellschaft für Finanzwirtschaft in der Unternehmensführung e.V. (GEFIU) zum Arbeitspapier des Accounting Advisory Forums der EG-Kommission vom Juli 1992 -, in DB 46. Jg. (1993), S. 745-748.

Gelhausen, Wolf Dietrich (1992): Konsolidierungskreis, Prüfung, in: HWRev, hrsg. von Coenenberg, Adolf G./v. Wysocki, Klaus, 2. Auflage, Stuttgart 1992, Sp. 1002-1012.

Gelhausen, Wolf Dietrich/Gelhausen, Hans Friedrich (1992): Gedanken zur Behandlung des Eigenkapitals im Konzernabschluß, in: Rechnungslegung: Entwicklungen bei der Bilanzierung und Prüfung von Kapitalgesellschaften; Festschrift zum 65. Geburtstag von Karl-Heinz Forster, hrsg. von Adolf Moxter/Rolf Windmöller/Hans-Peter Müller/Klaus v. Wysocki, Düsseldorf 1992, S. 215-233.

Glinkemann, Stefan (1991): Konsolidierung nach der „Pooling-of-Interests"-Methode, in: BB 46. Jg. (1991), S. 2477-2489.

Göth, Peter (1997): Das Eigenkapital im Konzernabschluß: Darstellung des Konzerneigenkapitals und Konzeption einer Konzernergebnisverwendungsrechnung unter Berücksichtigung konsolidierungstechnischer Fragen, Stuttgart 1997.

Gräfer, Horst/Scheld, Guido A. (1997): Grundzüge der Konzernrechnungslegung: mit Fragen, Aufgaben und Lösungen, 3. vollst. überarb. Auflage, Hamburg 1997.

Greth, Michael (1996: Konzernbilanzpolitik, Wiesbaden 1996.

Griesar, Patrick (1997): Prinzipien zur Abbildung einer Verschmelzung im Konzernabschluß, in: WPg 50. Jg. 1997, S. 768-780.

Griesar, Patrick (1998): Verschmelzung und Konzernabschluß, Konsolidierungs-anforderungen und Konsolidierungsmethoden, Düsseldorf 1998.

Groh, Manfred (1988): Der Erfolgsmaßstab beim Tausch, in: Handels- und Steuerrecht. Festschrift für Georg Döllerer, hrsg. von Knobbe-Keuk, Brigitte/Klein, Franz/Moxter, Adolf, Düsseldorf 1988, S. 157-167.

Grotherr, Siegfried (1995): Übertragung von Konzernrechnungslegungsgrundätzen ins Konzernsteuerrecht?, in: WPg 48. Jg. (1995), S. 81-97.

Gschrei, Jean Michael (1990): Beteiligungen im Jahresabschluß und Konzernabschluß, Heidelberg 1990.

Haarmann Hemmelrath & Partner Sozietät von Rechtsanwälten, Wirtschaftsprüfern und Steuerberatern München, Frankfurt am Main, Düsseldorf, Berlin, Leipzig, Hamburg, Tokio, Prag, Warschau, Paris(Hrsg.) (1998): Gestaltung und Analyse in der Rechts-, Wirtschafts- und Steuerberatung von Unternehmen, Köln 1998.

Haeger, Bernd/Zündorf, Horst (1991): Abgrenzung des Konsolidierungskreises nach der wirtschaftlichen Zugehörigkeit, in: DB 44. Jg. (1991), S. 1841-1848.

Harms, Jens E. (1998): Kommentierung des § 303 HGB, in: Handbuch der Konzernrechnungslegung (HdK), Kommentar zur Bilanzierung und Prüfung, Band II, hrsg. von Karlheinz Küting und Claus-Peter Weber, 2. Auflage, Stuttgart 1998.

Harms, Jens E./Knischewski, Gerd (1985), Quotenkonsolidierung versus Equity-Methode im Konzernabschluß. Ein bilanzpolitisches Entscheidungsproblem, in: DB 38. Jg. (1985), S. 1353-1359.

Hartle, Joachim (1987): Grundlagen und Grundsätze des Konzernabschlusses, in: BHdR, hrsg. von Castan, Edgar/Heymann, Gerd/Müller, Eberhard/Ordelheide, Dieter und Scheffler, Eberhard, München 1987/93, C 10.

Havermann, Hans (1975): Zur Bilanzierung von Beteiligungen an Kapitalgesellschaften in Einzel- und Konzernabschlüssen. Einige Anmerkungen zum Equity-Accounting, in: WPg 28. Jg. (1975), S. 233-242.

Havermann, Hans (Hrsg.) (1987): Bilanz- und Konzernrecht; Festschrift zum 65. Geburtstag von Reinhard Goerdeler, Düsseldorf 1987.

Havermann, Hans (1987): Der Konzernabschluß nach neuem Recht - ein Fortschritt?, in: Bilanz- und Konzernrecht: Festschrift zum 65. Geburtstag von Reinhard Goerdeler, hrsg. von Hans Havermann, Düsseldorf 1987, S. 173-197.

Havermann, Hans (1988): Die Handelsbilanz II - Zweck, Inhalt und Einzelfragen ihrer Erstellung - , in: Handelsrecht und Steuerrecht; Festschrift für Georg Döllerer, hrsg. von Knoppe-Keuk, Brigitte u.a., Düsseldorf 1988, S. 185-203.

Hayn, Benita (1997): Aktuelle Probleme der Kapitalkonsolidierung, in: Das Rechnungswesen auf dem Prüfstand, Antworten auf die Konzernierung der deutschen Wirtschaft im Spannungsfeld der Globalisierung, 4. Fachtagung vom 28. und 29. November 1996 in Frankfurt am Main, hrsg. von Karlheinz Küting/Claus-Peter Weber, Frankfurt am Main 1997, S. 39-64.

Hayn, Benita (1999): Konsolidierungstechnik bei Erwerb und Veräußerung von Anteilen. Ein Leitfaden zur praktischen Umsetzung der Erst-, Übergangs- und Endkonsolidierung, Herne, Berlin 1999.

Hayn, Benita/Küting, Karlheinz (1999): Beendigung der Vollkonsolidierung von Tochterunternehmen, in: BB 54. Jg (1999), S. 2072-2078.

Hayn, Sven (1997): Internationale Rechnungslegung. Ursachen, Wirkungen und Lösungsansätze zur Überwindung internationaler Rechnungslegungsdivergenzen, Stuttgart 1997.

Hayn, Sven/Waldersee, Georg Graf (2000): IAS/US-GAAP/HGB im Vergleich. Synoptische Darstellung für den Einzel- und Konzernabschluß, Stuttgart 2000.

Herrmann, Dagmar (1994): Die Änderung von Beteiligungsverhältnissen im Konzernabschluß: Eine Untersuchung der Übergangskonsolidierung unter Berücksichtigung der Endkonsolidierung, Düsseldorf 1994.

Herrmann, Dagmar (1994a): Probleme der Übergangskonsolidierung im Konzernabschluß, in: WPg 47. Jg. (1994), S. 821-832.

Heydemann, Bettina/Koenen, Stefan (1992): Die Abgrenzung des Konsolidierungskreises bei Kapitalgesellschaften in Theorie und Praxis, in: DB 45. Jg. 1992, S. 2253-2260.

Hintze, Stefan (1990): Zur Bilanzierung latenter Steuern im Konzernabschluß, in: DB 43. Jg. 1990, S. 845-850.

Hofbauer, Max (1986): Kommentierung des § 255 HGB, in: Bonner Handbuch der Rechnungslegung (BHR). Textsammlung, Einführung, Kommentierung, hrsg. von Hofbauer, Max A./Grewe, Wolfgang/Albrecht, Werner/Kupsch, Peter/Scherrer, Gerhard, Bonn 1986.

Hofbauer, Max A./Grewe, Wolfgang/Albrecht, Werner/Kupsch, Peter/Scherrer, Gerhard (Hrsg.) (1986): Bonner Handbuch der Rechnungslegung (BHR), Textsammlung, Einführung, Kommentierung, Bonn 1986.

Hoffmann, Ira (1992): Die Kapitalkonsolidierung bei Interessenzusammenführung gemäß § 302 HGB. Darstellung und Analyse der Interessenzusammenführungs-Methode im Vergleich zur Kapitalkonsolidierung nach der Buchwertmethode und zur aktienrechtlichen Verschmelzung durch Aufnahme, Bergisch Gladbach/Köln 1992.

Hoyos, Martin/Fischer, Norbert (1999): Kommentierung des § 306 HGB, in: Beck'scher Bilanz-Kommentar. Der Jahresabschluß nach Handels- und Steuerrecht; Konzernabschluß, Prüfung, Offenlegung, §§ 238 bis 339 HGB, 4. Auflage, München 1999.

Hoyos, Martin/Gutike, Hans--Jochen (1999): Kommentierung des § 268 HGB, in: Beck'scher Bilanz-Kommentar. Der Jahresabschluß nach Handels- und Steuerrecht; Konzernabschluß, Prüfung, Offenlegung, §§ 238 bis 339 HGB, 4. Auflage, München 1999.

Hoyos, Martin/Lechner, Harald (1999): Kommentierung der §§ 292a, 308 HGB, in: Beck'scher Bilanz-Kommentar. Der Jahresabschluß nach Handels- und Steuerrecht; Konzernabschluß, Prüfung, Offenlegung, §§ 238 bis 339 HGB, 4. Auflage, München 1999.

Hummel, Wolfgang (1987): Probleme der Umrechnung von Jahresabschlüssen aus Hochinflationsländern, Frankfurt am Main u.a. 1987.

Husemann, Karl-Heinz (1976): Grundsätze ordnungsmäßiger Bilanzierung für Anlagegegenstände, 2. Auflage, Düsseldorf 1976.

Institut der Wirtschaftsprüfer in Deutschland e.V. (IDW), Hauptfachausschuß-Sonderausschuß Neues Aktienrecht (1969): Stellungnahme SANA 1/1969: Zur Konsolidierung von Unternehmen, die erstmals in einen Konzernabschluß einzubeziehen sind oder während des Geschäftsjahres aus dem Konsolidierungskreis ausscheiden, in: WPg 22. Jg. (1969), S. 636.

Institut der Wirtschaftsprüfer in Deutschland e.V. (IDW), Hauptfachausschuß, HFA (3/1995): Konzernrechnungslegung bei Änderungen des Konsolidierungskreises, in: Fachgutachten und Stellungnahmen, Düsseldorf 1993, ebenso in: WPg 48. Jg. (1995), S. 697-698.

Institut der Wirtschaftsprüfer in Deutschland e.V. (IDW), Hauptfachausschuß, HFA (2/1997): Zweifelsfragen der Rechnungslegung bei Verschmelzungen, in: Fachgutachten und Stellungnahmen, Düsseldorf 1993.

Institut der Wirtschaftsprüfer in Deutschland e.V. (IDW), Hauptfachausschuß, HFA (1998), Entwurf einer Stellungnahme zur Währungsumrechnung im Konzernabschluß, in: IDW-Fachnachrichten 7/1998, S. 277-285.

Institut der Wirtschaftsprüfer in Deutschland e.V. (IDW), Hauptfachausschuß, HFA (1/1998): Zweifelsfragen bei Spaltungen, in: IDW-Fachnachrichten 6/1998, S. 235-239.

Institut der Wirtschaftsprüfer in Deutschland e.V. (IDW), Sonderausschuß Bilanzrichtlinien-Gesetz, Stellungnahme SABI (1/1988): Zur Aufstellungspflicht für einen Konzernabschluß und zur Abgrenzung des Konsolidierungskreises, in: Fachgutachten und Stellungnahmen, Düsseldorf 1993, ebenso in: WPg 41. Jg. (1988), S. 340-343.

Institut der Wirtschaftsprüfer in Deutschland e.V. (IDW), Sonderausschuß Bilanzrichtlinien-Gesetz, Stellungnahme SABI (2/1988): Behandlung des Unterschiedsbetrags aus der Kapitalkonsolidierung, in: Fachgutachten und Stellungnahmen, Düsseldorf 1993, ebenso in: WPg 41. Jg. (1988), S.622-625.

Institut der Wirtschaftsprüfer in Deutschland e.V. (IDW) (Hrsg.) (1996): Wirtschaftsprüfer-Handbuch 1996. Handbuch für Rechnungslegung, Prüfung und Beratung, Band I, 11. Auflage, Düsseldorf 1996.

International Accounting Standards 2000. The full text of all International Accounting Standards an SIC Interpretations extant at 1 January 2000, London 2000.

Janschek, Otto (1996): Konzernrechnungslegung, 2. Auflage, Wien 1996.

Jonas, Heinrich H. (1986): Der Konzernabschluß: Grundlagen und Anwendungen in der Praxis nach neuem Handelsrecht, Stuttgart 1986.

Jung, Udo (1991): Währungsumrechnung im Konzernabschluß. Zur Ableitung von Grundsätzen ordnungsmäßiger Währungsumrechnung, Marburg 1991.

Kallmeyer, Harald (1994): Das neue Umwandlungsgesetz – Verschmelzung, Spaltung und Formwechsel von Handelsgesellschaften, in: ZIP 15. Jg. (1994), S. 1746-1759.

Kallmeyer, Harald (1995): Kombination von Spaltungsarten nach dem neuen Umwandlungsgesetz, in: DB 48. Jg. (1995), S. 81-83.

Kinne, Stephan (1989): Der konzernbilanzielle Firmenwert von Tochterunternehmen: Eine Analyse und Weiterführung nach neuem Recht, Frankfurt am Main 1989.

Klar, Michael (1993): Aufwandsrückstellungen im Konzernabschluß, in: WPg 46. Jg. (1993), S. 278-284.

Kleber, Herbert (1997): IAS 31, Bilanzierung von Gemeinschaftsprojekten (Financial Reporting of Interests in Joint Ventures), in: Rechnungslegung nach International Accounting Standards (IAS). Kommentar auf der Grundlage des deutschen Bilanzrechts, hrsg. von: Baetge, Jörg/Dörner, Dietrich/Kleekämper, Heinz/Wollmert, Peter Stuttgart 1997, Teil B, IAS 31.

Klein, Hans-Dieter (1989): Konzernbilanzpolitik, Heidelberg 1989.

Kleineidam, Hans-Jochen (Hrsg.) (1999): Unternehmenspolitik und internationale Besteuerung: Festschrift für Lutz Fischer zum 60. Geburtstag, Berlin 1999.

Knobbe-Keuk, Brigitte/Klein, Franz/Moxter, Adolf (Hrsg.) (1988): Handels- und Steuerrecht. Festschrift für Georg Döllerer, Düsseldorf 1988.

Knobbe-Keuk, Brigitte (1993): Bilanz- und Unternehmenssteuerrecht, 9. völlig überarb. und erw. Auflage, Köln 1993.

Knop, Wolfgang/Küting, Karlheinz (1995): Kommentierung des § 255 HGB, in: Handbuch der Rechnungslegung (HdR), Kommentar zur Bilanzierung und Prüfung, Bd. Ia, hrsg. von Küting, Karlheinz und Weber, Claus-Peter, 4. grundlegend überarb. und erw. Auflage, Stuttgart 1995.

Königsmaier, Heinz (2000): Zwischenergebniseliminierung und Endkonsolidierung, in: BB 55. Jg. (2000), S. 191-196.

Kommission Rechnungswesen im Verband der Hochschullehrer für Betriebswirtschaft e.V. (1985): Stellungnahme zur Umsetzung der 7. EG-Richtlinie (Konzernabschluß-Richtlinie), in: DBW 45. Jg. (1985), S. 267-277.

Kosiol, Erich (1938): Grundsatzfragen der Konzernbilanzierung, in: DBW 31. Jg. (1938), S. 153-159.

KPMG Deutsche Treuhand-Gesellschaft (1996): International Accounting Standards. Eine Einführung in die Rechnungslegung nach den Grundsätzen des IASC, 2. aktualisierte Auflage, Düsseldorf 1996.

KPMG Deutsche Treuhand-Gesellschaft (1999): Rechnungslegung nach US-amerikanischen Grundsätzen. Grundlagen der US-GAAP und SEC-Vorschriften, 2. überarbeitete und erweiterte Auflage, Düsseldorf 1999.

Krawitz, Norbert (1996): Die Abgrenzung des Konsolidierungskreises: Gesetzliche Regelungen, empirische Befunde und theoretische Schlußfolgerungen, in:WPg 49. Jg. (1996), S. 342-357.

Kröninger, Monika Theresa (1997): Das Anschaffungswertprinzip bei Verschmelzung durch Aufnahme, Weiden, Regensburg 1997.

Kropff, Bruno (1965): Aktiengesetz, Textausgabe des Aktiengesetzes vom 06.09.1965 und des Einführungsgesetzes zum Aktiengesetz vom 06.09.1965 mit Begründung des Regierungsentwurfs, Bericht des Rechtsausschusses des Deutschen Bundestages etc., zusammengestellt von Kropff, Bruno, Düsseldorf 1965.

Krümmel, Hans-Jacob (1992): Pagatorisches Prinzip und nominelle Kapitalerhaltung, in: Rechnungslegung: Entwicklungen bei der Bilanzierung und Prüfung von Kapitalgesellschaften; Festschrift zum 65. Geburtstag von Karl-Heinz Forster, hrsg. von Adolf Moxter/Rolf Windmöller/Hans-Peter Müller/Klaus v. Wysocki, Düsseldorf 1992, S. 307-320.

Küting, Karlheinz (1981): Konsolidierungspraxis. Grundsätze ordnungsmäßiger Konsolidierung und die Konsolidierungspraxis deutscher Konzerne, 2. Auflage, Berlin 1981.

Küting, Karlheinz (1984): Zur Problematik des Ausgleichspostens für Anteile in Fremdbesitz im Rahmen des zukünftigen Konzernbilanzrechts, in: ZfB 54. Jg. (1984), S. 548-568.

Küting, Karlheinz (1995): Aktuelle Fragen der Kapitalkonsolidierung (Teil I und Teil II), in: DStR 33. Jg. (1995), S. 192-196 und S. 229-235.

Küting, Karlheinz (1995a): Gegenwärtige und künftige Behandlung immaterieller Vermögensgegenstände im IASC-Abschluß mit Vergleich zum deutschen Recht, in: IASC-Rechnungslegung, hrsg. von Dörner, D./Wollmert, P., Düsseldorf 1995, S. 57-81.

Küting, Karlheinz (1997): Der Geschäfts- oder Firmenwert aus der Kapitalkonsolidierung - Eine Bestandsaufnahme in Theorie und Praxis -, in: Aktien- und Bilanzrecht. Festschrift für Bruno Kropff, hrsg. von Forster, Karlheinz/Grunewald, Barbara/Lutter, Markus/Semler, Johannes, Düsseldorf 1997, S. 445-471.

Küting, Karlheinz (1997a): Wie Konzernstrategen ihre Töchter mit Gewinn verkaufen, in: Handelsblatt Nr. 148 (1997), S. 14.

Küting, Karlheinz (1998): Die Darstellung der Erfolgsverwendung im Konzernabschluß (Teil I und Teil II)-Eine Bestandsaufnahme in Theorie und Praxis unter besonderer Berücksichtigung der IAS- und US-GAAP-Bilanzierung in Deutschland, in: BB 53. Jg. (1998), S. 887-891 und S. 938-944.

Küting, Karlheinz/Dusemond, Michael/ Nardmann, Benita (1994), Ausgewählte Probleme der Kapitalkonsolidierung in Theorie und Praxis-Ergebnisse einer empirischen Erhebung des Instituts für Wirtschaftsprüfung an der Universität des Saarlandes, in: BB 49. Jg. (1994), Beilage 8 zu Heft 14, S. 1-18.

Küting, Karlheinz/Hayn, Benita/Hütten, Christoph (1997): Die Abbildung konzerninterner Spaltungen im Einzel- und Konzernabschluß. Dargestellt am Beispiel der Ausgliederung, in: BB 52. Jg. (1997), S. 565-574.

Küting, Karlheinz/Köthner, Robert/Zündorf, Horst (1998): Kommentierung des § 311 HGB, in: Handbuch der Konzernrechnungslegung (HdK), Kommentar zur Bilanzierung und Prüfung, Band II, hrsg. von Karlheinz Küting und Claus-Peter Weber, 2. Auflage, Stuttgart 1998.

Küting, Karlheinz/Weber, Claus-Peter (Hrsg.) (1991): Das Konzernrechnungswesen des Jahres 2000, Stuttgart 1991.

Küting, Karlheinz/Weber, Claus-Peter (Hrsg.) (1995): Handbuch der Rechnungslegung (HdR), Kommentar zur Bilanzierung und Prüfung, 4. grundlegend überarb. und erw. Auflage, Stuttgart 1995.

Küting, Karlheinz/Weber, Claus-Peter (Hrsg.) (1997): Das Rechnungswesen auf dem Prüfstand, Antworten auf die Konzernierung der deutschen Wirtschaft im Spannungsfeld der Globalisierung, 4. Fachtagung vom 28. und 29. November 1996 in Frakfurt am Main, Frankfurt am Main 1997.

Küting, Karlheinz/Weber, Claus-Peter (1997): Der Konzernabschluß, Lehrbuch und Fallstudie zur Praxis der Konzernrechnungslegung, 4. grundlegend überarbeitete Auflage, Stuttgart 1997.

Küting, Karlheinz/Weber, Claus-Peter (Hrsg.) (1998): Handbuch der Konzernrechnungslegung (HdK), Kommentar zur Bilanzierung und Prüfung, Band II, 2. Auflage, Stuttgart 1998.

Küting, Karlheinz/Zündorf, Horst (1998): Kommentierung des § 312 HGB, in: Handbuch der Konzernrechnungslegung (HdK), Kommentar zur Bilanzierung und Prüfung, Band II, hrsg. von Karlheinz Küting und Claus-Peter Weber, 2. Auflage, Stuttgart 1998.

Küting, Karlheinz/Zündorf, Horst (1994): Die konzerninterne Verschmelzung und ihre Abbildung im konsolidierten Abschluß, in: BB 49. Jg. (1994), S. 1383-1390.

Kuhn, Ulrich (1991): Der Plankonzernabschluß als Führungsinstrument, in: Das Konzernrechnungswesen des Jahres 2000, hrsg. von Küting, Karlheinz und Weber, Claus-Peter, Stuttgart 1991, S. 331-378.

Lachnit, Laurenz/Ammann, Helmut/Müller, Stefan (1997): Teilkonzernabschlußanalyse als Instrument der Konzernabschlußanalyse: Theoretische Grundlagen und praktische Umsetzbarkeit, in: DStR 35. Jg. (1997), S. 550-556.

Lanfermann, Josef (Hrsg.) (1995): Internationale Wirtschaftsprüfung; Festschrift zum 65. Geburtstag von Hans Havermann, Düsseldorf 1995.

Langenbucher, Günther (1998): Umrechnung von Fremdwährungsabschlüssen, Kommentierung Kapitel II, Artikel 2 Abschnitt 2, in: Handbuch der Konzernrechnungslegung (HdK), Kommentar zur Bilanzierung und Prüfung, Band II, hrsg. von Karlheinz Küting und Claus-Peter Weber, 2. Auflage, Stuttgart 1998.

Leffson, Ulrich (1987): Die Grundsätze ordnungsmäßiger Buchführung, 7. revidierte und erw. Auflage, Düsseldorf 1987.

Lehertshuber, Bonaventura (1986): Unternehmensvertragsrecht und Konzernhandelsbilanz, Frankfurt am Main 1986.

Lück, Wolfgang (1994): Rechnungslegung im Konzern, Stuttgart 1994.

Lührmann, Volker (1997): Latente Steuern im Konzernabschluß, Düsseldorf 1997.

Lührmann, Volker/Schruff, Lothar (1996): Negative Minderheitenanteile im Konzernabschluß eines mehrstufigen Konzerns, in: WPg 49. Jg. (1996), S. 261-269.

Lutter, Bernd/Rimmelspacher, Dirk (1992): Einheitstheorie und Kapitalkonsolidierung - mehr Konflikt als Konsens ?, in: DB 45. Jg. (1992), S. 485-491.

Maas, Ulrich/Schruff, Wienand (1995): Ausgliederungen aus dem Konsolidierungskreis - Sachverhaltsgestaltungen und deren Auswirkungen auf die Aussagefähigkeit des Konzernabschlusses -, in: Internationale Wirtschaftsprüfung; Festschrift zum 65. Geburtstag von Hans Havermann, hrsg. von Josef Lanfermann, Düsseldorf 1995, S. 413-437.

Martens, Klaus-Peter/Westermann, Harm Peter/Zöllner, Wolfgang (Hrsg.) (1997): Festschrift für Carsten Peter Claussen zum 70. Geburtstag, Köln 1997.

Mayer, Dieter (1995): Kommentierung der §§ 5, 54, 55, in: Umwandlungsrecht – Umwandlungsgesetz, Umwandlungssteuergesetz – Kommentar, hrsg. von Siegfried Widmann und Dieter Mayer, 3. Auflage, Bonn, Berlin 1995ff.

Meyer-Landrut, Joachim/Miller, Fritz Georg/Niehus, Rudolf J. (Hrsg.) (1987): Gesetz betreffend die Gesellschaften mit beschränkter Haftung (GmbHG) einschließlich Rechnungslegung zum Einzel- und Konzernabschluß, Kommentar, Berlin/New York 1987.

Morlock, Eccard (1997): Voraussetzungen für die erfolgreiche Einführung von Konsolidierungssoftware - ein Erfahrungsbericht, in: Das Rechnungswesen auf dem Prüfstand, Antworten auf die Konzernierung der deutschen Wirtschaft im Spannungsfeld der Globalisierung, 4. Fachtagung vom 28. und 29. November 1996 in Frakfurt am Main, hrsg. von Karlheinz Küting/Claus-Peter Weber, Frankfurt am Main 1997, S. 224-240.

Moxter, Adolf/ Müller, Hans-Peter/Windmöller, Rolf/Wysocki, Klaus v. (Hrsg.) (1992): Rechnungslegung. Entwicklungen bei der Bilanzierung und Prüfung von Kapitalgesellschaften; Festschrift zum 65. Geburtstag von Karheinz Forster, Düsseldorf 1992.

Mühlschlegel, Gustav (1972): Erfolgswirksame Kapitalkonsolidierung zur besseren Darstellung der Vermögens- und Ertragslage eines Konzerns, in: DB 25. Jg. (1972), S. 2121-2125.

Müller, Bernhard (1988): Die konsolidierte Rechnungslegung multinationaler Industriekonzerne in der Bundesrepublik Deutschland aus bilanzanalytischer Sicht, Frankfurt a.M., Bern, New York, Paris 1988.

Müller, Eberhard (1980): Zum geänderten Entwurf einer 7. EG-Richtlinie über den Konzernabschluß - Erste Analyse und kritische Betrachtung -, in: DB 33. Jg. (1980), S. 265-268.

Müller, Herbert (1986): Die Umrechnung der Jahresabschlüsse ausländischer Konzernunternehmen und die Berechnung der daraus resultierenden Umrechnungsdifferenzen, Bochum 1986.

Müller, Klaus (1985): Die Währungsumrechnung im Rahmen der internationalen Konzernrechnungslegung. Zur Entwicklung von Grundsätzen ordnungsmäßiger Währungsumrechnung und eines darauf aufbauenden Umrechnungsvorschlages unter Berücksichtigung der derzeitigen internationalen Diskussion, Frankfurt am Main; Bern; New York 1985.

Müller, Eberhard/Lauer, Christine E. (1992): Konsolidierung im Rahmen der Equity-Methode, in: BHdR, hrsg. von Castan, Edgar/Heymann, Gerd/Müller, Eberhard/Ordelheide, Dieter und Scheffler, Eberhard, München 1987/93, C 511.

Münstermann, Hans (1957): Konsolidierte Bilanzen deutscher Konzerne, in: ZfhF 51. Jg. (1957), S. 435-447.

Münstermann, Hans (1981): Bilanztheorien, dynamische, in: Handwörterbuch des Rechnungswesens, hrsg. von Kosiol, Erich u.a., 2. Auflage, Stuttgart 1981, Sp. 270-285.

Mujkanovic, Robin (1999): Die Zukunft der Kapitalkonsolidierung – Das Ende der Pooling-of-Interests Method?, in: WPg 52. Jg. (1999), S. 533-540.

Niehus, Rudolf J. (1983): Die 7. EG-Richtlinie und die „Pooling-of-Interests"-Methode einer konsolidierten Rechnungslegung - Zugleich eine Besprechung von „Accounting for acquisitions and mergers", in: WPg 36. Jg. (1983), S. 437-446.

Niehus, Rudolf J. (1984): Vor-Bemerkungen zu einer Konzernbilanzrichtlinie (Teil I und Teil II): Die 7. EG-Richtlinie und einige Probleme der Konsolidierungstechnik nach zukünftigem Recht, in: WPg 37. Jg. (1984), S. 285-289 und S. 320-326.

Niehus, Rudolf J. (1991): 7. EG-Richtlinie = „US GAAP"? - „Duale" Konzernrechnungslegung in Frankreich (Teil I und Teil II) - Anmerkungen und Überlegungen aus deutscher Sicht, in: WPg 44. Jg. (1991), S. 1-8 und S. 34-39.

Niehus, Rudolf J. (1994): Zur Entwicklung von „konzernartigen" GoB durch Paradigmawechsel - Auch ein Beitrag zur Diskussion über die Internationalisierung der deutschen Konzernrechnungslegung, in: Bilanzrecht und Kapitalmarkt: Festschrift zum 65. Geburtstag von Adolf Moxter, hrsg. von Wolfgang Ballwieser/ Böcking, Hans-Joachim/ Drukarczyk, Jochen/ Schmidt, Reinhard H., Düsseldorf 1994, S. 623-652.

Niehus, Rudolf J./Scholz, Willi (1987): Kommentierung der §§ 41, 42 GmbHG, 238-315 HGB, in: Gesetz betreffend die Gesellschaften mit beschränkter Haftung (GmbHG) einschließlich Rechnungslegung zum Einzel- und Konzernabschluß, Kommentar, hrsg. von Meyer-Landrut, Joachim/Miller, Fritz Georg/Niehus, Rudolf J., Berlin/New York 1987, S. 521-1207.

Niehus, Rudolf J./Thyll, Alfred (2000): Konzernabschluß nach US-GAAP. Grundlagen und Gegenüberstellung mit den deutschen Vorschriften, 2. Auflage, Stuttgart 2000.

Oberst, Oskar (1930): Beitrag zur Frage der Konzernbilanz, in: ZfhF 24. Jg. (1930), S. 209-234.

Odenwald, Otto (1987): Konsolidierungskreis, in: BHdR, hrsg. von Castan, Edgar/Heymann, Gerd/Müller, Eberhard/Ordelheide, Dieter und Scheffler, Eberhard, München 1987/93, C 210.

Ordelheide, Dieter (1984): Kapitalkonsolidierung nach der Erwerbsmethode (Teil I und Teil II): Zur Umsetzung der 7. EG-Richtlinie in deutsches Recht, in: WPg 37. Jg. (1984), S. 237-245 und S. 270-274.

Ordelheide, Dieter (1986): Endkonsolidierung bei Ausscheiden eines Unternehmens aus dem Konsolidierungskreis, in: BB 41. Jg. (1986), S. 766-772.

Ordelheide, Dieter (1986a): Konzern und Konzernerfolg, in Wirtschaftswissenschaftliches Studium (WiSt) 15. Jg. (1986), S. 495-502.

Ordelheide, Dieter (1986b): Der Konzern als Gegenstand betriebswirtschaftlicher Forschung, in: BFuP 38. Jg. (1986), S. 293-313.

Ordelheide, Dieter (1987): Folgekonsolidierung nach der Erwerbsmethode, in: BHdR, hrsg. von Castan, Edgar/Heymann, Gerd/Müller, Eberhard/Ordelheide, Dieter und Scheffler, Eberhard, München 1987/93, C 402.

Ordelheide, Dieter (1987): Endkonsolidierung nach der Erwerbsmethode, in: BHdR, hrsg. von Castan, Edgar/Heymann, Gerd/Müller, Eberhard/Ordelheide, Dieter und Scheffler, Eberhard, München 1987/93, C 403.

Ordelheide, Dieter (1987a): Kapitalkonsolidierung und Konzernerfolg, in: WPg 40. Jg. (1987), S. 309-315, ebenfalls in: ZfbF 39. Jg. (1987), S. 292-301.

Ordelheide, Dieter (1987b): Folgekonsolidierung nach der Erwerbsmethode, in: BHdR C 402, München 1987/93.

Ordelheide, Dieter (1991): Entkonsolidierung, in: Lexikon des Rechnungswesens: Handbuch der Bilanzierung und Prüfung, der Erlös-, Finanz-, Investitions- und Kostenrechnung, hrsg. von Busse von Colbe, Walther, 2. Auflage, München 1991, S. 189-192.

Ordelheide, Dieter (1997): Kapitalmarktorientierte Bilanzierungsregeln für den Geschäftswert -HGB, IAS und US-GAAP-, in: Aktien- und Bilanzrecht. Festschrift für Bruno Kropff, hrsg. von Forster, Karlheinz/Grunewald, Barbara/Lutter, Markus/Semler, Johannes, Düsseldorf 1997, S. 568-589.

Ordelheide, Dieter/KPMG (Hrsg.) (1995): Transnational Accounting (TRANS-ACC), New York 1995.

Ordelheide, Dieter/Pfaff, Dieter (1992): Entkonsolidierung und Übergangskonsolidierung, Prüfung der, in: HWRev, hrsg. von Coenenberg, Adolf G. und Wysocki, Klaus von, 2. Auflage, Stuttgart 1992, Sp.434-446.

Oser, Peter (1995): Erfolgsneutral verrechnete Geschäfts- oder Firmenwerte aus der Kapitalkonsolidierung im Lichte der Entkonsolidierung: Zugleich ein Plädoyer für die Aufgabe des Verrechnungswahlrechts nach § 309 Abs. 1 Satz 3 HGB, in: WPg 48. Jg. (1995), S. 266-275.

Peffenkoven, Frank Peter (1997): Wahlrechtsproblematik der Konzernrechnungslegung, Wiesbaden 1997.

Pelka, Jörg (1994): Konzernbuchführung. Von der Notwendigkeit eines eigenen Konzernbuchwerks zum integrierten Rechnungswesen des Konzerns, Stuttgart 1994.

Pfaff, Dieter (1989): Kapitalkonsolidierung nach der Interessenzusammenführungsmethode, in: BHdR C 410, München 1987/93.

Platzer, Walter (1992): Kommentierung § 254 HGB, in: Kommentar zum Handelsgesetzbuch mit einschlägigen Rechtsvorschriften in zwei Bänden, 2. Band Rechnungslegung §§ 189-283 HGB, hrsg. von Straube, Manfred, Wien 1992.

Pohle, Klaus (1998): Kommentierung des § 308 HGB, in: Handbuch der Konzernrechnungslegung (HdK), Kommentar zur Bilanzierung und Prüfung, Band II, hrsg. von Karlheinz Küting und Claus-Peter Weber, 2. Auflage, Stuttgart 1998.

Popper, Karl Raimund (1989): Logik der Forschung, 9. Auflage, Tübingen 1989.

PricewaterhouseCoopers (1998): Understanding IAS. Analysis and Interpretation of International Accounting Standards, 2. Auflage, Pricewaterhouse-Coopers (United Kingdom) 1998.

Richardt, Bodo (1998): Internationale Rechnungslegung in Deutschland, in: Gestaltung und Analyse in der Rechts-, Wirtschafts- und Steuerberatung von Unternehmen, hrsg. von Haarmann Hemmelrath & Partner Sozietät von Rechtsanwälten, Wirtschaftsprüfern und Steuerberatern München, Frankfurt am Main, Düsseldorf, Berlin, Leipzig, Hamburg, Tokio, Prag, Warschau, Paris, Köln 1998, S. 311-324.

Richter, Horst/Säglitz, Hans-Jürgen (1996): in: Rechnungslegung - Warum und Wie, Festschrift für Herrmann Clemm, hrsg. von Wolfgang Ballwieser/Adolf Moxter/Rolf Nonnenmacher, München 1996, S. 311-336.

Roß, Norbert (1995): Gemeinschaftsunternehmen als Gesellschafterunternehmen im Konzernabschluß - Zur Methode und zur Quote der Einbeziehung der Beteiligungsgesellschaft-, in: WPg 48. Jg. (1995), S. 617-624.

Ruhnke, Klaus (1993): Grundsätze ordnungsmäßiger Konzernbuchführung, in: ZfB 63. Jg. (1993), S. 753-775.

Ruppert, Bernd (1993): Währungsumrechnung im Konzernabschluß, Düsseldorf 1993.

Sahner, Friedhelm (1981): Die Bedeutung des Einheitsgrundsatzes für den Konzernabschluß im Aktiengesetz und in der 7. EG-Richtlinie, in: ZfbF 33. Jg. (1981), S. 711-736.

Sahner, Friedhelm/Sauermann, Kai (1998): Kommentierung der §§ 294-296 HGB, in: Handbuch der Konzernrechnungslegung (HdK), Kommentar zur Bilanzierung und Prüfung, Band II, hrsg. von Karlheinz Küting und Claus-Peter Weber, 2. Auflage, Stuttgart 1998.

Sauthoff, Jan-Philipp (1996): Der Firmenwert im Konzernabschluß: Probleme der Bilanzierung und Aussagefähigkeit, Wiesbaden 1996.

Sauthoff, Jan-Philipp (1997): Zum bilanziellen Charakter negativer Firmenwerte im Konzernabschluß, in: BB 52. Jg. (1997), S. 619-623.

Schäfer, Harald (1982): Bilanzierung von Beteiligungen an assoziierten Unternehmen nach der Equity-Methode, Untersuchung über die Anwendbarkeit der Equity-Methode in der Bundesrepublik Deutschland, Frankfurt am Main 1982.

Scheren, Michael (1993): Konzernabschlußpolitik: Möglichkeiten und Grenzen einer zielorientierten Gestaltung von Konzernabschlüssen, Stuttgart 1993.

Scherrer, Gerhard (1986): Kommentierung der §§ 300-315 HGB, in: Bonner Handbuch der Rechnungslegung (BHR). Textsammlung, Einführung, Kommentierung, hrsg. von Hofbauer, Max A./Grewe, Wolfgang/Albrecht, Werner/Kupsch, Peter/Scherrer, Gerhard, Bonn 1986.

Scherrer, Gerhard (1994): Konzernrechnungslegung, München 1994.

Scherrer, Gerhard (1996): Grundlagen der US-amerikanischen Konzernrechnungslegung, in: US-amerikanische Rechnungslegung, Grundlagen und Vergleiche mit dem deutschen Recht, hrsg. von Ballwieser, Wolfgang, 2. überarb. und erw. Auflage, Stuttgart 1996, S. 217-264.

Scherrer, Gerhard (1997): Bilanzierung der Verschmelzung durch Aufnahme beim übernehmenden Rechtsträger, in: FS zum 70. Geburtstag von Claussen, hrsg. von Martens, Klaus-Peter/Westermann, Harm Peter/Zöllner, Wolfgang, S. 743-768.

Scherrer, Gerhard (1999): Bilanzierung der Spaltung beim übertragenden Rechtsträger, in: FS für Lutz Fischer, hrsg. von Kleineidam, Hans-Jochen, Berlin 1999.

Schildbach, Thomas (1994): Der handelsrechtliche Konzernabschluß. Unter Mitarbeit von Michael Feldhoff, Stefan Hintze, Jens-Peter Kählert, Stefan Koenen und Bernd Lutter, 3., überarb. Auflage, München 1994.

Schindler, Joachim (1986): Kapitalkonsolidierung nach dem Bilanzrichtlinien-Gesetz, Frankfurt am Main 1986.

Schindler, Joachim (1986a): Der Ausgleichsposten für die Anteile anderer Gesellschafter nach § 307 HGB, in: WPg 39. Jg. (1986), S. 588-596.

Schmidt, Gerhard (1996): Die Rechnungslegung nach der Equity-Methode im konsolidierten Abschluß, Ein Beitrag zur Entstehung, Anwendung und Ausgestaltung des Verfahrens vor dem Hintergrund der Bestimmungen in der Europäischen Union und der Verlautbarungen internationaler Organisationen, Frankfurt am Main u.a. 1996.

Schmitt, Joachim/Hülsmann, Christoph (2000): Verschmelzungsgewinn in der Handelsbilanz und Prinzip der Gesamtrechtsnachfolge, in: BB 55. Jg. (2000), S. 1563-1569.

Scholz, Gregor (1996): Zum Eigenkapital-Nachweis im Konzernabschluß: Eine noch nicht generell umgesetzte Forderung, in: Der Schweizer Treuhänder .. Jg. (1996), S. 830-837.

Schruff, Lothar (1986): Der neue Bestätigungsvermerk vor dem Hintergrund internationaler Entwicklungen, in: WPg 39. Jg. (1986), S. 181-185.

Schruff, Wienand (1984): Einflüsse der 7. EG-Richtlinie auf die Aussagefähigkeit des Konzernabschlusses, Berlin 1984.

Schruff, Wienand (2001): Bilanzierung von Anteilen an assoziierten Unternehmen im Konzernabschluss nach dem E-DRS 8, in: BB 56. Jg. (2001), S. 87-91.

Schubert, Werner (1998): Konzern als Zusammenschlußform, Kommentierung Kapitel II, Artikel 1 Abschnitt 1, in: Handbuch der Konzernrechnungslegung (HdK), Kommentar zur Bilanzierung und Prüfung, Band II, hrsg. von Karlheinz Küting und Claus-Peter Weber, 2. Auflage, Stuttgart 1998.

Schuhmann, Werner (1962): Der Konzernabschluß – Die Bilanzierungspraxis deutscher Konzerne, Wiesbaden 1962.

Schulz, Ursula (1990): Der Stetigkeitsgrundsatz im Konzernabschluß, in: WPg 43. Jg. (1990), S. 357-369.

Schulze-Osterloh, Joachim (1993): Bilanzierung nach dem Referentenentwurf eines Gesetzes zur Bereinigung des Umwandlungsrechts, in: ZGR 22. Jg. (1993), S. 420-451.

Schwarz, Hans-Detlef (1996): Kommentierung § 123 (34. Erg.Lfg.), in: Umwandlungsrecht – Umwandlungsgesetz, Umwandlungssteuergesetz – Kommentar, hrsg. von Siegfried Widmann und Dieter Mayer, 3. Auflage, Bonn, Berlin 1995ff.

Selchert, Friedrich Wilhelm (1990): Kommentierung des § 255 HGB, in: Handbuch der Rechnungslegung (HdR), Kommentar zur Bilanzierung und Prüfung, hrsg. von Küting, Karlheinz und Weber, Claus-Peter, Stuttgart 1989.

Siebert, Henning (1996): Grundlagen der US-amerikanischen Rechnungslegung. Ziele und Inhalte der Verlautbarungen der SEC und des FASB sowie ihre Unterschiede zum deutschen Bilanzrecht, Köln 1996.

Sigle, Herrmann (1998): Kommentierung des § 310 HGB, in: Handbuch der Konzernrechnungslegung (HdK), Kommentar zur Bilanzierung und Prüfung, Band II, hrsg. von Karlheinz Küting und Claus-Peter Weber, 2. Auflage, Stuttgart 1998.

Stein, Heinz-Gerd (1993): Ziele und Maßnahmen der Konzernbilanzpolitik, in: ZfbF 45. Jg. (1993), S. 973-993.

Straube, Manfred (Hrsg.) (1992): Kommentar zum Handelsgesetzbuch mit einschlägigen Rechtsvorschriften in zwei Bänden, 2. Band Rechnungslegung §§ 189-283 HGB, Wien 1992.

Telkamp, Heinz-Jürgen (1998): Kommentierung des § 305 HGB, in: Handbuch der Konzernrechnungslegung (HdK), Kommentar zur Bilanzierung und Prüfung, Band II, hrsg. von Karlheinz Küting und Claus-Peter Weber, 2. Auflage, Stuttgart 1998.

Thume, Alexander (2000): Die Darstellung konzerninterner Verschmelzungen im Konzernabschluß, Frankfurt am Main 2000.

Treuarbeit (1997): Konzernabschlüsse '95: Ausweis, Gestaltung, Berichterstattung; Ergebnisse einer Untersuchung von 100 großen Konzernen, C&L Deutsche Revision (Hrsg.), Düsseldorf 1997.

Treuhand-Vereinigung AG (Hrsg.) 1990*:* Rechnungslegung im Konzern nach dem Bilanzrichtliniengesetz, 2. Auflage, Frankfurt am Main 1990.

Trützschler, Klaus (1998): Konsolidierungsgrundsätze, Kommentierung Kapitel II, Artikel 2 Abschnitt 1 sowie §§ 299, 300, in: Handbuch der Konzernrechnungslegung (HdK), Kommentar zur Bilanzierung und Prüfung, Band II, hrsg. von Karlheinz Küting und Claus-Peter Weber, 2. Auflage, Stuttgart 1998.

Union Européenne des Experts Comptables, Economiques et Financiers (U.E.C.) (1977): Erstellung und Prüfung des Konzernabschlusses. Handbuch für Studium und Praxis, Düsseldorf 1977.

v. Wysocki, Klaus (1986): Das Dritte Buch des HGB und die Grundsätze ordnungsmäßiger Konzernrechnungslegung, in: WPg 39. Jg. (1986), S. 177-181.

v. Wysocki, Klaus/Schulze-Osterloh, Joachim (Hrsg.) (1984/94): Handbuch des Jahresabschlusses in Einzeldarstellungen (HdJ), Köln 1984/94.

v. Wysocki, Klaus/Wohlgemuth, Michael (1996): Konzernrechnungslegung, 4. Auflage, Düsseldorf 1996.

Warmbold, Siegfried (1995): Die Endkonsolidierung vollkonsolidierter Tochterunternehmen in der handelsrechtlichen Konzernrechnungslegung unter Berücksichtigung der konzeptionellen Grundlagen und der Generalnorm, Frankfurt am Main u.a. 1995.

Weber, Claus-Peter (1991): Praxis der Kapitalkonsolidierung im internationalen Vergleich, Düsseldorf 1991.

Weber, Claus-Peter (1991a): Die Purchase-Methode: Theoretisch richtig, aber mit zahlreichen Anwendungsproblemen verbunden!, in: Küting, Karlheinz/Weber, Claus-Peter (Hrsg.): Das Konzernrechnungswesen des Jahres 2000, Stuttgart 1991, S. 87-99.

Weber, Claus-Peter (1998): Kommentierung des § 304 HGB, in: Handbuch der Konzernrechnungslegung (HdK), Kommentar zur Bilanzierung und Prüfung, Band II, hrsg. von Karlheinz Küting und Claus-Peter Weber, 2. Auflage, Stuttgart 1998.

Weber, Claus-Peter/Zündorf, Horst (1989), Der Einfluß von Veränderungen des Beteiligungsbuchwerts auf die Kapitalkonsolidierung, in: BB 44. Jg. (1989), S. 1852-1864.

Weber, Claus-Peter/Zündorf, Horst (1998): Kommentierung der §§ 307, 309 HGB, in: Handbuch der Konzernrechnungslegung (HdK), Kommentar zur Bilanzierung und Prüfung, Band II, hrsg. von Karlheinz Küting und Claus-Peter Weber, 2. Auflage, Stuttgart 1998.

Weber, Claus-Peter/Zündorf, Horst (1989b): Der Posten „Geschäfts- oder Firmenwert" im Konzernabschluß, in: DB 42. Jg. (1989), S. 333-340.

Weber-Braun, Elke (1998): Umsetzung der 7. EG-Richtlinie in den EG-Mitgliedstaaten, Kommentierung Kapitel I, Artikel 1, in: Handbuch der Konzernrechnungslegung (HdK), Kommentar zur Bilanzierung und Prüfung, Band II, hrsg. von Karlheinz Küting und Claus-Peter Weber, 2. Auflage, Stuttgart 1998.

Wentland, Norbert (1979): Die Konzernbilanz als Bilanz der wirtschaftlichen Einheit Konzern: Grundlagen der Konzernrechnungslegung unter Berücksichtigung der Vorschriften des Aktiengesetzes und der Vorstellungen einer 7. EG-Richtlinie, Frankfurt a.M. 1979.

Widmann, Siegfried/Mayer, Dieter (Hrsg.) (1995ff.): Umwandlungsrecht. Umwandlungsgesetz – Umwandlungssteuergesetz, Kommentar, 3. Auflage, Bonn, Berlin 1995ff.

Willert, Hans-Peter (1996): Das französische Konzernbilanzrecht. Vergleichende Analyse zum deutschen Recht im Hinblick auf die Konzernbilanzzwecke und deren Grundkonzeption, Frankfurt am Main 1996.

Wohlgemuth, Michael (1992): Schuldenkonsolidierung, in Handwörterbuch der Revision (HWRev), hrsg. von Coenenberg, Adolf G./v. Wysocki, Klaus, 2. Auflage, Stuttgart 1992, Sp. 1747-1757.

Wohlgemuth, Michael (1993): Die Schuldenkonsolidierung, in Handbuch des Jahresabschlusses in Einzeldarstellungen (HdJ), hrsg. von v. Wysocki, Klaus/Schulze-Osterloh, Joachim, Köln 1984/94, Abt. V/4.

WP-Handbuch (1996): Wirtschaftsprüfer-Handbuch 1996, Handbuch für Rechnungslegung, Prüfung und Beratung, Band I, 11. Auflage, bearbeitet von Wolfgang Dieter Budde u.a., hrsg. vom Institut der Wirtschaftsprüfer in Deutschland e.V., Düsseldorf 1996.

Zenhäusern, Markus (1989): Konzernrechnungslegung und -prüfung, Grüsch 1989.

Zielke, Wolfgang (1995): Zur Behandlung des Goodwill im Konzernabschluß, in: Internationale Wirtschaftsprüfung: Festschrift zum 65. Geburtstag von Hans Havermann, hrsg. von Josef Lanfermann, Düsseldorf 1995, S. 829-843.

Zöllner, Wolfgang (Hrsg) (2000): Kölner Kommentar zum Aktiengesetz, 2. Auflage, Köln u.a. 2000.

Zündorf, Horst (1991): Offene Probleme bei der Erstellung des Anlagenspiegels in der Praxis, in: Küting, Karlheinz/Weber, Claus-Peter (Hrsg.): Das Konzernrechnungswesen des Jahres 2000, Stuttgart 1991, S. 41-86.

Zwingmann, Lorenz (1994): Der Geschäfts- oder Firmenwert sowie der Unterschiedsbetrag aus der Kapitalkonsolidierung im Konzernabschluß, in: BB 49. Jg. (1994), S. 2314-2318.

Parlamentaria

Bundestags-Drucksache (BT-DS) 10/317 vom 26. August 1983, Deutscher Bundestag, 10. Wahlperiode, Gesetzentwurf der Bundesregierung, Entwurf eines Gesetzes zur Durchführung der Vierten Richtlinie des Rates der Europäischen Gemeinschaften zur Koordinierung des Gesellschaftsrechts (Bilanzrichtlinie-Gesetz).

Bundestags-Drucksache (BT-DS) 10/3440 vom 3. Juni 1985, Deutscher Bundestag, 10. Wahlperiode, Gesetzentwurf der Bundesregierung, Entwurf eines Gesetzes zur Durchführung der Siebenten und Achten Richtlinie des Rates der Europäischen Gemeinschaften zur Koordinierung des Gesellschaftsrechts.

Bundestags-Drucksache (BT-DS) 13/7141 vom 6. März 1997, Deutscher Bundestag, 13. Wahlperiode, Gesetzentwurf der Bundesregierung, Entwurf eines Gesetzes zur Verbesserung der Wettbewerbsfähigkeit deutscher Konzerne an internationalen Kapitalmärkten und zur Erleichterung der Aufnahme von Gesellschafterdarlehen (Kapitalaufnahmeerleichterungsgesetz-KapAEG) mit Begründung.

Bundesrats-Drucksache (BR-DS) 137/98 vom 13. Februar 1998, Deutscher Bundestag, 13. Wahlperiode, Gesetzesbeschluß des Deutschen Bundestages, Gesetz zur Verbesserung der Wettbewerbsfähigkeit deutscher Konzerne an Kapitalmärkten und zur Erleichterung der Aufnahme von Gesellschafterdarlehen (Kapitalaufnahmeerleichterungsgesetz-KapAEG).

Rat der Europäischen Gemeinschaften, Siebente Richtlinie des Rates der Europäischen Gemeinschaften vom 13. Juni 1983 aufgrund von Artikel 54 Absatz 3 Buchstabe g) des Vertrages über den konsolidierten Abschluß (83/349/EWG), in: Amtsblatt der Europäischen Gemeinschaften vom 18. 7. 1983, Nr. L 193, S. 1-17 (7. EG-Richtlinie).

Gesetz zur Bereinigung des Umwandlungsrechts (UmwBerG) vom 28. Oktober 1994, BGBl. I 1994, S. 3210-3266.

Regensburger Beiträge zur betriebswirtschaftlichen Forschung

Herausgegeben vom Institut für Betriebswirtschaftslehre
an der Universität Regensburg

Band 1 Hans Jürgen Drumm / Christian Scholz: Personalplanung. Planungsmethoden und Methodenakzeptanz.

Band 2 Irmgard Obermeier: Statistische Abschlußprüfung. Konzeptionen und Verfahren.

Band 3 Elmar Sinz: Konstruktion betrieblicher Basisinformationssysteme.

Band 4 Peer Biendl: Ablaufsteuerung von Montagefertigungen. Heuristische Reihenfolgeplanung vergierender Auftragsstrukturen mittels Prioritätenregeln – Computergestützte Simulationsstudien der Werkstattfertigung.

Band 5 Franz Böcker / Ahron J. Schwerdt: Die Planung und Kontrolle praxisbezogener betriebswirtschaftlicher Lehre.

Band 6 Rudolf Paulik: Kostenorientierte Reihenfolgeplanung in der Werkstattfertigung. Eine Simulationsstudie.

Band 7 Reinhard Rieger: Unternehmensinsolvenz, Arbeitnehmerinteressen und gesetzlicher Arbeitnehmerschutz.

Band 8 Hans Jürgen Drumm: Individualisierung der Personalwirtschaft. Grundlagen, Lösungsansätze und Grenzen.

Band 1 - 8 erschienen bei Verlag Paul Haupt Bern und Stuttgart

Band 9 Monika Sixt: Dreidimensionale Packprobleme. Lösungsverfahren basierend auf den Meta-Heuristiken Simulated Annealing und Tabu-Suche. 1996.

Band 10 Peter Terhart: Chapter 11 Bankruptcy Code: Eine Alternative für Deutschland? Dokumentation, Analyse und Bewertung des amerikanischen Reorganisationsverfahrens mit einer kritischen Stellungnahme zur neuen deutschen Insolvenzordnung. 1996.

Band 11 Joachim Eigler: Transaktionskosten als Steuerungsinstrument für die Personalwirtschaft. 1996.

Band 12 Frank Richter: Konzeption eines marktwertorientierten Steuerungs- und Monitoringsystems. 1996. 2., überarbeitete und ergänzte Auflage 1999.

Band 13 Georg Stocker: Prämiendifferenzierung bei der Versicherung kommerzieller Bankkredite anhand von Risikoklassen. 1997.

Band 14 Christoph Plein: »Neue« Organisationskonzepte für die Versicherungsunternehmung. Organisationstheoretische Grundlagen und die Verwendbarkeit von Lean Management und Business Reengineering in der Versicherungsunternehmung. 1997.

Band 15 Ernst Eichenseher: Dezentralisierung des Controlling. 1997.

Band 16 Matthias Bauch: Unternehmensinsolvenzen: Prophylaxe und Bewältigung in Frankreich. Darstellung und ökonomische Analyse von *procédure d'alerte, règlement amiable* und *redressement et liquidation judiciaires*. 1997.

Band 17 Andreas Polifke: Adaptive Neuronale Netze zur Lösung von Klassifikationsproblemen im Marketing. Anwendungen und Methodenvergleich von ART-Netzen. 1998.

Band 18 Andreas Listl: Target Costing zur Ermittlung der Preisuntergrenze. Entscheidungsorientiertes Kostenmanagement dargestellt am Beispiel der Automobilzulieferindustrie. 1998.

Band 19 Andreas Schüler: Performance-Messung und Eigentümerorientierung. Eine theoretische und empirische Untersuchung. 1998.

Band 20 Carola Raab-Stahl: Dezentrale Mikroorganisation. Gestaltungsansätze unter dem Leitbild der "Neuen Dezentralisation". 1999.

Band 21 Martin Goller: Aktuelle Vergleichsverfahren in Deutschland. Eine ökonomische Analyse. 2000.

Band 22 Bernhard Baumgartner: Dynamische Aspekte in Markenwahlmodellen. 2000.

Band 23 Alexander Thume: Die Darstellung konzerninterner Verschmelzungen im Konzernabschluß. 2000.

Band 24 Stefan Marcus Schmidt: Corporate Governance in deutschen und amerikanischen Aktiengesellschaften. Eine Untersuchung unter besonderer Berücksichtigung der Bedeutung und der Entstehung der Anteilseignerstrukturen. 2001.

Band 25 Antonia Graff: Elementarrisiken privater Haushalte. Die Handhabung finanzieller Schäden in Deutschland – derzeitige Situation und Verbesserungsvorschläge. 2001.

Band 26 Cinzia Dal Zotto: Die Simultaneität und Permanenz von Personal- und Organisationsentwicklung. 2001.

Band 27 Franz Xaver Gabelsberger: Equity-Bewertung im Jahresabschluß. Bilanzierung von Beteiligungen unter besonderer Berücksichtigung der Informationsfunktion des Jahresabschlusses. 2001.

Band 28 Christian Lechner: The Competitiveness of Firm Networks. 2001.

Band 29 Frank Richter: Kapitalmarktoritentierte Unternehmensbewertung. Konzeption, finanzwirtschaftliche Bewertungsprämissen und Anwendungsbeispiel. 2002.

Band 30 Gerhard Ebinger: Neue Modelle der betrieblichen Altersversorgung. 2001.

Band 31 Marion Steinberger: Multinomiale Logitmodelle mit linearen Splines zur Analyse der Markenwahl. 2002.

Band 32 Thomas M. Ullrich: Endkonsolidierung. Erfolgswirkungen des Ausscheidens von Unternehmen aus dem Konzernverbund und konsolidierungstechnische Abbildung im Konzernabschluß. 2002.